Georg Morris Cohen Brandes

Lord Beaconsfield (Benjamin Disraeli), ein Charakterbild

Georg Morris Cohen Brandes

Lord Beaconsfield (Benjamin Disraeli), ein Charakterbild

ISBN/EAN: 9783742866509

Hergestellt in Europa, USA, Kanada, Australien, Japan

Cover: Foto ©ninafisch / pixelio.de

Manufactured and distributed by brebook publishing software
(www.brebook.com)

Georg Morris Cohen Brandes

Lord Beaconsfield (Benjamin Disraeli), ein Charakterbild

Lord Beaconsfield

(Benjamin Disraeli).

—

Ein Charakterbild

von

Georg Brandes.

—

Mit einem Jugendbildniß Lord Beaconsfield's.

Berlin.

Verlag von Gebrüder Paetel.

1879.

Inhalt.

Eine gewöhnliche Anschauungsweise sondert scharf zwischen literarischen und politischen Persönlichkeiten. Die Männer des Worts und die Männer der That scheinen durch eine Kluft getrennt zu sein. Jeder hat Beispiele zur Hand, welche zeigen, daß hervorragende Gelehrte, Redner, Dichter, Professoren Mangel an Wirklichkeitssinn oder an politischer Fähigkeit verrathen haben, wenn sie von der Literatur zur staatsmännischen Wirksamkeit übergingen. Man sah schon oft politische Theoretiker dazu verurtheilt, nur einen untergeordneten oder vorübergehenden Einfluß im Parlamente ihres Landes auszuüben, und humanitäre Dichter (wie Lamartine), welche in der Volksversammlung durch Lyrik ermüdeten, und deren politische Laufbahn nur Einen großen Moment hatte. Als Durchschnitts-Regel gilt es daher, daß die literarische Fähigkeit, wo sie wirkliche Be= deutung hat, die politische Thatkraft ausschließt, und daß umgekehrt diese, wo sie eminent ist, die theoretische und lite= rarische Begabung schon in der ersten Entfaltung unterdrückt. Darum zeigen praktische Politiker häufig eine gewisse Ge= ringschätzung Derer, die zur Politik von der Literatur kommen; und darum hegen andererseits speculativ gebildete

und fein entwickelte Geister gern ähnliche Gefühle den
herrschenden administrativen oder diplomatischen Talenten
gegenüber, und finden, wenn sie (wie z. B. Renan) ihre
politischen Velleitäten zurückgewiesen sehen, eine Befriedigung
ihres verletzten Stolzes darin, eine weltkluge und gewandte
Mittelmäßigkeit als die in den meisten Fällen hinreichende
politische Begabung zu bezeichnen.

Nichtsdestoweniger bieten leitende Staatsmänner immer
eine Seite dar, von welcher betrachtet sie literarische Per=
sönlichkeiten werden und dem Rechtsgebiet des literarischen
Kritikers verfallen. Innerhalb gewisser Grenzen hat selbstver=
ständlich jede politische Größe eine literarische Seite. Es
werden wenigstens Reden und Briefe vorliegen, und
Carlyle hat gezeigt, welche Einsicht durch Briefe und Reden
selbst von einem so illiterären Staatsmann wie Cromwell
gewonnen werden kann. Diese Productionen werden außer=
dem in der Regel einen directen literarischen Werth haben;
denn der bedeutende Mann findet, gleichviel von welcher
Art seine Erziehung gewesen ist, immer einen eigenthüm=
lichen Ausdruck für seine Gedanken; er ist original, d. h. im
Besitz des Geheimnisses, das so manchem Schriftsteller vom
Fache verborgen ist, zu stempeln, abzuspiegeln oder zu
karifiren durch ein mimisches oder malerisches Wort.

Trotz des Gegensatzes zwischen theoretischen und prak=
tischen Naturen hat endlich eine lange Reihe von Ausnahmen
bewiesen, daß literarisches und politisches Talent sich ver=
einigen lassen. Der politische Historiker verwandelt sich bis=
weilen in den praktischen Politiker und der entgegengesetzte
Uebergang von der Politik zur Geschichtsschreibung liegt

noch näher. Cicero und Thiers sind zugleich bedeutende Schriftsteller und Staatsmänner gewesen, Julius Cäsar und Friedrich der Große waren beide literarisch angelegte Geister und zu gleicher Zeit politische und militärische Genies.

Künstlerisches und, mehr noch als dieses, dichterisches Talent ist es, was bei leitenden Staatsmännern in der That selten ist, am seltensten von allen. Cavour war ein tüchtiger Redner, Bismarck ist ein vorzüglicher Redner, aber ein geborener Redner ist Keiner von ihnen. Cavour fehlte alle künstlerische Bildung; am Schlusse seines Lebens sagte er, von einem Besuche in Toscana heimgekehrt: „Ich habe einen Sinn bei mir entdeckt, von dem ich nicht wußte, daß ich ihn besaß, den Kunstsinn," eine Aeußerung, welche gut mit der Redensart übereinstimmt, die er anzuwenden pflegte, wenn das Gespräch auf dies Capitel kam: „Ich kann kein Sonett machen, aber Italien kann ich machen". Den Fürsten Bismarck wird kaum Jemand wegen irgend einer heimlichen poetischen Production in Verdacht gehabt haben; ein Roman oder ein Gedicht von Bismarck klingt noch unwahrscheinlicher, als ein Sonett von Cavour. Es finden sich so viele literarische Denkmäler von seiner Hand, daß ein scharfsinniger Kritiker versuchen könnte, ein Bild seines Charakters auf diese Grundlage hin zu entwerfen; ein solches würde aber nothwendigerweise Alles eher, als erschöpfend wer= den; nur in seinen Handlungen erscheint der ganze Bismarck, die Hauptseite vom Wesen eines solchen Staatsmannes ent= zieht sich immer dem Blick des literarischen Kritikers.

Um so interessanter ist es für den Kritiker, wenn durch einen völlig vereinzelten Zufall einer der leitenden Staats=

männer in Europa zugleich ein hervorragender Schriftsteller
ist, ein Dichter und Politiker, der sein ganzes Wesen und
alle seine Ideen in Schriften niedergelegt hat. Es wird
hierdurch dem Kritiker ein selten gestatteter Einblick in die
Psychologie einer solchen Persönlichkeit gewährt. Jede
Arbeit von seiner Hand ist ein Instrument, welches er uns
selbst geschmiedet hat, um damit in die Werkstatt seiner
Ideen einzudringen; jedes Buch, das er geschrieben hat, ist
ein Fenster, durch welches wir in seinen Geist hineinsehen
können. Jede Gedankenentwickelung, die er gab, jeder
Charakter, den er formte, und jedes Gefühl, das er schilderte,
enthält theils eine Reihe offener Bekenntnisse, die er mit
Bewußtsein abgelegt hat und die vorsichtig geprüft werden
müssen; theils eine parallel laufende Reihe unfreiwilliger
Bekenntnisse, die herausgelesen werden können, nur daß man
nicht versuchen darf, sie gewaltsam dem Werke zu entreißen,
da man sonst allzu leicht nur das herausnimmt, was man
selbst hineingelegt hat. Wenn der Kritiker in gleich hohem
Grade dem Schriftsteller und sich selbst gegenüber auf
der Hut bleibt, wird das geschriebene Product ihm einen
Blick öffnen, der sich weiter erstreckt als zur bloßen literarischen
Einsicht; denn die Gefühle und Gedanken, die in der
Schrift niedergelegt sind, gehören ja nicht dem Staatsmanne
in seiner Eigenschaft als Dichter allein; sie sind Ausflüsse
des Allgemeinmenschlichen in ihm, das die gemeinsame
und tiefste Quelle seiner politischen und literarischen Begabung ist.

Ich will versuchen, eine literarisch-kritische Methode auf
den jetzigen Premierminister Englands anzuwenden. Es ist

mir als eine lockende Aufgabe erschienen, durch den Dichter Benjamin Disraeli den Staatsmann Lord Beaconsfield zu studiren. Ein vollständiges Material besitze ich nicht, da von einem noch lebenden Mann die Rede ist, einem Mann, den ich nur aus einer Entfernung gesehen und gehört habe, wie ihn so viele Andere sahen und hörten, für dessen Erkenntniß mir aber nicht eine einzige besondere Quelle offen stand. Was ich nach sorgfältiger Lectüre des schon Gegebenen hoffen darf, ist: durch die Behandlungsweise des Stoffes neu zu sein. Lord Beaconsfield's Schriften sind in England bis jetzt nicht gewissenhaft und unparteiisch studirt. Das Porträt des Verfassers ist abwechselnd von Whigs und von Tories, von politischen Feinden und von politischen Freunden gemalt worden, indem bald der Haß, bald die Gunst der Partei die Farben dazu gab. Mir ist Disraeli weder ein Gegenstand der Liebe noch des Hasses, nur ein höchst origimaler und höchst interessanter Charakterkopf, und ich habe nach langem Studium desselben der Lust nicht widerstehen können, ihn auf dem Papier zu reproduciren.

Nur in königlichen und altadeligen Familien, in denen die Erinnerung an eine lange Reihe von Ahnen sich ungeschwächt erhalten hat, ist es möglich, mit Sicherheit dem Angeerbten in den Anlagen des Einzelnen nachzuspüren und die Combinationen und Umbildungen zu verfolgen, welche die geistigen Kräfte des Geschlechtes im Laufe der Zeiten erfahren haben. Von den Vorfahren bedeutender Persönlichkeiten kennen wir in der Regel allzu wenige und von diesen wissen wir allzu wenig, um die Vorbildung der individuellen Begabung im Geschlechte studiren zu können.

Benjamin Disraeli entstammt einer der hebräischen Familien, welche die Inquisition gegen den Schluß des 15. Jahrhunderts zwang, von der spanischen Halbinsel auszuwandern. Diese Familien, welche, obschon aus Palästina vertrieben, niemals das ursprüngliche Culturgebiet des Alterthums, das Mittelmeerbassin, verlassen hatten, und ebensowenig den Einwirkungen eines rohen, dem Stamme fremden Klimas ausgesetzt gewesen waren, machten lange die natürliche Aristokratie der jüdischen Race aus. Sie hatten, angesehen und glücklich, theils in den großen

Städten, theils auf ihren Landsitzen in Aragonien, Andalusien und Portugal gelebt; denn die Erwerbung von Grund- eigenthum war ihnen nicht verboten. Jetzt beraubte der Fanatismus sie mit einem Schlage all' ihrer Rechte und Hoffnungen. Die Vorväter Lord Beaconsfield's nahmen daher ihre Zuflucht zur venetianischen Republik und legten, einer Familientradition zufolge, von dem Augenblicke, da sie Venedigs Grund betraten, ihren spanischen Namen ab, um statt dessen — „aus Dankbarkeit gegen den Gott Jacob's, der sie durch beispiellose Prüfungen und unerhörte Gefahren geleitet hatte" — den Namen Disraeli anzunehmen, woran ihre Abstammung immer zu erkennen sei. Durch mehr als 200 Jahre gedieh und blühte das Geschlecht hier ungehindert fort.

Gegen die Mitte des 18. Jahrhunderts beschloß dann ein Mitglied der Familie, seinen jüngsten Sohn, Namens Benjamin, nach England zu senden, das damals den Juden Religionsfreiheit zu sichern schien und gleichzeitig günstige Aussichten für Handelsunternehmungen im Großen bot. Die Religionsfreiheit war übrigens weder alt noch voll- ständig in England. Viel früher als von Spanien und Portugal waren die Juden von dort vertrieben worden. Nur von Wilhelm dem Eroberer bis zur Zeit von Richard Löwenherz wurden sie in England geduldet; dann brachen blutige Judenverfolgungen aus, bis im Jahre 1290 die im ganzen Mittelalter auftretende Beschuldigung gegen die Israeliten, zu ihrem Osteropfer das Blut geschlachteter Christenkinder zu gebrauchen, die Wirkung hatte, daß sie, mißhandelt und ausgeplündert, das Land als endgültig Verwiesene verlassen mußten. Eine Ballade in Percy's

Sammlung altenglischer Volkslieder zeigt, daß die Volks-
Phantasie sich fortdauernd mit dem vertriebenen Stamm
beschäftigte; in der Entfernung wurden die nie gesehenen
Landsleute und Mörder des Erlösers zu blutdürstigen Un-
geheuern, und als Denkmäler des abergläubigen Schreckens
und Abscheus, die sich bis in die Renaissancezeit erhielten,
sind in der englischen Literatur Marlowe's Barabbas und
Shakespeare's Shylock stehen geblieben. „Der Jude von
Malta" war gewissermaßen das Vorbild seines Stammesgenossen im „Kaufmann von Venedig". Mit gutem Grund
ist die Scene in diesen beiden berühmten Tragödien nach
den Ländern des Mittelmeers verlegt; denn in England
selbst fanden sich keine Juden. Mit weniger gutem Grund
tritt der südländische Jude in diesen Dramen als Typus
der Grausamkeit auf; denn während er auf den englischen
Bühnen seine Tochter vergiftete und das Messer gegen
seinen Schuldner wetzte, ließen sich Tausende seiner Stamm-
verwandten von beiden Geschlechtern in Spanien und
Portugal lieber martern und verbrennen, als daß sie den
angeerbten Glauben ihrer Väter abschwuren. Die am
härtesten geprüften Märtyrer der damaligen Zeit wurden
auf der Bühne des fernen Englands zu Mördern und
Henkern.*)

Erst zur Zeit der englischen Republik begannen die
Israeliten, von keinem Gesetz, nur von Cromwell's persönlicher Protection geschützt, nach England zurückzukehren.

---

*) Jul. Rodenberg: Studienreisen in England, S. 272 ff. Isaac
d'Israeli: Curiosities of literature, Einleitung.

Unter Georg II. war der Minister Lord Pelham ihnen wohlgesinnt, und während seines Ministeriums wurde im Jahre 1748 der Großvater und Namensvetter Lord Beaconsfield's, Benjamin Disraeli, englischer Bürger ohne Bürgerrechte. Seine Frau, die einer Familie angehörte, welche viel durch die Verfolgungen gelitten hatte, und die ein eitles und ehrgeiziges Gemüth besaß, schämte sich ihrer jüdischen Herkunft und übertrug, durch eine unedle, aber nicht seltene Ideenassociation, ihre Erbitterung darüber, einer beschämten Kaste zugezählt zu werden, von den Unterdrückern auf ihre eigenen unterdrückten Stammesverwandten. Unterdessen verdiente ihr energischer Gatte sich schnell ein Vermögen, kaufte ein Landgut, legte einen Garten im italienischen Stil an, sah häufig Freunde bei sich, aß Maccaroni, die der venetianische Consul in London zubereitet, spielte Whist, sang Canzonetten und führte, „trotz einer Gemahlin, welche ihm niemals seinen Namen verzieh, und trotz eines Sohnes, der all' seine Pläne vereitelte," eine kräftige und lebensfrohe Existenz, bis er fast neunzig Jahre alt wurde.

Dem Charakter dieses Mannes gegenüber verweilt man, wenn man Voraussetzungen für die Eigenschaften des Enkels sucht, unwillkürlich bei den Zügen, welche dieser selbst hervorgehoben hat: er war ein Mann von heißem Blut, sanguinisch, kühn, unternehmend und erfolgreich, mit einem Temperament, das keine Enttäuschung aus dem Geleise bringen konnte, und einem Gehirn, das, selbst wenn ein Mißgeschick dem anderen folgte, nie der Hilfsquellen entbehrte.

Es war die Hoffnung des ehrgeizigen und praktischen Kaufmannes, der im Jahre 1815 als ein Rival des Hauses Rothschild dastand, immer gewesen, eine Finanzdynastie zu gründen; aber dieser Lieblingswunsch scheiterte an den ausschließlich literarischen Neigungen seines einzigen Sohnes. Isaac d'Israeli (wie er sich schrieb) wuchs auf, von seinen beiden Eltern unverstanden und ohne jemals ein gutes Wort von seiner Mutter zu hören, die ein Leben voll Erniedrigung für ihr Kind voraussah. Sein erstes Gedicht rief ein wahres Erschrecken im Elternhause hervor. Er wurde nach Amsterdam geschickt, um in einer dortigen Schule seine poetischen Grillen zu vergessen, fand aber bei dem nachlässigen Schulvorsteher, der in der Philosophie des 18. Jahrhunderts lebte und athmete, eine reichhaltige Bibliothek der Schriftsteller jenes Zeitalters, die er verschlang. Vor seinem 15. Jahre hatte er Voltaire gelesen und seine Kräfte an Bayle geprüft; 18 Jahre alt kehrte er nach England zurück als ein Schüler Rousseau's. Sein Aufenthalt hier war ein kurzer. Der Vater theilte ihm seinen Beschluß mit, ihn nochmals fortzusenden, diesmal zu einem großen Handelshaus in Bordeaux; der unverbesserlich literarische Sohn antwortete, daß er ein großes Gedicht gegen den Handel als das Verderben der Menschheit geschrieben habe. Anstatt nach Bordeaux zu reisen, begnügte er sich damit, nach Paris zu gehen, wo er bis 1788 in Bibliotheken und mit Gelehrten seine Zeit vertrieb. In England fing er kurz danach an, sowol dichterische Versuche, wie namentlich die literarhistorischen oder vielmehr literaranekdotischen Werke herauszugeben, die seinen Schriftstellernamen begründeten

und noch heutzutage in Ansehen erhalten, obwol sie weder
durch Geist noch durch Genauigkeit hervorragend sind.

Das Wesen des stillen Literaturforschers und Bücher=
liebhabers bildet in mancher Hinsicht einen ausgeprägten
Contrast zu dem des Sohnes. Beim ersten Blick ist der
Gegensatz wie der zwischen einem gelehrten Benedictiner=
mönch in seiner ruhigen Zelle und einem rastlosen Tribun,
dessen Leben im Lärm des Forums hingeht. Isaac d'Israeli
war eine etwas blöde Natur, in seiner Jugend zur Melan=
cholie geneigt, als Mann ein Sammler, als Greis ein Be=
trachter, zu kritisch angelegt, um jemals selbst mit seinem
Thun und Treiben zufrieden zu sein, außerdem zu sehr zurück=
gezogen, um jemals ein kräftiges Selbstvertrauen zu er=
reichen. Nicht einmal sein steigendes Ansehen konnte ihm
ein solches geben, denn er fühlte selbst am besten eine Lücke
in seinem Talent und eine innere Spaltung in seinem Ver=
halten zum Zeitgeist. Literarisch stand er in England unter
einem sinkenden Stern; er war ein Schüler Pope's und
Boileau's. Nichtsdestoweniger sah er, schon wegen seiner
frühen Schwärmerei für Rousseau, die Nothwendigkeit ein, der
Natur und Leidenschaft größere Herrschaft und freieres Spiel
in der Poesie einzuräumen, ohne auf der anderen Seite die
geistige Kraft zu besitzen, welche den kommenden Bewe=
gungen in der englischen Poesie hätte vorgreifen können.
Als die große naturalistische Revolution in Englands Literatur
von Anderen verkündigt und ausgeführt wurde, war er nicht
mehr jung und geschmeidig genug, um die Bewegung mit=
zumachen. Er lebte nur für die Literatur; aber als er jung
war, war sie alt, und als er alt wurde, war sie jung. Die

Folge dieses Mißverhältnisses war theils das beständige ge=
heime Mißtrauen zu seiner eigenen Begabung, das eine
Schwäche ist; theils die Freiheit von jeglicher Eitelkeit, die
immer selten ist, doch am meisten bei einem Schriftsteller.
Weder die Schwäche noch die Tugend vererbten sich auf seinen
berühmten Sohn. Der prunklose Bibliophil erzeugte einen
zuversichtlichen Bravado, welcher ebenso viel Gewandtheit
besaß, sich in die Mächte der Zeit zu fügen, wie Kraft, die
Tendenzen, die er vorfand, so umzuformen, daß sie den
Stempel seines Willens und seines Geistes empfingen.

Selbst im Aeußerlichsten spürt man den Gegensatz
zwischen Vater und Sohn. Isaac d'Israeli lebte isolirt.
In seiner Heimath verbrachte er, obgleich verheirathet, in
der Regel den ganzen Tag und Abend in seiner Bibliothek,
in London war seine einzige Zerstreuung die, von einem
Buchhändler zum andern zu gehen. Es ist kaum möglich,
einen schärferen Contrast zu der ausgeprägt weltmännischen
Physiognomie des Sohnes sich vorzustellen. Am schroffsten
jedoch tritt der Contrast hervor, wenn man Vater und Sohn
mit Rücksicht auf die Politik vergleicht. Der Vater ließ
sich nicht nur niemals auf die Politik des Tages ein, son=
dern er konnte sie nicht einmal verstehen. Es ist klar, seinen
praktisch=politischen Beruf hat der Sohn nicht von diesem
Vorfahren geerbt.

Und doch ist Isaac d'Israeli der vorbereitende und
sammelnde Geist gewesen, mit welchem die Natur Probe
machte und den Grund legte zu größeren Anlagen. Erstens
sind seine literarischen Studien und Fähigkeiten von großer
Bedeutung für den Sohn gewesen; Nichts trägt mehr zur

leichten und schnellen Erwerbung der Herrschaft über die Sprache bei, als ein literarisches Präcedens im Geschlecht. Dann stammen einzelne der tiefsten primären Anlagen im Gemüthe Benjamin Disraeli's deutlich von seinem Vater ab. Dieser war in vielen Beziehungen geistig ein echtes Kind des 18. Jahrhunderts, und alles Das im Gemüth des Sohnes, was dem Wesen und Stil des 18. Jahrhunderts angehört, läßt sich als Erbtheil in directer Linie nachweisen. Der Vater war literarisch wol nicht viel mehr als ein lebendiges Schriftstellerlexikon, aber ein Lexikon aus der Zeit der Encyclopädisten; er hatte früh die Vorurtheile der Zeitgenossen abgelegt, um ihre Philosophie einzusaugen, und war ein entschiedener, wenn auch stiller Freidenker, confessionslos im buchstäblichen wie im geistigen Sinne dieses Wortes. Im Jahr 1833 veröffentlichte er eine Schrift „The Genius of Judaism“, worin er vom deistischen Standpunkt die israelitische Auffassung der mosaischen Gesetze, Gesundheits- und Speiseregeln als offenbarter und ewiger Wahrheit verspottet. Er ging lange mit dem Vorsatz um, die Geschichte der englischen Freidenker zu schreiben. Sein ganzes Leben hindurch war er ein vorurtheilsfreier Skeptiker mit Neigung zum sarkastischen Witz.

Diese scharfverständige und negative Anlage ist auch die zuerst hervortretende bei dem Sohne. Der mystisch-romantische Benjamin Disraeli fängt als Satiriker an. „Vivian Grey's“ erster Theil, „Popanilla“, „Irion im Himmel“ und „Die Ehe in der Hölle“ sind eben so viele Satiren im Geiste des 18. Jahrhunderts. Vivian Grey ist ein Typus für Beaumarchais, Popanilla eine phantastische

Reise in Swift's Manier; die zwei mythologischen Erzäh-
lungen können ihr Geschlechtsregister von keinem Geringeren
als Lukian ableiten; sie würden gewiß Voltaire, an den
sie erinnern, keine Schande machen und könnten, ohne eine
Profanation zu erleiden, von Offenbach in Musik gesetzt
werden, so blasphemisch sind sie gegen die Götter Griechenlands. Man versteht Nichts von dem Wesen Benjamin
Disraeli's, wenn man übersieht, daß selbst die Theorien
und Schwärmereien, die bei ihm am vollständigsten das
Gepräge der großen romantischen Reaction tragen, ohne
Ausnahme ursprünglich von angeborener Skepsis und früh
entwickelter Kritik desinficirt worden sind. Selbst in seinen
Luftschlössern findet sich nicht die sumpfige Luft, die von den
Maremmen des Aberglaubens und der Vorurtheile aufsteigt;
es sind Wüstenfatamorganen, Erzeugnisse einer dürren und
heißen Phantasie, mit Bewußtsein construirt; sie lassen sich
durch methodische Beobachtung mit größter Leichtigkeit von
den Traum- und Gedankengebäuden unterscheiden, die einem
naiven und vollständigen Mysticismus ihre Existenz verdanken.

Nicht allein die kritischen und negativen, sondern auch
die positiven, romantisch-konservativen Tendenzen Benjamin
Disraeli's lassen sich jedoch auf den Vater zurückführen.
Der alte Literator hatte, obwol religiös radical, eine instinctive Neigung zur Torydenkart. Er fühlte sich vom
Hause Stuart sympathisch angezogen; fünf Jahre arbeitete
er an seinem Werke über die Regierung Karl's I. und empfing deswegen von Oxford ein Ehrendiplom mit der Wid-
mung: „Optimi regis optimo vindici"; seine verwandte

Schrift über Jacob I. betrachtete er selbst als eine litera=
rische Gewissenssache. In beiden Arbeiten trat er nach seiner
Ueberzeugung nur als Fürsprecher der Verkannten auf, aber
es war kein Zufall, daß diese beiden „Verkannten" gekrönte
Häupter waren, die uneingeschränkte Macht begehrten und
im Kampfe mit dem Puritanismus und dem Parlamente
lagen. Der Sohn ist in diesen Sympathien der Spur des
Vaters gefolgt; ringsum in seinen Schriften hat er Lanzen
für die Stuarts gebrochen; die Benennung „Märtyrer" für
Karl I. hat er vertheidigt und aufgenommen, in „Sibyl"
heißt es sogar, daß niemals ein Mann den Heldentod für
eine größere Sache starb, die Sache der Kirche und der
Armen. Daß die zwei unpopulären Regenten der Vorzeit
der herrschenden Religion gegenüber Dissenters waren, hat
wahrscheinlich dazu beigetragen, ihnen Sympathie zu sichern
bei Schriftstellern, die aus einer Dissentergesellschaft hervor=
gingen; man sieht aber, daß der jüngere Disraeli — wie
wenig conservativ auch sein erstes politisches Auftreten war
— in seinem Elternhause von keinem politischen Radicalis=
mus beeinflußt wurde. Mit den voltairianischen Anschau=
ungen, die damals in der guten Gesellschaft vorherrschten,
nahm er viel eher in sein Gemüth einige Keime zu ent=
schiedenen Toryansichten auf, Keime, die in einen gewissen
Oppositionsgeist gegen die populäre Auffassung von der
politischen Geschichte Englands eingehüllt lagen, die aber
unter günstigen Umständen emporsprießen konnten.
Wir wissen zu wenig von der Mutter Disraeli's, um
nachspüren zu können, was er von ihr geerbt hat; sie starb
nach 45jähriger Ehe in ihrem 72ten Jahr; er selbst scheint

aber seine Anlagen ausschließlich von der männlichen Linie
seiner Familie herzuleiten. Und dann liegt im unterneh=
menden und praktisch energischen Charakter des Großvaters
das Supplement zum rein literarischen und contemplativen
Wesen des Vaters, das erforderlich scheint, um bei einem
Nachkommen des Geschlechts das Zusammenhämmern und
Schleifen der praktischen und literarischen Gaben zu einem
zweischneidigen Schwert hervorzubringen.

Als Sohn Isaac d'Israeli's war der künftige Staats=
mann endlich nicht nur mit einem gewissen Inbegriff von
Anlagen, sondern in einer nicht gewöhnlichen gesellschaft=
lichen Stellung geboren. Die Schriftsteller standen damals
in Großbritannien in höherem Ansehen als jetzt, und der
ältere d'Israeli hatte einen populären und geachteten Namen;
er kannte außer seinen Collegen, unter denen der Dichter
und Epikuräer Samuel Rogers sein Freund war, mehrere
von den aufgeklärten Politikern und Aristokraten damaliger
Zeit. Schon im Hause des Vaters sah daher der Sohn
von Jugend auf berühmte Männer und Frauen, und der
Name des Vaters hat ihm manch' hochgestelltes Haus ge=
öffnet. Der Vortheil, den man dem geborenen Aristokraten
allein zuzuschreiben pflegt, schon in frühester Jugend Be=
kanntschaften gemacht und Verbindungen angeknüpft zu
haben, die sonst der Lohn vieljähriger Arbeit sind, fiel also
in reichlichem Maß dem jungen Disraeli zu. Man spürt
ab und zu in seinen Jugendwerken, daß er selbst der äußeren
Vortheile, einen solchen Vater zu besitzen, sich bewußt gewesen
sei. Vivian Grey freut sich, seinen berühmten Vater loben zu
hören; verweilt bei der Annehmlichkeit, schon als Grün=

schnabel einen lebendigen Beweis dafür zu finden, daß das Familienblut es zu Etwas bringen kann, und bricht irgendwo aus: „Kein Stolz ist dem Stolz auf Vorfahren zu vergleichen; denn er enthält eine Mischung aller Gemüthsbewegungen." Und indem der Verfasser unwillkürlich sein Loos mit dem der Aristokratie zu vergleichen scheint, fährt er fort: „Wie überlegen über der Menge steht schon der Mann da, der sich nur eines hervorragenden Vaters rühmen kann! Man stelle sich nun die Gefühle dessen vor, der seine Herkunft eine tausendjährige Reihe von Helden und Fürsten zurück verfolgen kann!" Der sonderbare Ahnenstolz, welcher sich bei Disraeli selbst findet, übertrifft weit den Stolz auf den angesehenen Vater; aber während seine Abstammung nothwendigerweise in weltlicher Hinsicht ihm nur zum Schaden gereichte und das Haupthinderniß auf seinem Wege ward, ist sein Verhältniß als Sohn dieses Vaters der Vorsprung auf der Rennbahn gewesen, der ihm vom Schicksal gegeben wurde im großen europäischen Wettlauf nach Auszeichnung und Ruhm.

Als Benjamin Disraeli's Geburtsjahr wird von ihm selbst 1805 angegeben. Er scheint aber in Wirklichkeit am 21. December 1804 geboren zu sein. (Picciotto: Sketches of Anglo-Jewish History, S. 300.) Seine Mutter, Maria Basevi, gebar zuerst eine Tochter, Sarah, hernach drei Söhne, unter welchen er der älteste war. Er wurde in die jüdische Gemeinde aufgenommen; als aber der Vater später sich mit ihr entzweite, gab er — wofern das Gerücht die Wahrheit spricht — seinem Freunde Samuel Rogers die Erlaubniß, den Knaben mit in die Kirche zu nehmen und dort taufen zu lassen. Rogers war in religiöser Beziehung vollständig indifferent, aber es dünkte ihn Schade, heißt es, daß der hübsche, aufgeweckte Knabe wegen seiner Confession von den wichtigsten bürgerlichen Rechten und höchsten socialen Gütern ausgeschlossen sein sollte. Die Taufe fand jedenfalls in St. Andrew's Kirch= spiel, am 31. Juli 1817, statt. Im Kirchenbuche ist Benjamin Disraeli als „ungefähr 12 Jahr alt" angegeben.

Er wurde in einer Privatschule zu Winchester und darauf eine kurze Zeit im Bureau eines Advocaten unter=

gebracht. Ueber sein inneres Leben im Knabenalter und in
den ersten Jünglingsjahren kann man in seinen Romanen
jeden erwünschten Aufschluß finden. „Vivian Grey" und
„Contarini Fleming", die mit Rücksicht auf diese Jahre die
unverkennbarsten selbstbiographischen Elemente enthalten,
lehren uns, was wir im Voraus ahnen konnten, daß
die erste Periode von Disraeli's bewußtem Leben eben so
reich an Demüthigungen wie an Triumphen war. In
beiden Büchern wird der Held durch seine geistigen Fähigkeiten, seine Keckheit und sein Anführertalent eine Zeit lang
der entschiedene Liebling der Schule, so zu sagen einstimmig
als der bestimmteste, originellste und witzigste Knabe anerkannt. Seine englischen Aufsätze und Verse werden bewundert und abgeschrieben. Er ist, kurz gesagt, in der
Schule die populäre Persönlichkeit, während er in seinen
Kameraden vor Allem Wesen sieht, welche zu beherrschen
er fest entschlossen ist. Aber — hinter dieser Popularität
verbirgt sich die Möglichkeit zu einem allgemeinen Haß
gegen ihn, nicht nur zu dem Neide, den der Erfolg immer
hervorruft, sondern zu einem brennenden Unwillen von
besonderer und tieferer Art, thierischer in seinem Ursprung,
grausamer in seinem Hervortreten, mit einem Wort, zum
Racenhaß. Da der Unwille des Lehrers gegen Vivian
Grey zum ersten Male zum Ausbruch kommt, gebraucht er
den Ausdruck „ein aufrührerischer Fremder" von ihm,
und die Kameraden stimmen im selben Augenblick, wo die
Parole gegeben ist, in das Schlagwort ein: „Nieder mit
dem Fremden! fort mit dem Fremden!" Dieser Ausdruck ist
im Buche nicht motivirt; denn in keinem Sinn des Wortes

kann Vivian als ein Fremder in der Schule bezeichnet
werden. Das Wort hat sich augenscheinlich durch eine
Reminiscenz aus der Kindheit des Verfassers in den Roman
hineingeschlichen, nur daß es in der Wirklichkeit nicht so
lautete, sondern eine bestimmtere Hindeutung auf eine
fremde Nationalität enthielt und einen viel höhnenderen
Klang hatte.

Noch näher kommt in diesem Punkte „Contarini
Fleming" der Wirklichkeit, wo sich der Held mit seinem
südländischen Aeußeren und seiner italienischen Abstammung
zwischen seinen blonden Halbbrüdern im Norden unglücklich
fühlt. „Sie wurden meine Brüder genannt, aber die
Natur stempelte diese Behauptung zur Unwahrheit, wie oft
sie auch wiederholt wurde. Ihre blauen Augen, flachs=
gelben Haare und weißen Gesichter standen in keiner Ver=
wandtschaft zu meiner venetianischen Physiognomie. Wo ich
ging und stand und wohin ich sah, erblickte ich eine Race,
die von mir selber verschieden war. Es war keine Sym=
pathie zwischen meinem Körper und dem rauhen Klima, in
welchem ich leben mußte." Man steigere das venetianische
Gepräge durch das noch tiefer liegende israelitische, und den
nationalen Gegensatz noch durch das religiöse Vorurtheil, wie
es in einer englischen Schule gegen das Jahr 1820 herrschte,
und man wird den richtigen Begriff von der isolirten
Stellung des jungen Disraeli bekommen, als er aus dem
Elternhause in den Knabenstaat hinaustrat und entdeckte, daß
man ihn nicht als ebenbürtig, sondern als einen „Fremden"
von niedrigerer Kaste betrachtete. Ein solcher Eindruck in
so jungen Jahren ist einer der tiefsten, die das Gemüth

überhaupt empfangen kann, einer von denen, welche fein=
fühlende und aristokratische Gemüther nie vergessen. Sich
mit Schande gebrandmarkt zu fühlen, ohne sich einer Schuld
bewußt zu sein! Seines Aussehens, seiner Väter, seines
Volks, seiner Religion, seiner Stammesgenossen wegen ver=
höhnt zu werden! Ein armer Knabe unter lauter reichen,
ein uneheliches Kind unter legitimen Kindern, ein katho=
lisches unter Protestanten, ein verkrüppeltes unter wohl=
gebildeten Kameraden fühlen sich jedes in seiner Weise zurück=
gesetzt und gedemüthigt. Aber der jüdische Knabe in einer
christlichen Schule altmodischer Art empfand etwas von dem,
was alle diese so Gezeichneten fühlen. Er erfuhr zum
ersten Male, daß er Jude war, Alles war, was dieses
Wort in sich zusammenfaßt. Er entdeckte, daß er zu dem
Volke, unter welchem er lebte, nicht mitgerechnet wurde,
keinen Antheil an den Thaten ihrer Vorväter und an ihrer
Geschichte hatte, sondern als ein Vereinzelter dastand und
trotzdem unaufhörlich mit einer Menge Anderer zusammen=
geworfen wurde, die er nicht gesehen hatte und nicht kannte,
deren Aussehen für häßlich, ja widerlich galt, deren Sprach=
weise als lächerlich, ja ekelhaft bezeichnet wurde, und denen
man nachspottete, indem man auf ihn mit Fingern wies.
In den Lesestücken, an denen die Schüler sich übten, war
unumgänglich ein Jude die lächerliche, gemeine, oder
schmutzig=habsüchtige Person, Betrüger, Wucherer oder
Feigling. Und in derselben Klasse oder in der Klasse
nebenan fand sich ebenso unumgänglich ein anderer Knabe
jüdischer Herkunft mit einem Sklavenzeichen auf dem
Gesicht, bis zur tiefsten Stufe der Erbärmlichkeit er=

niedrigt und unterjocht, zum Sündenbock und Clown aus=
ersehen, und jeden Schlag, der jenen Aermsten traf,
fühlte er in seinem Gesicht brennen, und jede Sklaven=
feigheit, die jener Aermste zeigte, fühlte er als seine
Schande, und selbst wenn er durch harte Kämpfe für sich
selbst eine relative Sicherheit erwarb, hatte er doch nicht die
geringste Macht, seinen Racegenossen und seine Karrikatur
gegen die Ausbrüche der allgemeinen Verachtung und Bruta=
lität zu sichern. Und warum litt er dies? Nicht zu Hause,
sondern in der Schule ward ihm die Antwort: sein Volk,
das einmal in fernen Zeiten das gesegnete und auserwählte
Volk gewesen, war jetzt das ausgestoßene und verfluchte,
litt die Strafe für ein Verbrechen, das die Väter vor fast
zweitausend Jahren begangen. O Schmach! unbewußt
und gegen seinen Willen dem verachteten und verfluchten
Volke anzugehören! Hatte die Großmutter in Enfield nicht
Recht, ihre Verwandtschaft mit demselben zu verleugnen,
und war es nicht das einzig Natürliche, es nun auch selbst zu
hassen und durch den Haß sich das Recht zu erkaufen, als
Ausnahme betrachtet zu werden?

Doch die Frage lag nicht vor, sie konnte im Ernst
nicht gestellt werden; denn sieh' diese höhnenden Mienen,
diese spöttischen Blicke, höre dies Rufen hinter dem Rücken
und all' diese Herausforderungen, die aufgenommen und
überboten werden müssen. In den beiden erwähnten
Jugendromanen Disraeli's hat der Held in seiner Schulzeit
eine große epochemachende Schlägerei mit einem Knaben,
der gegen ihn vom Haß einer ganzen Bande vorgeschoben
wird. In beiden sieht er's so an, als ob ihm großes Unrecht

geschehen, in beiden nimmt **er Rache**. Aber in der Weise, wie er sich rächt, verräth **sich der Charakter** des Verfassers nicht weniger deutlich, **als** der des Helden. Vivian rächt sich an den treulosen Kameraden, **die ihn einem** tyrannischen Lehrer gegenüber im Stich gelassen haben, nach einem Plane, der mit Kälte überlegt und mit rücksichtsloser Consequenz ausgeführt wird. Er gewinnt im nächsten Halbjahr die Gunst dieses nämlichen Lehrers, benutzt ihn **erst** als Werkzeug, um die übrigen Knaben zu peinigen, und überliefert ihn schließlich der Wuth dieser Knaben zum Opfer, **während** er selbst sie mit einer geladenen Pistole sich vom Leibe hält. Er verläßt die Schule mit dem Wort, **daß,** wenn er eine neue und raffinirte Tortur erfinden könnte, **sie** ihnen zu Gebote stehen sollte gegen jenen Lehrer, **denselben, welcher zuerst** das Stichwort „der Fremde" gegen ihn in Umlauf gesetzt hat. Contarini rächt sich **mit weniger** Ueberlegung, aber eben **so** gründlich. Er nimmt Rache im Borerkampf mit einem weit größeren Knaben, **fährt auf ihn ein,** wie ein wildes Thier, und wirft ihn zur Erde. Man beachte den folgenden Passus: „Er war in demselben Augenblick wieder auf den Beinen, und wahrlich, ich **hätte** mich **nicht** um ihre einfältigen Regeln für solche Spielkämpfe bekümmert, sondern hätte ihn zerdroschen, während er lag. Doch er kam in demselben Augenblick wieder in die Höhe." Wie charakteristisch ist diese Wendung! Contarini respectirt **nicht die** angenommenen Gesetze des Kampfes, so wenig wie Vivian sich bedenkt, Verstellung als Mittel anzuwenden; **beider Rachedurst ist so** glühend, **daß** er sie alle anderen Rücksichten **vergessen** läßt. Man höre die Beschreibung Contarini's **von dem Kampfe:**

„Ich fuhr wieder auf ihn ein. Er kämpfte mit geschmeidiger Kraft, aber er war wie eine Schlange gegen einen Tiger. Ich verlor nie seinen Blick aus den Augen, meine Schläge fielen mit der Genauigkeit einer Maschine. Sein blutiges Gesicht war nicht wiederzuerkennen. Ich glaube, daß er über meine wahnsinnige Miene entsetzt war.

„Ich konnte nicht zwischen den Gängen warten. Ich rief ihm mit rasender Stimme zu, er solle herankommen. Um uns war athemloses Schweigen. Sie waren wie vom Blitz getroffen . . . . Jedes Mal, wenn er vortrat, machte ich denselben furchtbaren Sprung, hieb seine Parade durch und hörte nicht auf, seinen Kopf zu bearbeiten, als bis meine Faust in sein Gehirn selbst einzudringen schien; und nach zehn Gängen fiel er um, ganz blind. Ich fühlte nie seine Schläge; ich verlor nie meinen Athem.

„Er konnte nicht wieder rechtzeitig auf die Füße kommen. Ich sprang vor; ich stemmte mein Knie auf seine Brust. Ich schlage mich nicht mehr! rief er matt. Bitte um Verzeihung! schrie ich, bitte um Verzeihung! Er schwieg. Sage: Um Verzeihung! sagte ich, oder ich weiß nicht, was ich thue. — Niemals, antwortete er. — Ich erhob meinen Arm. Einige wollten sich in's Mittel legen. Fort! schrie ich, fort! Ich ergriff den gefallenen Anführer, eilte zur Thür hinaus und schleppte ihn hinter mir her wie Achilles den todten Hektor. Am Ende des Weges lag ein Mist=haufen. Auf den hinauf schleuderte ich seinen leblosen Körper.

„Ich schlenderte fort zu einem meiner Lieblingsplätze. Ich war ruhig und matt; mein Gesicht und meine Hände waren mit Blut bedeckt. Ich kniete nieder an der Quelle und trank den süßesten Trunk, den ich je in meinem Leben gekostet hatte."

Die Süßigkeit des Trunks war die der Rache, der vollständigen Rache. Man sieht, wie die Naturgrundlage bei dieser ersten Brut Disraeli'scher Jünglinge be= schaffen ist. Es findet sich in ihrem Blut kein Tropfen von der Milch der Gnade, keine höhere Regel als „Auge um Auge" in ihrer Seele; es ist, als hätten diese jungen Wesen in der frühen Kindheit allzu unmenschlich gelitten, um das Gleichgewicht in ihrem Gemüthe anders herstellen zu können, als dadurch, daß sie sich auf ebenso unmensch= liche Weise selbst Unantastbarkeit verschaffen und wenigstens einmal Rache und wieder Rache schlürfen in langen, tiefen Zügen.

III

Benjamin Disraeli war als Knabe und Jüngling nach der einstimmigen Aussage der Zeitgenossen sehr schön. Er hatte lange, rabenschwarze Locken, Augen, aus denen Leben und Verstand hervorleuchteten, eine regelmäßige Nase, einen Mund, den eine arbeitende und ungeduldige Nervosität umspielte, und ein Gesicht, das durch romantische Blässe auffiel. Er wurde überall einnehmend gefunden und von Frauen und Männern mannigfach verzogen; die letzten ergötzten sich an seinen scharfsinnigen Fragen und witzigen Antworten, von den ersteren scheint er frühzeitig gelernt zu haben, was er, kaum mehr als 20 Jahre alt, in seinem ersten Buche niederschrieb, daß der einzige Rival, den ein geistreicher Mann zu fürchten habe, ein aufgeweckter Knabe sei.

Was ging inzwischen in dem unruhigen Gemüthe vor, das sich in diesem ausdrucksvollen Aeußeren offenbarte? Es träumte wild, es liebte leidenschaftlich, es sehnte sich nach Kenntnissen und hatte Paroxysmen von Lernbegierde. Disraeli zeigt sich in seinen ersten Schriften so erstaunlich frühreif in Allem, was zur Weltklugheit und zum Weltton, zur

durchdringenden und sarkastischen Wirklichkeitsbeobachtung
gehört, daß ein unaufmerksamer Leser sich verleiten lassen
könnte, ihn für eine rein äußerlich angelegte Natur zu halten,
die, so zu sagen, jene erste Entwickelungsstufe übersprungen
habe, auf welcher der Jüngling sich in sich selbst vertieft,
Herz und Nieren an sich selbst untersucht, in einsamem
Grübeln seine Fähigkeiten wägt und die Spannkraft und
Tragweite seiner Begabung prüft. Aber Nichts von diesem
hat er überschlagen können. Es scheint nur so, weil er mit
reißender Schnelligkeit schon als Knabe all' die Stadien
jener Rundreise des Gemüths um sich selbst durcheilt hat,
die bei vielen germanischen Naturen reichlich das erste
Lustrum des Erwachsenen in Anspruch nimmt; keine vage
Träumerei, keine phantastische Zukunftsvision, kein Zweifel
und kein Ohnmachtsgefühl ist ihm erspart worden. Contarini
Fleming zeugt dafür, daß er dies Alles gekannt hat; nur
war das Resultat der Prüfung eben so günstig als schnell
gewonnen. Sein Gehirn war fruchtbar, erzeugte Träume,
Einfälle, Pläne, Intriguen, aus denen wieder neue hervor-
gingen; sein Herz war muthig; es klopfte nicht nur uner-
schrocken, sondern es wünschte und suchte Abenteuer, und
der Intriguant hinter seiner Stirn war der geborene Alliirte
für den Abenteurer in seiner Brust. Der Ausfall seiner
Selbstprüfung war das unbedingteste Vertrauen auf seine
Begabung und seine Zukunft. Forti nihil difficile,
die Worte, die Disraeli auf seine Fahne bei seinem ersten
Wahlkampf schreiben ließ, waren lange, bevor sie als
Wahlspruch formulirt wurden, die Losung, die mit dem
Blute in seinen Adern rollte.

Dieses Selbstgefühl ist ein Charakterzug. Während unsicher begabte Naturen eine immer wiederkehrende Muth= losigkeit zu überwinden haben, und überwiegend moralisch angelegte Naturen stets auf's Neue auf Eroberungs= züge ausgehen, um Selbstachtung zu gewinnen und sich dieselbe nicht zugestehen, bevor sie verdient ist, fühlte sich der junge Disraeli früh des großen Reichthums an Hilfsquellen, der in seiner Begabung schlummerte, ge= wiß, verlor keine Zeit damit, auf die Moralpredigten des inneren Pädagogen zu hören, ließ seine Erziehung vom Leben selbst besorgen, von jenem äußeren Schicksal, das mit seinem Lächeln und seinen Schlägen ihm frühzeitig als der einzige nachdrückliche Moralist erschien, und fühlte sich von seinem ersten Eintreten in's erwachsene Alter als ein Gegenstand seines eigenen Respectes und ein Gegenstand hohen Werthes für die Anderen.

Wo immer ein Fonds von Begabung sich findet, da gibt es eine gewisse, zur Entwickelung treibende Kraft, die das Individuum stehen zu bleiben verhindert, indem sie immer wieder die Fähigkeiten zur Entfaltung reizt. Der Erwerbs= trieb, die Sammlerleidenschaft waren solche Kräfte bei den nächsten Voreltern Disraeli's; der Thätigkeitsdrang und der Reformeifer sind häufige Formen derselben bei literarisch oder politisch angelegten Individualitäten. Suchen wir diese ursprüngliche Triebfeder bei ihm selbst.

Es gibt eine äußerst bequeme psychologisch=kritische Methode, die unaufhörlich eben gegen den jetzigen Premier= minister Englands in Anwendung gebracht worden ist und die darin besteht, einen Schriftsteller willkürlich mit einer seiner erdichteten Figuren zu identificiren und **ihm mit großer Kühnheit** jedes Gefühl und jeden unehrenhaften Gedankengang derselben zuzuschreiben; **aber die Kritik braucht** feinere Instrumente als die, mit welchen solche **Biographen hantieren.**

Nicht **in den** groben Hauptlinien einer Schrift, eben **so wenig in der** mehr oder weniger moralischen Qualität der geschilderten Charaktere findet sie Zeugnisse vom eigenen Ich des Verfassers, sondern in **hingeworfenen Aeußerungen,** in Wendungen, **die zum Exemplificiren dienen, in der un-**willkürlichen **Wahl von Bildern,** in lyrischen Ausbrüchen, **die durch** den Gang **der Erzählung nicht** herbeigeführt wer-**den, sich aber quer hindurch den Weg bahnen, weil sie die** Seele des Schreibenden erfüllen **und er sie nicht zurückzu-**halten vermag.

Gesetzt z. **B.,** daß ein Schriftsteller früh **von der Un-**möglichkeit, die menschliche Seele durch Bücher kennen **zu** lernen, frappirt wird und nun durch **Beispiele seine** Meinung erklären will; man kann dann sicher sein, daß die ersten Beispiele, **die ihm auf die Lippen kommen,** solche sein werden, mit denen seine Selbsterfahrung ihn ver-sehen hat. Disraeli exemplificirt so: „Ein Mann **kann in** seinem Studirzimmer ununterbrochen das Herz seiner Mit-menschen **untersuchen und doch** keine Idee haben von der Macht **des Ehrgeizes** oder der **Stärke der Rachsucht."** Der **Ehrgeiz** ist das erste Beispiel eines Gefühles, das ihm **in die Feder kommt.**

Und er ist es auch, welcher **in seinen Jugendschriften**

die Quelle der Freuden und Qualen aller handelnden Personen ist. In „Vivian Grey" heißt es:

„Einen Augenblick grübelte er über die Möglichkeit nach), Macht zu gewinnen; aber er schauderte zurück vor der ermüdenden Unruhe, der verzehrenden Sorgfalt, der ewigen Wachsamkeit, den steten Kunstgriffen, dem tödtlichen Warten, den aufreibenden Wechselfällen . . . Ach, es ist unser Naturtrieb von der Geburt an, nach irgend einem unerreichbaren Glück zu schmachten . . . Wir träumen von Unsterblichkeit, bis wir sterben. Ehrgeiz! bei Deinem stolzen und schicksalsschwangeren Altar flüstern wir das Geheimniß unserer gewaltigen Gedanken. Aber aus der Wolke schlägt eine Flamme nieder, verzehrt das Opfer, das unsere gebrochenen Seelen darbrachten, und es verschwindet im schwarzen Rauche des Todes."

Man hört den Aufschwung und die Melancholie des Ehrgeizes in dieser Klage. Wird es gelingen, durchzudringen? Werden meine Geisteskräfte ausreichen? Diese Fragen tauchen ab und zu in Disraeli's frühesten Büchern auf, doch weit häufiger als Zweifel über den Ausgang, denn als Zweifel an den Fähigkeiten selbst. Es findet sich in „The young Duke" ein alleinstehendes Blatt, wo der Erzähler plötzlich aus seinem Buche hervortritt und mit jugendlichem Mangel an Selbstbeherrschung den Leser von dem Orte, wo er schreibt, von sich selbst und seinem inneren Leben zu unterhalten anfängt.

„Mitten unter den Ruinen des ewigen Rom's beschreibe ich diese Blätter, die leichter sind, als der Wind, und fülle ganze Bände mit Phantasien, die vergessen sein werden, bevor ich erfahre, daß sie veröffentlicht sind. Und doch bin ich nicht unempfänglich für die Magie meines erinnerungsreichen Aufenthaltes, und ich könnte meine Leidenschaft stromweise hervorbrausen lassen, doch ich halte ihre Fluten zurück . . . . Denn ich bin ein Mensch, der, obgleich jung, doch alt genug ist, um zu wissen, daß der Ehrgeiz ein Dämon ist, und ich fliehe vor ihm, weil ich ihn fürchte. Der Ruhm hat Adlerflügel und steigt doch nicht so hoch, wie die Sehnsucht des Mannes . . . . Könnten wir nur den Purpur vom Herzen des Helden ziehen, könnten wir nur den Lorbeerkranz von den Schläfen des Dichters reißen, so würde dies uns eine größere Lehre sein, als wir jemals durch das Nachsinnen über ihre Thaten oder ihre Inspiration gewinnen können. Denkt an Cäsar, als er noch unerkannt seine Jugend schwinden sah und über den jungen Siegeslauf des Macedoniers Thränen vergoß! Konnte Pharsalus diese verzehrende Qual aufwiegen? Seht den unbekannten Napoleon hungernd in den Straßen von Paris! Was war St. Helena gegen die Bitterkeit einer solchen Existenz? Visionen aus den Tagen seiner Größe konnten doch nach dem Fall selbst das dunkelste Gefängniß erhellen; aber sich übernatürlicher Energie bewußt sein und denken, daß sie sterben könne, ohne ihre Wunder vollbracht zu haben: kann das Rad oder die Folterbank mit der Marter einer solchen Furcht sich messen?"

Dieser directe Ausspruch fällt aus dem Zusammenhang des Buches heraus, und steht besonders durch seinen pathetischen, hochlyrischen Schwung in einem merkwürdigen Contrast zu dem fashionablen, ab und zu forcirt frivolen Ton des Romans. Wie tief gefühlt war dies Wort, wie schwer es zu unterdrücken! Wie der, welcher an einem Geheimniß trägt und dessen ganzes Wesen darauf angelegt ist, es zu verbergen, sich bisweilen nicht die Befriedigung versagen kann, in einer von Anderen nicht beachteten Andeutung es durchschimmern zu lassen, so hat scheinbar der junge Schriftsteller sich den Effect nicht versagen können, an einer einzelnen Stelle seines Buches die elegante Erzählermaske von seinem Gesicht zu reißen und plötzlich dem Leser die von allen Leiden und Versuchungen des Ehrgeizes durchfurchte wahre Physiognomie zu zeigen.

Der Ehrgeiz als solcher ist nicht unsittlicher Natur; er ist an und für sich weder sittlich noch unsittlich, sondern natürlich, und sein moralisches Gepräge erhält er erst, wenn er individualisirt wird, durch seine Mittel und seine Zwecke. Er ist verschiedenartig, je nachdem er vorzugsweise auf Ruhm oder auf Macht ausgeht. Ruhmbegier und Machtbegier waren bei Disraeli gleich directe Ausströmungen seines Selbstgefühls, aber kaum gleich starke; seine Natur hätte sich zur Noth besser mit Macht ohne Ruhm, als mit Ruhm ohne Macht begnügen können. Es scheint mir, daß, wenn er die Wahl gehabt, der mächtige Präsident eines heimlichen Gerichts oder der in Ferrara gefeierte Tasso zu sein, er das Erste vorgezogen hätte; doch in seinem Streben hat er sie gewiß nie getrennt, ob er sich auch zu den beiden Gegenständen seiner Sehnsucht verschieden gestellt fühlte. Den Ruhm sah er vor sich, als könne er ihn mit der Hand greifen, mit Talent ertrotzen; er brauchte deswegen Niemanden zu gewinnen, noch zu schmeicheln, ja er erreichte ihn vielleicht am leichtesten und schnellsten durch Herausforderungen nach allen Seiten hin. Die Macht war fern, äußerst fern, und er konnte sich ihr nur schrittweise nähern; der Weg, der zu ihr führte, war sowohl glatt, wie verschlungen, aber er war fest entschlossen, keine Mühe zu scheuen, keine Demüthigung, keine Geduldsprobe, welche ihn an's Ziel führen könne. Und hier war ein wirkliches Ziel. Während die Ehre ihrer Natur gemäß eine relative ist, ein Gut von unbestimmbarer Quantität, von welchem sich immer mehr wünschen läßt, ist die Macht, die zu erreichen Einer hoffen kann, eine bestimmte. Der junge Disraeli wünschte sich ohne Weiteres die höchste Macht, und kann man auch ahnen, daß er mit seinem südländischen Blut und seinem phantastischen Hang im Knabenalter von unterirdischen Verschwörungen und heimlichen Gesellschaften träumte, so stand doch bald die sonnenhelle und sichere Stellung eines Premierministers als das wahrhaft Begehrenswerthe ihm vor Augen. Sobald er zu schreiben anfängt, schildert er Premierminister, und das sowol mit dichterischer Phantasie, wie mit politischem Verstand.

Die zwei Romane, in denen diese vorkommen, („Vivian Grey" und „Contarini Fleming") haben beide das Gepräge psychologischer Biographien und ergänzen einander merkwürdig. Sie enthalten mit Beziehung auf den Politiker und den Dichter anticipirte Bildungsgeschichte. Vivian Grey, der Held des frühesten Werkes, ist ein politisch angelegter Jüngling mit Schriftstellertalent, Contarini Fleming umgekehrt ein dichterisch begabter Jüngling mit staatsmännischem Talent; beide haben eine tiefe Leidenschaft für Macht und Ruhm (power and fame). Daß aber die Macht Disraeli als das eigentliche und principielle Gut vorkommt, das verräth sich am schärfsten in dem Entwicke= lungsgang des Dichters, wo man ja a priori nicht die Betonung der Machtsucht erwarten konnte.

Die Aufgabe, welche Disraeli nach seiner eigenen Er= klärung sich in „Contarini Fleming" gestellt hatte, war die, das Werden eines poetischen Charakters darzustellen; er hat uns ausdrücklich seinen Wilhelm Meister geben wollen, mit dem Unterschied in der Anlage, daß sein Held zur Poesie, wie Goethe's Held zur Wirklichkeit des Lebens heran= reifen soll. Nun ist zwar der Ehrgeiz eine häufige Mit= gabe des poetischen Naturells; er kann jedoch latent vor= handen sein, sich auf discrete und stille Weise verrathen; Goethe's Meister ist nicht anders ehrgeizig. Aber man höre den Dichter bei Disraeli sich selbst als Schulknaben schildern:

„Das Leben war mir unerträglich und ich hätte mich selbst tödten können, wenn mich nicht der Ehrgeiz empor= getragen hätte, der mit jedem Tage in mir lebendiger wurde, so daß die Sehnsucht nach Auszeichnung und staunenerregender That (astounding action) in meiner Seele tobte; und wenn ich mich besann, daß im glücklichsten Fall viele Jahre vergehen müßten, bevor ich meine Gedanken verwirklichen könnte, knirschte ich mit den Zähnen in stummer Wuth und verwünschte mein Dasein."

Jahre gehen hin, und der Dichter, dessen Vater ein hervorragender Politiker ist, hat seine ersten Niederlagen erlitten und seine ersten Sporen verdient. Er sah in vertrauensvollen Augenblicken seinen Genius und sein Schicksal auf Leben und Tod kämpfen und **den Kampf damit enden, daß er,** „auf einem schimmernden Throne sitzend, von einem begeisterten **Volk** einen Lorbeerkranz empfängt". Aber die **Politik wirkt immer fast** ebenso verlockend auf ihn, wie die **Literatur; er** erreicht durch den Einfluß seines Vaters **eine** Stellung als Unterstaatssekretär und gewinnt durch seine Geistesgegenwart und Entschlossenheit **im Staatsrathe** einen entschiedenen diplomatischen Triumph. Sollte man nicht sagen, daß dieser Dichter, gegen die **Absicht des Verfassers,** größeren politischen als **poetischen Ehrgeiz zeigt und** heftigere Begierde nach Macht, als nach einem berühmten Namen, wenn man den darauf folgenden **Ausbruch liest:**

„Ich fühlte meine ganze Energie. Ich ging im Zimmer auf und ab in einer wahren Wuth von Ehrgeiz, und ich dürstete nach Thaten. Es kam mir vor, **als gäbe es** keine Großthat, deren ich nicht fähig **wäre, und** nach welcher ich mich nicht sehnte. In meiner **Phantasie er-**schütterte ich Throne und gründete **Kaiserreiche. Ich fühlte** mich selbst wie ein Wesen, das geschaffen **war, in einer** Atmosphäre von Revolution **zu** athmen."

In diesem Augenblick kommt der Vater dazu und weissagt **ihm, er werde Premierminister des Landes, in** welchem **sie** leben, (Skandinavien) werden, und vielleicht **noch** mehr als **das** (was wol heißen soll, in einem **größeren Lande). Der Vater irrt sich in den Fähigkeiten** des Sohnes, denn dieser kehrt schnell zur Literatur zurück; aber der Irrthum des Vaters erscheint uns nur zu natürlich),

die wir nicht gewohnt sind, einen solchen Durst nach That und
Herrschaft bei einem Poeten zu finden; und dadurch, daß
er einen Dichter mit dieser Eigenschaft ausrüstete, hat Disraeli unbewußt verrathen, für wie universell er dieselbe
hielt. Im Roman wird zwischen Vater und Sohn diese
Frage selber discutirt, ob That oder Dichtung, Herrscher-
ruhm oder Dichterruhm vorzuziehen sei, und das Gemüth
des Sohnes zieht ihn zur Poesie; doch kann es kaum zweifelhaft sein, daß es der Vater ist, welcher Disraeli's Herzens-
meinung ausspricht, wenn er die entgegengesetzte Ansicht
vertritt. In der Vorrede zu den „Curiosities of literature"
seines eigenen Vaters hat er zwar später einmal hervorgehoben, daß ein Schriftsteller seine Zeitgenossen tiefer beeinflussen könne, als ein Staatsmann, und daß ein Buch eine
größere Sache sein könne, als eine Schlacht oder ein Congreß.
Dies ist wahr, und es war seine wirkliche Meinung; aber er
hat es nicht gemeint oder gefühlt als Etwas, das für ihn die
Wahrheit sei. Wie viel tiefer hat er gefühlt, was er den
Vater Contarini Fleming's sagen läßt, daß Dichterloos ein
trauriges Loos sei, und Ruhm nach dem Tode ein arm-
seliger Ersatz für die Verfolgungen und Entbehrungen,
unter welchen das Leben der größten Dichter hingegangen
sei! Wie früh hat er sich das Versprechen gegeben, sich
nicht mit der posthumen Ehre begnügen zu wollen! Im
Ernst hat er nie bezweifelt, daß Handeln mehr als Dichten
sei, und aus seinem Herzen heraus spricht Graf Fleming, wenn
er sagt: „Möchtest Du lieber Homer als Cäsar, Shakespeare
als Napoleon sein? Nein, Niemand möchte das. Moralisten
können die Wahrheit mit jeder denkbaren Heuchelei ver-

hüllen, **aber** unsere menschliche Natur **vernichtet all' diese Lügen. Wir sind** active **Wesen und unsere höchste Sympathie gehört der großen That."**

Ich sagte, daß Disraeli dadurch, **daß er in** seiner Jugend einen Dichter mit solcher **Machtsucht** ausstattete, seine Anschauung **von der Universalität dieser Eigenschaft** verrieth. Zwölf Jahre später, als er es ganz anders verstand, dem Publicum kein anderes **Bild von sich zu** geben, als **eins,** das seinen Zwecken dienen **könnte, schreibt er noch:** „Ruhm und Macht **sind die Ziele aller Männer".** Er nennt „Durst nach Macht und Sucht nach Ruhm" als die Kräfte, die uns **aus** der gesellschaftlichen Dunkelheit hervor= **treiben, und nennt** nochmals den **Ehrgeiz „die Gottheit oder den** Dämon, dem wir Alle **so viele Opfer bringen".** **Macht** und Ruhm sind gewiß nicht **die Ziele** aller Männer; **sie waren** nicht diejenigen **Franklin's, Kant's und Stuart Mill's. Es war nicht Durst nach** solchen Gütern, die Männer **wie** Spinoza oder **Newton vom Unbekanntsein zur** Unsterblichkeit führte. Nicht **alle großen Männer haben** dem Ehrgeiz Opfer gebracht; Washington **hat ihm Nichts** geopfert, Garibaldi ebensowenig. Aber in solchen **Sätzen gibt der** Redende **unbewußt Beiträge zur eigenen Psycho= logie** *)

---

*) Vivian Grey, 165, 356. The young Duke, 82. Contarini Fleming, 33, 155, 164, 176. Coningsby, 104, 319, 405. Novels and tales of Lord Beaconsfield in ten volumes. Da es vielleicht für den Leser wünschenswerth sein möchte, die Namen und die Reihenfolge der Schriften gegenwärtig zu haben, setze ich sie her: Vivian Grey, 1825—26. Popanilla, 1828. The young Duke, 1829. Contarini Fleming, 1832. Alroy, 1832. Ixion, 1832. The infernal Marriage. What is he? 1833.

Die erste Triebfeder seines Wirkens war also die, sich empor zu kämpfen, den verzehrenden Durst nach Auszeichnung zu stillen. Die Quelle dieses Durstes aber war die angeborene Anlage zum Herrschen, zum Regieren, zum Beeinflussen anderer Männer. Man kann auf diese Anlage Disraeli's einen Satz anwenden, den er in „Tancred" von einem ehrgeizigen syrischen Emir ausspricht, den er gegen die Beschuldigung, nur egoistische Absichten zu hegen, vertheidigt: „Die Menschen müssen ja regiert werden, nach welchem Prinzip es auch sei, und Fakredin fühlte, daß er eine angeborene Gabe zum Regieren besaß." Es kommt nur darauf an, was der Entwickelung dieses Talents geopfert wird. Und hier kann es nicht bezweifelt werden, daß Disraeli früh zu dem Resultat gekommen sei, es führe zu Nichts, allzu ängstlich zu dingen und zu feilschen. Zum Stoiker war er nicht angelegt. Schon sein Vivian Grey stößt in seinen ehrgeizigen Reflexionen auf das Problem, worin es wol liege, daß so viele große Geister verdrängt und mißkannt worden, und beantwortet die Frage dahin, daß diese seltenen Wesen stets allzu sehr sich in sich selbst vertieften, um die Anderen studiren zu können. Der kalte und kluge

The revolutionary epick, 1834. The crisis examined, 1834. Vindication of the english constitution, 1835. Henrietta Temple und Venetia, 1837. Alarcos, 1839. Coningsby, 1844. Sibyl, 1845. Tancred, 1847. Life of Lord George Bentinck, 1851. Lothair, 1870. Parliamentary reform, 1867. Speeches on conservative policy, 1869 und noch mehrere andere Sammlungen von Reden. Die wichtigsten Biographien von Lord Beaconsfield, die ich benutzt habe, sind folgende: John Mill: Disraeli, the author, orator and statesman. Anonymus: Benjamin Disraeli, Earl of Beaconsfield I. Francis Hitchman: The public life of the Earl of Beaconsfield 2 voll.

Jüngling zieht daraus diesen Schluß: „Wir müssen uns in
den Haufen mischen; wir müssen auf seine Gefühle eingehen;
wir müssen uns nach seinen Schwächen formen; wir müssen
mit seinen Sorgen, die wir nicht fühlen, sympathisiren und
an den Freuden der Thoren theilnehmen." Ich würde
gewiß nicht diese Expectoration auf den Verfasser selbst anwenden, wenn ich nicht den hier ausgedrückten Gedanken
in Schriften getroffen hätte, wo er in seinem eigenen Namen
spricht. Auch in diesen sieht er es für vollberechtigt an,
sich zum Fürsprecher für Ansichten und Gefühle, die man
nicht theilt, zu machen, um die Macht zu behalten und eine
Bewegung zu leiten, die sonst leicht noch ärger ausschreiten
könnte. Es heißt in seiner Broschüre »The crisis examined«
von 1834: „Die Völker haben ihre Leidenschaften, und es
ist sogar Pflicht öffentlicher Persönlichkeiten, gelegentlich
Gefühle zu adoptiren, mit welchen sie nicht übereinstimmen,
weil das Volk Führer haben muß". Pflicht ist es nie, und
selbst berechtigt kann es nur in Nothwehrfällen genannt
werden; aber zeugen Worte wie diese auch nicht nothwendigerweise von einer unreinen Moral, so sind sie doch
jedenfalls die Sprache der Machtfreude.

Daß ein Mann wie Benjamin Disraeli ehrgeizig ge-
wesen ist, ist nur das Geheimniß des Polichinell's, eine
Thatsache, welche die Allermeisten als zu selbstverständlich
betrachten, um einer Beweisführung auf dem langsamen
Umweg der kritischen Analyse zu bedürfen. Aber das Wort
„ehrgeizig" ist als solches leer; es gibt nur die abstracte
Qualität an, bei der Alles auf die Quantität und die
Modalität ankommt. Das Studium der Jugendschriften

des Mannes zeigt, in welchem Grade und **auf welche Weise**
er ehrgeizig war.

So ehrgeizig war er **also.** Und mit diesem alldurch=
dringenden Bedürfniß nach Macht und Herrschaft sah er
die Hindernisse bergartig zwischen sich und dem Ziel seiner
Wünsche aufsteigen. Er war unbekannt, unadlig, einfluß=
reicher Verwandtschaftsverbindungen entblößt. England **war**
ein durch und durch aristokratisches und vorurtheilsvolles
Land, und er war — **der Sohn eines Juden.** Allerdings
war er durch eine Zufälligkeit formell in die christ=
liche Glaubensgesellschaft aufgenommen worden, und das
formelle, das absolute Hinderniß für seine politische Lauf=
bahn war entfernt. Aber der getaufte Jude war dem Zweck
nicht näher als der ungetaufte. Das Racenmerkmal und
der Racenhaß blieben. Ein geborener Jude der Premier=
minister einer Großmacht! Es war ein Unsinn; unerhört,
seitdem Joseph als der Günstling Pharao's Aegypten regierte.
England wurde von Aristokraten regiert, und was war er?
Ein Pariah.

Ein Pariah, aber warum? Und hier quollen Fragen
auf Fragen hervor. War denn diese buntgemischte Bevöl=
kerung von Sachsen und Normannen, unter denen er das
Licht erblickt hatte, von reinerem und edlerem Blut als er?
O nein, er stammte in gerader Linie ab von einer der
ältesten Racen der Welt, von jenem streng **abgeschlossenen**
und ungemischten Beduinenstamme, der seine hohe Cultur
zu einer Zeit entwickelt hatte, als Englands Bevölkerung
noch halb nackt ging und Eicheln in ihren Wäldern aß.
Er war Vollblut; und sie? Sonderbar, sie betrachteten

seinen Stamm als eine niedrigere Kaste und hatten nichtsdestoweniger von dieser niedrigeren Kaste die meisten der
Gesetze und manche der Sitten angenommen, die schon in
ihrer arabischen Heimath ihre Eigenthümlichkeit ausgemacht
hatten. Sie hatten sich durch Adoption die ganze Religion
und die ganze Literatur seiner Väter angeeignet. Sie hatten
diese Literatur für eine heilige, von Gott selbst inspirirte
Schrift erklärt und diese Religion für eine Offenbarung,
die wol vervollständigt, aber nie aufgehoben werden könnte.
Sie theilten ihre Zeit auf jüdische Weise ein: sie ruhten
am Sabbath kraft eines jüdischen Gesetzes, dessen Inne-
haltung von ihnen kaum weniger buchstäblich und fanatisch
gefordert wurde, als im alten Stammlande. Sie sahen
es für eine Tugend, ja für eine Pflicht an, stets die Geschichte seiner Vorväter zu studiren, und sie lehrten sie
ihre Kinder, noch bevor sie ihnen in der Geschichte ihres
eigenen Landes Unterricht ertheilten. Sie sangen allwöchent-
lich in ihren Kirchen die Hymnen, Klagegesänge und Dank-
lieder der jüdischen Dichter. Und endlich — sie beteten
den Sohn eines jüdischen Weibes als ihren Gott an. Und
nichtsdestoweniger schlossen sie mit Verachtung von ihrer
Gesellschaft und ihren Parlamenten die Race aus, der sie
alle ihre Feste und alle ihre Psalmen, ihre halbe Cultur,
ihre Religion und ihren Gott verdankten — als wäre sie
ein Auswurf der Menschheit. Er grübelte. Er war kein
Kind, das Legenden für Wirklichkeit nahm; er war ein
scharfblickender Jüngling, in einer Bibliothek des 18. Jahrhunderts von einem skeptischen Gelehrten erzogen, der schon
als Knabe sein Französisch in Voltaire gelernt hatte. Ihm

selbst hatte der Vater, da er als Knabe sich in Schwärme=
reien versenken zu wollen schien, die Werke des großen
Franzosen in die Hände gegeben, und er hatte sie ver=
schlungen, die hundert Bände, sie mit Lachen, mit tiefer
Bewunderung, mit bitterem Harm über das Schicksal der
Menschheit gelesen. Es war ihm wie eine Offenbarung
gewesen, die Weltgeschichte war an ihm vorbeigezogen:
Pedanten und Pfaffen und Tyrannen; die Foliobände von
Dummköpfen, die Scheiterhaufen der Inquisitoren, die
Gefängnisse der Könige und das langwierige, einfältige
System von Betrug und Mißregierung, das so lange wie
ein Alp auf der Brust der Natur gelegen — kurz all' unsere
Unwissenheit und all unsere Schwäche und all unsere Thor=
heit. Er brauchte nicht sich selbst zu fragen, ob die Ortho=
doxie aus dieser langen Anklageschrift gegen die Feinde des
Gedankens unangetastet hervorging. Aber was kümmerte
das ihn? Die, welche die jüdische Race geringschätzten,
nahmen ja eben immer die Offenbarung als gegeben, die
Voltairianer hatten immer der Toleranz das Wort geredet.
Außerdem sah er die Sache gar nicht von diesem dogma=
tischen Gesichtspunkt an. Er sah sie praktisch, reell. Der
asiatische Stamm, dem er angehörte, hatte im geistigen
Sinn Europa und die Welttheile, welche von Europa be=
völkert worden, erobert. Nordeuropa betete den Sohn einer
jüdischen Mutter an und gab ihm Platz zur rechten Hand
des Schöpfers; Südeuropa betete außerdem als Himmels=
königin eine jüdische Jungfrau an, das war der ganze
Unterschied zwischen den beiden religiösen Gruppen, die in

der Verachtung seines **Volks** übereinstimmten*). Er war
stolz auf seine Herkunft, stolz auf seine Abstammung **von
einer Race, die zersplittert und vertrieben, gemartert, geplündert und erniedrigt** Jahrtausende hindurch) **von ägyp-**
tischen Pharaonen, assyrischen Königen, römischen Kaisern,
skandinavischen Kreuzfahrern, gothischen Fürsten und heiligen
Inquisitoren, dennoch ausgehalten, sich ungemischt erhalten
hatte und noch immer dastand, unvertilgbar, unerschöpf-
lich, unentbehrlich, energisch, genial. **Wenn er sich in diese**
Gedanken vertiefte, war es ihm, als erlebte **er die ganze**
Geschichte des Geschlechts, und als lebte das ganze Geschlecht in ihm, das ganze gestorbene Volk Israels **in ihm,**
Disraeli; alle jene Entschlafenen, **jene** in Niedrigkeit und
Elend Gestorbenen, jene Verspotteten, Gepeinigten, **auf den
Scheiterhaufen Verbrannten,** sie lebten in ihm und sollten
durch **ihn** ihre Genugthuung empfangen. Und was war
es denn, **das** man noch heutzutage **diesem Volke vorwarf?**
Daß es sich von Christus abwandte, Christus **haßte.** Er
Christus hassen! die **edelste Blüthe und den ewigen Ruhm**
der jüdischen Race — den Sohn der auserkorenen **Fürsten-**
familie des auserkorenen Volks. **Nein, nein!** Niemand
haßt sein eigenes Fleisch und Blut, und er war blutsver-
wandt mit dem, den zu hassen sein Stamm beschuldigt
wurde. Auch er entstammte **einer edlen Familie in dem**
Volke, das die Aristokratie der Menschheit war.

Träume! Träume! Er war ja ein Pariah unter den

---

*) Contarini Fleming **124.** Life of Lord George Bentinck
Cap. **XXIV.**

Aristokraten seines Vaterlandes .... Aristokraten wurden sie genannt, schöne Aristokraten in Wahrheit, alter Adel! Die paar Allervornehmsten unter ihnen führten mit Mühe ihr Geschlecht 800 Jahr zurück zu einer Schar normannischer Reiter, deren Väter nordische Strandräuber, baltische Piraten waren, denen die Elemente der Cultur mit Noth beigebracht wurden von Priestern, die sie asiatische Religion lehrten, und wem verdankten die übrigen großen Familien ihren Reichthum und ihren Adel? Der Adel schrieb sich oft genug von einem schlauen Kammerdiener her, der es verstanden hatte, einem tyrannischen König gegenüber Augendienerei zu treiben; oder von einem ehemaligen Clubkellner, der sich als Nabob den Barontitel gekauft hatte, und der Reichthum hatte meistens eine und dieselbe Quelle: Plünderung; nur mit dem Unterschiede, daß einige Vermögen durch Kirchenraub und Klosterplünderung während der sogenannten Reformation erstanden waren, andere durch Aussaugung von Indien während der sogenannten Colonisation dieses Landes. *)

Und jetzt mit dem Helden seines ersten Buches ausrufen zu müssen: Verdammung über mein Loos! daß der Mangel an einigen armseligen Rechenpfennigen und einigen armseligen Tropfen adligen Blutes meiner Zukunft und meinem Glücke im Wege stehen soll!

---

*) Sibyl 11, 89. Tancred 427.

IV

Man denke sich nun diesen leidenschaftlichen Drang, sich einen Weg zu bahnen, dessen elementares Symptom immer die **Bestrebung** ist, die Aufmerksamkeit auf sich zu lenken, auf ein entschieden und echt morgenländisches Temperament gepfropft, und man wird verstehen, daß Disraeli zuerst seiner Umgebung in der sonderbaren Form des Dandythums sich darstellte.

Das Zeitalter trug das Seinige dazu bei, ihm diesen Schwung zu geben und den jungen Disraeli zum Dandy zu machen. Er trat in's Jünglingsalter ein unter König Georg IV., von dessen rosenfarbigen Seidenanzügen und weißseidenen Westen die Zeitgenossen lange Beschreibungen lasen, und dessen Erfindungen von Schuhspangen und Hutformen ebenso viel besprochen wurden, wie später die Erfindungen anderer Monarchen im Mitrailleusenfach. Und er trat in die literarischen Kreise der guten Gesellschaft ein zu einer Zeit, als Byron, kurz vor seinem Tode, der Abgott der aufgeweckten englischen Jugend geworden war und ihr als die menschgewordene Poesie und das Muster des antiphiliströsen Daseins vorkam. Aber mit Byron war die

Mischung regeltrotzender Romantik und modedictirender Geckenhaftigkeit zum ersten Male in England aufgetreten. Er hatte es fast im gleichen Grade gewünscht, Gedichte zu schreiben, welche Alle auf den Lippen führten, und Erstaunen zu erregen durch gesellige Launen, welche die Gebräuche übertraten, um neue einzuführen. Hatte er mit Georg IV. nichts Anderes gemein, so begegneten sich doch der Dichter und der König in der Bewunderung für Brummell, den Löwen unter den Dandies von London, und eine ganze Reihe von Disraeli's Schriften zeugen dafür, welch' tiefen Eindruck er in jenen frühen Jahren von Byron's Persönlichkeit und Poesien empfangen hat. Sein damaliges Lebensideal kann mit dem Ausdruck charakterisirt werden, mit welchem er selbst eins seiner Jugendwerke bezeichnet: half passion, half fashion (»The young Duke«, 224). Nichts lag ihm daher ferner, als das bekannte Wort Goethe's über die gute Gesellschaft zu dem seinigen zu machen. Im Gegentheil, für ihn hatte das Leben der eleganten Welt all' die Poesie, die es so leicht in den Augen des ursprünglich Ausgeschlossenen bekommt, und außerdem all' den Reiz, welchen es für den hat, der es mit dem Blick des Ehrgeizes betrachtet. Dieser früh verfeinerte Jüngling, der es keinen Augenblick bezweifelte, daß er durch Geist und angeborenen Adel Lords und Herzögen ebenbürtig war, ja eher überlegen als ebenbürtig, fühlte sich instinctiv angezogen vom Schmetterlingsflattern der „goldenen Jugend" im Sonnenschein des Glücks und suchte sich frühzeitig in der Schilderung der höheren Gesellschaft eine Specialität. Der Grundtypus im »Young Duke«, den er, dreiundzwanzig

Jahr alt, herausgab, aber augenscheinlich schon früher empfangen hat, ist der, welchen man am kürzesten als den Pelham=Typus bezeichnen kann: der mit **allen Mitteln aus=** gestattete junge Weltmann, dessen Tollheiten ihn vernichten zu wollen scheinen, bis es entdeckt wird, **daß er im Grunde** eine ehrenwerthe und ritterliche Natur ist, die es vermag, alle Thorheiten und alle Glanzsucht fahren zu lassen, um **ein** junges, edel angelegtes Mädchen **zu heirathen,** das ihn erst verschmäht, dann liebt und vergibt. Bulwer's „Pelham« kam im Jahre 1828 heraus; »The young Duke" wurde gleichzeitig in Rom geschrieben und erschien im folgenden Jahre. Disraeli steht vielleicht seinem Weltmanne über= legener gegenüber als Bulwer; **er bewundert ihn nie, er** schildert ihn nur mit Nachsicht und **Wohlwollen. Viel wird** ihm vergeben, weil **er** so aufrichtig **aristokratisch** ist, so standesgemäß, so fashionable.

Ein Dandy war damals in **England (wie wenige** Jahre später ein Romantiker in Frankreich) ein **Wesen, das** schon durch sein äußeres Auftreten, seinen **Anzug und seine** Coiffure darauf Anspruch machte, für einen ungewöhnlichen Sterblichen angesehen zu werden. Mit seinem prachtliebenden südländischen Gemüth ging Disraeli sogar über die Linie hinaus, die von den weitestgehenden Dandies der **damaligen** Zeit innegehalten wurde. Er war hübsch und wußte, **daß er's** war. Man denke sich ihn, **nicht wie der** ältliche **Mann** jetzt aussieht, sondern **wie ihn** seine Jugendbilder **zeigen,** mit wehmüthig=wildem Dichterantlitz im **Stil der Byron=** porträts, das dichte, **schöne Haar nach** der einen Seite ge= strichen, **so daß die langen** gesalbten Locken tief herunter=

hängen, mit dem breiten ungestärkten Hemdkragen, der über das frei wehende, nachlässig gebundene Halstuch fällt, in einem mit weißer Seide gefütterten Sammtrock von ungewöhnlichem Schnitt, einer mit goldenen Blumen gestickten Weste, die Hände von gestickten Manchetten halb verborgen, die Finger mit Ringen bedeckt, die Brust mit endlosen Goldketten gepanzert, und mit zierlichen Tanzschuhen an den Füßen. In der Hand hat er einen elfenbeinernen Stock, dessen Griff mit Gold eingelegt ist und der durch eine schwarzseidene Troddel gehoben wird. Voilà l'homme, Disraeli der Jüngere genannt, wie er in den geselligen Kreisen Londons, deren jüngster und lebhaftester Schmuck er ist, sich der staunenden und lächelnden Welt zeigt! Er ist wie eine Frau geputzt, und geputzter als eine Frau von feinem und sicherem Geschmack.

Es fand sich bei Disraeli die ganze aufrichtige Anerkennung des angehenden Weltmannes für die kleinen Fertigkeiten und Vorzüge, die einen jungen Mann zum Manne von fashion stempelt — wohlgemerkt, wenn er nicht nur das beste Pferd reitet und das schönste Cabriolet fährt, sondern dies so ausführt, daß er Anderen seinen Geschmack aufzwingt, ohne den der Anderen zu adoptiren. Man begegnet diesem Brummell-Cultus in einer ganzen Reihe Disraeli'scher Romane. Schon in »Vivian Grey« wird uns ein deutscher Gesetzgeber in Modesachen vorgeführt, Emilius von Aßlingen, der, ohne Vermögen und ohne Rang, nur dadurch, daß er ohne Rücksicht auf Andere seinem phantastischen Geschmack folgt, die lebendige Norm wird, nach welcher königliche Hoheiten und herzogliche Gnaden ihr Auftreten richten. In »The young Duke« ist der Held selbst ein Fürst der

Mode. In »Henrietta Temple« endlich führt Disraeli unter dem erdichteten **Namen Graf** Alcibiades de Mirabel **den** factischen König der Mode im damaligen England ein, den bekannten Grafen d'Orsay, und spricht ohne Vorbehalt seine Bewunderung für diesen sorglosen, liebenswürdigen und begabten Franzosen aus, der mit Champagner in seinen Adern sich selbst als Dictator der Schneider **und** Abgott der Damen sein Leben hindurch **behauptete.** Lieber ent= **schieden der** Erste in der kleinen **Provinz der Mode**, als der Zweite auf dem großen Forum der **Politik!** Selbst Cäsar war ja als Jüngling **ein** Dandy.

Mit einer vollendeten Gewandtheit schlüpfte **also Dis=** raeli in seiner frühesten Jugend in den Weltton hinein; er war in Gesellschaften zwar häufig stumm, **aber im höchsten** Grade fesselnd, wenn er erzählte; er konnte schmeicheln **und** zum Besten haben, kalt sein und sich hingeben, zur **rechten** Zeit und am rechten Ort; er konnte über wichtige **Sachen** leicht sprechen und mit humoristischer Wichtigkeit über Kleinigkeiten. Nach seinen Büchern zu schließen, hat er sich ebenso gründlich in die Mysterien der Gourmandise wie in die der Schneiderkunst vertieft. Ein Mann von Welt ißt nicht nur, sondern versteht zu essen, und kann nicht nur trinken, sondern auch Anderen durch gute Rathschläge über die Behandlung eines Johannisbergers und eines Maras= chino imponiren. Ein Mann von Welt schämt sich über= haupt nicht, **ab und zu** ein Capitel von Brillat=Savarin zum Besten zu geben. Man **findet bei Disraeli reiche** Beiträge **zur Physiologie und** Aesthetik **des Geschmacks.** Seine ersten Schilderungen **vom Londoner** High life wim=

meln von Hymnen an Ortolanen („Süßer Vogel! Das
Paradies schließt sich auf, o möchte ich sterbend Ortolanen
essen bei süßer Musik!"), von Oden an Saucen („o ihr
Saucen, über deren Werden ich gewacht habe, wie eine
Mutter über das schlafende Kind!"), von den wildesten Be=
geisterungsausbrüchen über den Weißling, „jenes Küchlein
des Oceans", über den warmen und sonnenheißen Duft
brauner Suppen, die milde und mondhelle Schönheit weißer
Suppen, über Sherry mit einem Stammbaum wie der
eines Arabers, und Rheinwein mit einem Bouquet wie der
Athem eines Weibes. Womit kann der Genuß von Hummer=
salat besser verglichen werden, als mit dem Genuß der
Künste einer coquetten Frau; und wie natürlich ist es nicht,
den Vergleich zu schließen mit einem Bedauern darüber,
daß ein kurzes Stelldichein mit dem Hummersalat leider
nicht so unschädlich ist, als das mit der Dame!

Das ist der Stil; ein gastronomischer Humor, welcher
einer lebhaften und sinnlichen Phantasie entspringt, mit
einigen Tropfen ausgelassener und doch beherrschter Frivolität
gewürzt. Das ist der damalige Conversationston; auf das
Gastronomische muß nothwendigerweise die Sinnlichkeit, die
von feuriger Jugend unzertrennlich ist, sich in der fashionablen
Sprache werfen; denn die gute Gesellschaft, die an und für
sich ihr gegenüber durch die Finger sieht, erlaubt ihr nicht, auf
anderen Gebieten zum Worte zu kommen. Will man inner=
halb des Kreises, den die Gesellschaft zieht, das sinnliche
Leben verherrlichen, dann muß man Lobgesänge über Suppen
anstimmen; und will man das active Leben rühmen, dann
muß man jede Art von Sport mit der Wichtigkeit behandeln,

den sie verdient. Sport treibt ja alle überflüssigen Sorgen in die Flucht. „Der Anblick von zwei Sporen ist genug, um alle Selbstmordsgedanken zu verscheuchen.“

Die Büchersammlung des Vaters und die geselligen Kreise Londons waren die ersten Bildungsschulen, die der junge Disraeli durchmachte; die kurze Beschäftigung in einem juristischen Bureau gab nur ein wenig praktische Routine. Sonderbar und charakteristisch genug: in seinen Lehrjahren wird die Universitätsbildung ganz vermißt. War er zu praktisch angelegt, um sich darum zu kümmern? oder war er überhaupt eine allzu ungeduldige Natur, um sich dem Zwang derselben zu unterwerfen? Man muß es fast glauben, wenn man irgendwo in „Vivian Grey“ ihn mit Bewunderung von dem „Muth“ reden hört, den ein junger Politiker dadurch gezeigt hat, daß er sich drei Jahre hindurch an einer deutschen Universität „eingemauert“ hat. So viel ist indessen gewiß, daß die Ueberspringung einer wissenschaftlichen Erziehung sich gerächt und eine fühlbare Lücke in Disraeli's Geist zurückgelassen hat. Es ist schon gut, die Weisheit, die aus Büchern allein geschöpft wird, zu verachten und über Pedanten und Pedanterie die Achsel zu zucken. Aber Wissenschaft wird nicht durch politische Phantasien erworben und nicht in Salons gelernt. Achtung vor der Wissenschaft lernte Disraeli nie; sie wurde ihm zu der Zeit nicht eingeimpft, wo das Gemüth noch solchen Eindrücken zugänglich ist, in der frühen Jugend; und wissenschaftliche Einsicht erreichte Disraeli nie, denn er wurde weder als Jüngling noch als Mann der Zucht einer wissenschaftlichen Methode unterworfen. Hierdurch bekamen die

4*

Keime zur Phantasterei und Paradoxie, die sich in seinem
Geiste fänden, allzu günstige Bedingungen für ungestörtes
Wachsthum. Hierdurch wurde die Möglichkeit einer sonderbaren, halbausgetragenen Mystik eröffnet; einem Geschmack
für das Undeutliche und Salbungsvolle, einer merkwürdigen
Vorliebe für all' das unwissenschaftliche Wissen und all' den
vernunftfeindlichen Verstand, der historisch und praktisch
eine Macht ist, die Bahn gebrochen. Hier ist der Ausgangspunkt für Disraeli's so wenig naive Aufnahme von den
Zauberformeln der Kabbala als politischer Maschinerie (in
„Alroy"), für seinen überall hervortretenden Hang, geheime Gesellschaften als die in der Geschichte wirkenden
Hauptkräfte zu schildern. Mehr als der Gedanke selbst, der
einer Sache oder einer Handlung zu Grunde liegt, interessirt
es ihn, wenn er auf seinem Wege durch die Geschichte sich
in einen geheimnißvollen Apparat gehüllt hat. Wo er
Juden schildert, zeigt er sie darum als freimaurerartig über
die ganze weite Welt Verbundene. Wo er Arbeiter schildert,
stellt er sie am liebsten dar in lange Roben gekleidet, mit
Masken vor dem Gesicht um ein Skelett geordnet, einen
Novizen in eine Trades-Union mit ebensovielem Hokus-
Pokus einweihend, wie die heilige Vehme im mittelalterlichen Deutschland bei ähnlichen Gelegenheiten gebrauchte.
Mehr als eine von den heimlichen Gesellschaften der europäischen Demokratie malte er mit tiefer Anerkennung der
Macht, welche eine unklare und halbverstandene Losung
durch sie ausübte, und durch fast alle seine Schriften geht
eine lebhafte Bewunderung für die katholische Kirche mit
ihrer energischen Organisation einer mystischen Lehre, ma-

gischer Mittel und praktischer Zwecke. Mit welchem Stolz
hat er in mehr denn einer Stelle seiner Schriften darauf
hingewiesen, daß es unter den ersten Jesuiten Juden gab,
welchen Respect hat er vor der Intelligenz und Kraft der
Jesuiten! Man fragt sich unwillkürlich, ob er nur halb so
viel Respect habe vor all' der Philosophie und Naturforschung
Europa's zusammengenommen, und man fühlt es wol heraus,
daß er eine Versammlung von Männern der Wissenschaft für
viel weniger imponirend hält, als eine Versammlung von
fanatischen Verschworenen.

In jener Zeit, als Disraeli in's Leben hinanstrat,
hatten alle Männer mit ausgeprägt dichterischen oder künst=
lerischen Anlagen einen gemeinsamen Gegenstand ihrer Anti=
pathie, die Nützlichkeitslehre. Sie war es, welche die
deutschen und skandinavischen Romantiker mit Spöttereien
überhäuft hatten, als sie ihnen in der Gestalt moralisirender
Mittelmäßigkeit entgegen trat. Man faßte sie gewöhnlich
als Nivellirsucht, als Haß gegen das Schöne und Große
auf und opponirte im Namen der Poesie, der Religion und
des Heroismus. Aber während der Utilitarianismus sonst
in Nordeuropa in undeutlichen, mehr oder weniger ver=
schwommenen Formen als Aufklärung, als Rationalismus
aufgetreten war, wurde er in England von einem so bedeuten=
den Geist wie Bentham repräsentirt, welcher der Lehre erst
System und Namen gab und dessen Schule mehr und
mehr eine Macht wurde. Bei Disraeli findet man den so
wohl bekannten ästhetischen Unwillen gegen den Utilitaria=
nismus wieder, doch mit einer localen und individuellen
Eigenthümlichkeit.

Er war, obschon ein Plebejer durch seine Geburt und ein Freigelassener durch seine Taufe, ein geborener Aristokrat, von dem Gefühl durchdrungen, wie ungleich die verschiedenen Menschen und Racen begabt seien. Die Nützlichkeits= lehre erschien auch ihm als Nivellirsucht, und schon als solche war sie ihm lächerlich und verhaßt. Er nennt sie ebenso bergfeindlich wie antimonarchisch. In „Popanilla" (1827) läßt er einen Nützlichkeitsphilosophen den Vorschlag äußern, die Andesgebirge der Erde gleich zu machen, mit der Begründung, daß jene Monstrositäten ent= schieden unnütz seien und darum weder schön noch impo= nirend; ja, er behauptet, in einer später hinzugefügten An= merkung, in der »Foreign Quarterly Review« für 1828 einen persönlichen Feind Montblanc's gefunden zu haben. So treffend ist dies Karifiren des Utilitarianismus ihm vorgekommen, daß er es ein Jahr danach in »The Young Duke« wieder aufnimmt. Der junge Herzog trifft auf einer kurzen Reise, die er incognito unternimmt, einen Diligence=Passagier, der, den Blick auf den schönen Park des Herzogs gerichtet, den Park, seinen Herrn und mit ihm die ganze Aristokratie für unnützes Zeug erklärt, das abgeschafft werden sollte. Der Mann preist in hohen Tönen einen Schriftsteller, der einen ebenso muthigen als gewaltsamen Angriff auf die Andesgebirge verfaßt hat, in welchem er die Nutzlosigkeit von alle Dem bewiesen, was sich in die Höhe hebt, und die genannten Gebirge als die Aristokratie der Erdkugel verurtheilt.

Es liegt hierin noch nichts besonders Englisches, die Romantiker aller Länder hätten gern in diese Satire ein=

gestimmt; aber es ist erklärlich, daß der Mann, der in der Jugend so dachte, nicht später die Manchestertheorie mit günstigen Blicken betrachten konnte und nie sich versucht fühlte, die unmittelbar materiellen Interessen Englands über dessen Namen und Prestige zu stellen. Doch was mir hierin absolut eigenthümlich für Disraeli vorkommt, das ist der Unwille gegen das wissenschaftliche Element des Utilitarianismus, der sich unter dem Spott über seine Prosa verbirgt. Er ist ihm am tiefsten zuwider wegen seiner Ueberschätzung der abstracten Vernunft und seiner Unterschätzung der Phantasie. Es findet sich in „Coningsby" eine Zeile, welche mit bewunderungswürdiger Knappheit die Antipathie Disraeli's ausdrückt und erklärt: „Mormon zählt mehr Anhänger als Bentham" Man wäge diesen Satz recht! Er spricht nur ein statistisches Factum oder eine statistische Annahme aus; aber man fühlt hinter ihm die Geringschätzung Disraeli's gegen eine Lehre, die rein wissenschaftlicher Natur ist und darum außer Stande, zu fanatisiren. Sie ist der Person des Buches in den Mund gelegt, welche Disraeli's eigenes Sprachrohr ist, und die Gedankenreihe, welche sie abschließt, geht darauf aus, zu zeigen, daß weder physische noch ökonomische, sondern geistige Ursachen die großen Umwälzungen in der Weltgeschichte hervorgerufen haben. Der Ursprung jeglicher Großthat muß nach seiner Auffassung in der Einbildungskraft gesucht werden; eine Revolution entsteht, wenn die Phantasie eines Landes sich gegen die Regierung erhebt, und Derjenige, welcher es versteht, an die Phantasie der Menschen zu appelliren, ist ein mächtigerer und dadurch größerer, bedeutenderer Mann als der, welcher an ihre Interessen appellirt, so gewiß wie die Phantasie überhaupt mächtiger ist als die Vernunft. So spricht und denkt, scheint mir, der Wissenschaftslose. Ein wissenschaftlich angelegter und erzogener Geist kann es nie unterlassen, diejenigen Unternehmungen, Erfindungen, Institutionen am tiefsten zu achten, die der wissenschaftliche Gedanke geprägt hat; und selbst wenn er durch historische und philosophische Selbsterziehung sich gewöhnt, auch in Phänomenen, wie dem Jesuitismus und Mormonismus, Vernunft zu sehen, ist seine Anerkennung des Gewaltigen in der politischen Organisation des ersten und in der religiösen Schwärmerei des andern unwillkürlich mit Geringschätzung des Vernunftfeindlichen vermischt. Bei Disraeli wird nicht nur Nichts von solcher Geringschätzung gespürt, sondern eher eine bewundernde Sympathie. Er kann sich umgekehrt dazu zwingen, die Größe des blos Rationellen anzuerkennen, aber was er ursprünglich und unwillkürlich respectirt, das ist das Zauberwort, welches die gedankenlose Menge elektrisirt.

Doch in dieser hohen Würdigung einer praktisch wirkenden Phantasie, welche zu ihrer Bedingung den erwähnten Mangel an wissenschaftlichem Sinn hat, liegt zugleich die berechtigte Originalität des Mannes. Es ist etwas Wahres, sogar etwas Tiefes in dieser Betrachtungsweise der Phantasie als politischer Triebfeder; sie entsprang der eigenthümlich phantasiereichen Organisation des Mannes, und diese Betrachtungsweise ist in dem Grade das Centrale bei ihm, daß der, welcher diesen Sinn Disraeli's für die Rolle der Phantasie in der Politik recht verstanden hat und ebenso seine entsprechende Fähigkeit, die Phantasie politisch zu verwenden, den Schlüssel zu seinem Geistesleben als Dichter und Staatsmann hat.

Die charakteristische Entwickelung des Gedankens in „Coningsby“ lautet im Zusammenhang so:

„Die wirklichen Forscher wissen, wie begrenzt die menschliche Vernunft ist. Wir verdanken ihr keine der großen Thaten, welche die Meilenzeiger der menschlichen Handlungen und des menschlichen Fortschrittes sind. Es war nicht Vernunft, die Troja belagerte, nicht Vernunft, welche die Saracenen aus der Wüste heraustrieb, um die Welt zu erobern, oder welche die Kreuzzüge inspirirte, oder die Mönchsorden einführte, oder die Jesuiten hervorbrachte; vor Allem, es war nicht Vernunft, welche die französische Revolution schuf. Der Mann ist nur dann in Wahrheit groß, wenn er aus seinen Leidenschaften heraus handelt, nie unwiderstehlich), als wenn er an die Einbildungskraft appellirt. Selbst Mormon zählt mehr Anhänger als Bentham.“

Was hier im Mannesalter Disraeli's als vollbewußter Gedanke von ihm ausgesprochen ist, das schwebte schon als undeutliche Vorstellung dem Jüngling vor und verrieth sich in seiner unwillkürlichen Antipathie gegen Bentham und die Benthamiten. Er hat sie sein ganzes Leben hindurch zu bekämpfen versucht; auf einer etwas späteren Entwickelungs= stufe suchte er sie als nur rationelle Politiker zu treffen, denen für das historisch Gegebene und historisch Mögliche der Blick fehle; auf einer noch späteren Stufe stellt er sich in Opposition zu der politischen Betonung materieller Beweg=

gründe und Berechnungen, die von ihren Erben ausging,
und die logisch das Prinzip der Nicht=Intervention mit sich
führte; aber zunächst und am tiefsten wurde er von der Nütz=
lichkeitslehre durch die Geringschätzung zurück gestoßen, die
ihre ursprünglichen Anhänger gegen die Einbildungskraft
nicht nur in der Poesie, sondern als Element in der mensch=
lichen Natur aussprachen. Bentham's Redensart »All poetry
is misrepresentation« forderte den Dichter in ihm
heraus; aber die utilitarische Unterschätzung der Phantasie
überhaupt, in welcher er die jede große Handlung in=
spirirende und leitende Macht fand, reizte im höchsten
Grade den zukünftigen Staatsmann.

Denn wie er angelegt war, wurde er schon durch seine
ersten Grübeleien über die Politik dahin geleitet, die Ein=
bildungskraft als die entscheidende Fähigkeit in der Politik
zu betrachten. Er sah ein, daß es nicht genug sei, Scharf=
sinn in der Behandlung vorliegender Umstände oder Auf=
gaben zu zeigen, sondern daß der Staatsmann die Gabe
besitzen müsse, mit der Zukunft zu rechnen. Er müsse die
Zukunft ahnen und vorbereiten können, müsse sie, so zu
sagen, als sein Material zu handhaben verstehen. Er sah
ferner ein, daß der Staatsmann im Stande sein müsse,
allgemeine Resultate aus den Einzelnheiten zu ziehen, die er
durch Lectüre und Erfahrung gesammelt, um die großen
umfassenden Ueberblicke zu formen, ohne welche er nicht
von einem bloßen Routinier zu unterscheiden sei. Aber
sowohl um diese großen Totalübersichten über das Gegen=
wärtige zu gewinnen, wie um das Kommende vorzubereiten

und zu construiren, fand er im menschlichen Gemüthe keine andere Fähigkeit, als die politische Einbildungskraft.

Und die war es eben, die hinter seiner Stirn ewig rastlos Erscheinungen sah, Träume spann, Pläne und Intriguen schmiedete. Wahrlich, wenn er in sich selbst hinein= blickte, fand er keinen Grund, den Muth zu verlieren oder im Geringsten an seiner Zukunft zu zweifeln. Er besaß im reichsten Maße die Begabung, worauf es vor Allem ankam· Phantasie und besonders die auf politische Hand= lung großen Stiles angelegte Phantasie.

V.

„Die Welt ist meine Auster, die ich mit dem Schwerte öffnen will." Mit diesem Motto auf dem Titelblatt ging im Jahre 1826 der erste Roman Benjamin Disraeli's in die Welt hinaus. Und der Inhalt des Buches entsprach dem Motto. Vivian ist der Sohn eines angesehenen Schriftstellers, lebhaft, hochbegabt, unwiderstehlich einnehmend, und schon vom Knabenalter ab von dem einen Gedanken erfüllt, Carrière zu machen. Er wird in Gesellschaftskreisen von einem Dutzend Modedamen erzogen und patronisirt, aber der anscheinend leichtfertige Knabe ist „ein hartnäckiger und unermüdlicher Studirender", und nachdem er eine große Masse historischer Lecture verschlungen hat, verfällt er auf das Studium, „das gewiß das anziehendste ist, welches überhaupt existirt, jedoch für einen Knaben das gefährlichste", das Studium der Politik. Seine früheste politische Reflexion ist die einfache: Wie manchem mächtigen Adligen fehlt nur der Kopf, um Minister zu werden, und was fehlt Vivian Grey, um dasselbe zu werden? Nur der Einfluß eines solchen Adligen. Er findet, wenn zwei Persönlichkeiten in dem Grade einander nöthig haben, dann sollen sie sich zusammen thun, und schließt: Hier ist nur Eins von Nöthen, Muth, ungebrochener, vollständiger Muth, und sollte Vivian Grey Furcht kennen? Er beantwortet seine eigene Frage mit bitter spottendem Lachen. Vivian ist in der Wahl seiner Mittel nicht heikel. Er fängt damit an, bei einer Mittagsgesellschaft im Hause seines Vaters einem hochadligen Dummkopf, dem Marquis von Carabas, zu schmeicheln, und gewinnt bald seine Herrlichkeit völlig dadurch, daß er ihm selbst Recepte für „Tomahawk-Punsch" und seiner Ge-mahlin dergleichen für ihren nervösen Papagei mittheilt. Die zwei Männer schließen eine politische Allianz und Vivian stiftet die „Carabas-Partei", aus einem Haufen be-schränkter, habgieriger und neidischer Landedelleute bestehend, in welcher er selbst als politischer Figaro zwischen den plumpen Grafen auftritt. Er hegt nicht allein persönlich keinen Zweifel über einen glücklichen Ausfall, sondern vermag auch Anderen denselben Glauben beizubringen.

„Denn es war eines von den ersten Principien Vivian Grey's, daß Alles möglich sei. Ganz gewiß sah man häufig genug Leute scheitern und sicherlich wurde, Alles in Allem genommen, sehr wenig von den Meisten ausgerichtet; all' dieses Scheitern und all' dies Mißlingen ließ sich in-dessen ebenso sicher auf einen Mangel an physischem und moralischem Muth zurückführen .... Nun war aber Vi-vian Grey überzeugt, daß in dieser Welt es wenigstens eine Persönlichkeit gebe, die weder körperlich noch geistig eine Memme sei, und so war er schon längst zu dem an-genehmen Schlusse gekommen, es sei unmöglich, daß seine

Bahn anders als im allerhöchsten Grade glänzend ausfallen könne."

Es erscheint nach Vivian's Ueberzeugung nothwendig, einen wirklichen Politiker, eine große Begabung, die sich von der Welt zurückgezogen hat, in die neugebildete Partei hineinzuziehen, und diesem Ebenbürtigen gegenüber spricht er rücksichtslos seine Geringschätzung der übrigen Parteigenossen aus. Dem Cleveland erklärt Grey, daß er nicht im Geringsten vom Marquis von Carabas oder irgend einem Andern dupirt sei; er sei aber, obgleich er seinen Fähigkeiten vertraut, die Macht Anderer zu benutzen gewillt. Sollte er wol die Rolle des Eremiten im Drama des Lebens spielen, nur weil seine Mitspielenden bisweilen Narren sind, und, wenn sich die Gelegenheit bietet, Schlingel werden?

Man glaube nur nicht, daß der kalte und rücksichtslose Vivian wirklich den leichten politischen Sieg gewinnt, auf den er vertraut. Im Gegentheil, alle seine Pläne werden in die Luft gesprengt. Als ob der Verfasser mit prophetischem Blick die lange Reihe von Enttäuschungen und Niederlagen, die ihm selbst bevorstanden, geahnt hätte, ließ er Schlag auf Schlag seinen ehrgeizigen Romanhelden treffen. Seine adligen Bundesgenossen lassen ihn beim ersten Mißgeschick im Stich, ja überhäufen ihn mit unverdientem Hohn; Cleveland, der sich von ihm verrathen wähnt, fügt ihm eine Beleidigung so grober Natur zu, daß Vivian zu einer Herausforderung gezwungen wird und — um all sein Unglück zu krönen — unfreiwillig seinen vormaligen Freund im Duell tödtet. Er fällt selbst in eine ernste Krankheit, und als er wieder genesen, hat er nichts Vernünftigeres zu thun als eine jahrelange Reise in's Ausland zu unternehmen, um zu vergessen und vergessen zu werden.

Hiermit ist der in psychologischer Hinsicht merkwürdigste Theil des Romans, der in England spielt, zu Ende. Die zweite größere, fragmentarisch abgebrochene Hälfte behandelt Vivian's Reise in Deutschland, seinen Aufenthalt in deutschen Bädern und an kleineren und größeren deutschen Höfen, seine Reise- und Liebesabenteuer, seinen Umgang mit Hochadligen, mit regierenden Fürsten und Ministern. Dieser zweite Theil ist bedeutend reifer als der erste, wie er auch ein Jahr später erschien. Leider führt kein einziger Faden von der ersten Abtheilung in diese hinüber, Vivian selbst ist hier nicht genau dieselbe Person geblieben, das Werk ist als Ganzes unter den Händen des jungen debutirenden Schriftstellers zerbröckelt. Nichtsdestoweniger ist „Vivian Grey“ ein sprudelndes Buch; es ist ein Leben in seinen Dialogen und ein Witz in seinen Reflexionen, die es noch heutzutage lesenswerth machen, und es schlug in die höhere englische Gesellschaft mit einer Wirkung ein, wie wenn Stahl Feuerstein trifft; Funken sprühten umher. Die Ursache lag nicht in den wirklichen Vorzügen des Buches allein, obschon solche Bücher damals, wo die reiche englische Romanliteratur des 19. Jahrhunderts noch nicht existirte, eine Seltenheit waren; es war auch nicht der politische Stoff des Buches allein, der das Aufsehen veranlaßte; nein, die Hauptsache war, daß das poetische Gericht, welches der junge Disraeli auftischte, mit dem wirksamsten aller

literarischen Gewürze, dem Skandal, gepfeffert war. Die
Schilderung der Gesellschaft war in boshaftes Porträtzeichnen
bekannter Londoner Persönlichkeiten hinübergeglitten, und
als das Gerücht sich erst einmal verbreitet hatte, daß in dem
Buche Porträts seien, ruhte es natürlich nicht, bis es jede einzelne Person im Roman als Porträt bezeichnet und den wirklichen Namen hinter dem fingirten ausfindig gemacht hatte.
„Haben Sie Vivian Grey gelesen?" — „Wir sind alle zusammen darin, das ist gewiß." — „Ich schickte heute Morgen
nach einem „Schlüssel" dazu", so lautete die Conversation
gleich nach dem Erscheinen des Buches in den Salons der
Hauptstadt, genau wie sie in „Contarini Fleming" über
den ersten Roman des Helden lautet. Eine ganze Reihe
von „Schlüsseln" wurden ausgegeben, von welchen einer
schon 1827 die zehnte Auflage erreichte. Die meisten der
in ihnen enthaltenen Vermuthungen waren gewiß sehr
thöricht, aber so viel ist klar, daß die Gespräche in „Vivian
Grey" von direkten oder verschleierten Personalien über-
strömten.

Es lag in der Mischung von Dichtung und Wirklichkeit, die in dem ersten Werk Disraeli's auf so unästhetische
Weise die Neugierde reizte, etwas Unfreiwilliges, Etwas,
woran nur die Jugend des Verfassers Schuld war; aber
es lag gleichzeitig Etwas darin, was bleibende Eigenschaften
an ihm verrieth und was sich fast jedes Mal, wenn er als
Romandichter die Feder ansetzte, wiederholt hat. Er verliert als solcher nie die nächste, ihn umgebende Wirklichkeit
aus den Augen. Er legt keinen Werth auf eine rein poetische
Wirkung; er will einen Schlag im Augenblicke führen, und

dazu sind ihm alle Mittel recht. Und er vermag es überhaupt nur schwer, sich von seinen Interessen und der vorliegenden politischen Situation loszureißen, selbst wenn er es will; denn seine Phantasie ist kein freier Vogel, obschon ein wilder; sie ist ein gehorsamer Raubvogel, der die Aufträge seines Ergeizes und seiner Pläne ausführt.

Man hat in England fast durchweg die Meinung geäußert, daß der zwanzigjährige Disraeli das Original zu Vivian Grey in seinem Spiegel fand, und man hat weiter nichts Jugendliches im Buche gefunden, als die Naivetät, mit welcher der Verfasser seine greisenhafte Verhärtung an den Tag legt. In Vivian Grey steckt deutlich genug ein Stück Selbstcharakteristik, denn es schwebt über der Hauptperson nicht die geringste Ironie; aber die Verhärtung an sich ist weit mehr affectirt, als naiv. Der Hauptzweck des jungen Schriftstellers war, dem Leser zu imponiren, und darum nahm er in seiner Schilderung keine anderen von seinen Eigenschaften auf, vergrößerte, übertrieb nicht andere als die, welche er für die imposantesten ansah, und die er, einerlei, ob sie gut oder schlecht seien, am liebsten bekennen wollte. Nun weiß aber jeder Beobachter, daß ein ehrgeiziger Jüngling von achtzehn bis zwanzig Jahren, wenn er überhaupt für Etwas gelten will, am liebsten der geübte Weltmann sein will, der kalt überlegene, dessen Herz nicht mitspricht und höchstens durch eine glühende erotische Leidenschaft aufthauen kann; der aber dann auch jedem Weibe unwiderstehlich ist. Alle die weicheren Gefühle, alle Ehrfurcht, alle unschuldige Begeisterung für Personen und Ideen

fürchtet und scheut er als die schlimmste Blamage. Wenn
man selbst kürzlich der Ammenstube entschlüpft ist, zittert
man vor Allem, was an diese erinnert; und wenn man in
dem Alter merkt, daß das Kind in uns weint oder hofft,
erröthet man darüber, so tief beschämt, daß man ihm gern
den Hals umdrehen möchte. Disraeli's „Vivian Grey",
besonders der erste Theil, ist Product eines solchen Geistes-
zustandes; der Verfasser ist »fanfaron de vice«, und anstatt sich naiv, wie er ist, zu verrathen, forcirt er sein Wesen
bis zur Affectation. Nur ein schlechter Leser kann von „Vivian
Grey" aus auf das Resultat kommen, daß die gefühlvollen
und seelisch bewegten Partien in den späteren Werken un-
wahr sein müßten, da man in jenem Buch das wahre Gesicht des Verfassers sehe, wie es sei, wenn er es nicht für
die Welt arrangire; ein Kritiker kann umgekehrt von dem
seelischen Ernste der wenige Jahre später herausgegebenen
Werke auf seine Präexistenz mit Sicherheit zurückschließen
und sich so von der deutlichen und von Disraeli selbst später
immer zugestandenen und betonten Affectation in „Vivian
Grey" überzeugen.

Der junge Schriftsteller legt den Grund zum Charakter
seiner Helden dadurch, daß er ihn als politischen Abenteurer bestimmt. Dies Wort hat in seinem Munde nichts
eigentlich Herabsetzendes. Das englische Wort »adven-
ture« bedeutet im activen Sinn ein „Wagniß", und
im passiven, als bloßes Erlebniß aufgefaßt, gilt davon,
was Disraeli seinen Jrion in das Stammbuch Minerva's
schreiben läßt und was sein zweites Jch, Sidonia, in
„Coningsby" wortgetreu wiederholt: »Adventures are to

the adventurous", Abenteuer begegnen nur den Verwege=
nen. Mit seinem Sinn für das Phantastische und seiner
Sympathie für die Emporstrebenden hatte er immer eine
gewisse Vorliebe für Wagnisse und für die Männer, die sie
begehen. In der Politik ist ein Abenteurer gewiß eine un=
heimliche Persönlichkeit; zieht man aber die Verhältnisse
Englands um das Jahr 1826 in Betracht, dann sieht man
ein, daß ein Schimmer von etwas Abenteurerartigem leicht
über Jeden fallen konnte, der, ohne angeerbte Verbindungen
und ohne Aussicht auf Unterstützung von Verwandten, sich
eine politische Bahn brechen wollte. Man war so daran
gewöhnt zu sehen, wie die jüngeren Mitglieder der herr=
schenden Aristokratie damit anfingen, einfach die politischen
Meinungen ihrer Familie zu repräsentiren, daß der, welcher
aus erster Hand sich die seinigen zu bilden und in's Leben
hinaus zu führen suchte, schon dadurch auf Abenteuer aus=
zugehen schien. Disraeli markirte nun aber dies Aben=
teurergepräge bis zur Grellheit, ließ seinen Helden bald
als wahren Reinete Fuchs auftreten, um dem Leser eine
Vorstellung von seiner eigenen Geschmeidigkeit zu geben,
bald als wahren Mephistopheles erscheinen, um verstehen
zu lassen, daß mit dem Debutanten im Leben und in
der Literatur, welchen das Publikum hier kennen lernte,
als Feind nicht zu spaßen sei. So wird Vivian z. B. ge=
radezu fürchterlich, wo er mit grausamer Klugheit sich an
der Frau rächt, die ihn gestürzt hat und die durch den
Haß gegen ihn zur Giftmischerin geworden ist; aber er ist
nicht viel grausamer, als sein Autor es unter Umständen
sein konnte. Wenn ein Kenner von Disraeli's Schriften

5*

sich heutzutage Robert Peel vorstellen will, wie er zwanzig Jahre später unter den kalten rachsüchtigen Reden Disraeli's auf seinem Ministersitz sich krümmte, wird er kaum umhin können, sich des Blicks zu erinnern, „strahlend wie der eines glücklichen Bräutigams", womit Vivian Grey Mrs. Felix Lorraine verläßt, als sie demaskirt, entwaffnet und in ein Netz verstrickt, das sie nicht zerreißen kann, in ihren Stuhl zurückfällt, indem die erstickte Wuth ein Blut= gefäß in ihr sprengt. Der tiefe Rachedurst ist im Roman und in der Wirklichkeit derselbe, nur ist er im Roman in das Franz=Moorartige hinausgetrieben.

Der ganze Roman dreht sich, wie der Leser sieht, um Politik; er enthält, so zu sagen, eine Vorübung zu wirklich politischen Schachzügen, ungefähr wie das Kriegsspiel, in welchem sich die Officiere unserer Zeit üben müssen, eine Vorschule ausmacht für die practische Tactik. Die äußere Natur nimmt keinen großen Platz in diesem Buche ein; hie und da kommt wol eine Mondscheinnacht oder eine Berglandschaft vor, sie geben aber nur den Kämpfen und Gefahren des Abenteurers den melodramatischen Hinter= grund. Die Natur ist Disraeli niemals etwas Anderes gewesen als — wie er sie charakteristisch genug in zwei seiner Schriften nennt — eine Egeria, das heißt eine Quelle politischer Inspiration. Er hat seine Zuflucht zu ihr genommen, wenn er durch die Politik ermüdet war, wie der erschöpfte Soldat das Zelt der Marketenderin auf= sucht. Aber um ihrer selbst willen hat er sie nie geliebt. Als Contarini Fleming in der Schule die Geschichte von Numa Pompilius lernt, bricht er in die Worte aus: „Auch ich will zu Egeria fliehen", und er sucht und findet in einem einsamen, von hohen Bäumen umringten Thal die kluge, politisch inspirirende Nymphe und kann sich Tag aus Tag ein von der immer wiederkehrenden Vision nicht losreißen. In „Vivian Grey" nennt Disraeli direct die Natur „die Egeria des Menschen", und mit bitterer Laune fügt er hinzu: „Erfrischt und erneut durch das Zusammenleben mit ihr, kehren wir zur Welt zurück, fähiger, unseren Kampf im heißen Krieg der Leidenschaften durchzuführen und die großen Pflichten zu erfüllen, für welche der Mensch geschaffen scheint: zu lieben, zu hassen, zu schmähen und zu vernichten." Originalität kann man dieser Naturbetrachtung gewiß nicht absprechen. Wie vollständig fühlt man in diesen Worten die Unruhe und Hast, mit welcher der ehrgeizige Schrift= steller sich einen Labetrunk aus der Schönheit der Natur schöpft, um ihr gleich darauf den Rücken zu wenden. Der Dichter in ihm bedarf der Natur und sieht in ihr eine Muse, der Politiker sucht in der Natur nur Erhebung und bittet sie höchstens um ein Zeichen, und so verwandelt sich ihm die Natur in eine Art politischer Muse, die — in seine Pläne und Kämpfe eingeweiht — ihn im Mißgeschick stärkt und seine Siege mit ihrem Lächeln lohnt.

Die größere Hälfte von „Vivian Grey", in welcher sich der Held auf Reisen in Deutschland befindet, enthält darum nicht Naturschilderungen, sondern (trotz manches Un= reifen und Geschmacklosen, trotz einer Schilderung von den Trinkgelagen deutscher Rheingrafen, welche sich in Phan= tasterei mit den „Burgraves" von Victor Hugo messen kann,) verschiedene ganz gut geahnte oder erfundene Bei=

träge zur Charakteristik kleiner deutscher Höfe damals und
später. Es kommt z. B. ein Großherzog von Reisenburg
vor, dessen Stolz es ist, das erste Orchester der Welt zu
haben und der keine neue Theatervorstellung versäumt. Er
ist ebenso stolz auf seine Scenerie und auf die geschichtliche
Genauigkeit seiner Decorationen und Costüme, wie auf das
ausgesuchte Talent seiner Sänger. Wenn er Rossini's
„Otello" aufführen läßt, ist das Haus des alten Brabantio
eine genaue Copie von einem der Paläste Sansovino's oder
Palladio's am großen Canal. Otello tritt nicht wie sonst
als Mohr gekleidet auf; denn der Dramaturg auf dem
Herzogsthrone findet es weit wahrscheinlicher, daß ein
Abenteurer, der sich zum General über die Heere und zum
Admiral über die Flotten Venedigs aufgeschwungen hat,
sogar bis zur Affectation die Sitten seines Adoptivvater-
landes nachahmt, als daß er es wagen sollte, als turban-
tragender Mohr die Indignation und den Haß seiner christlichen Soldaten auszufordern. Disraeli hat augenscheinlich
an den Großherzog von Sachsen-Weimar gedacht; aber ist
es nicht, als läse man eine Beschreibung der herzoglich
Meiningen'schen Theaterregie von heutzutage?

Interessanter als das geschilderte Stück Deutschland
ist jedoch ein einzelner Hauptcharakter, die überlegenste Persönlichkeit des Buches, der bürgerlich geborene Premierminister Beckendorf. Mit ihm zeigt sich in den Büchern
Disraeli's zum ersten Male sein später so oft, aber am
deutlichsten unter dem Namen Sidonia ausgeführtes Ideal
von einem „Meistergeist" (a mastermind), der in Allem
und Jedem auf sich selbst beruht und darum der geborene

Herr anderer Geister ist. Beckendorf lehrt den vom Schicksal umhergetriebenen Vivian Grey, daß es kein Schicksal gibt; daß der Mann, weit entfernt davon, wie gesagt wird, das Geschöpf der Umstände zu sein, umgekehrt selbst die Umstände schafft, das heißt, wenn er ein Mann ist von den rechten: ein solcher habe kein anderes Fatum und keine andere Vorsehung als seinen eigenen Genius, und diesem Genius müssen die Umstände als Sklaven gehorchen; es gebe keine Gefahr, wie fürchterlich sie auch erscheine, aus welcher ein Mann sich nicht durch eigene Energie befreien könne, wie der Seemann durch Abfeuern einer Kanone die Wasserhose zerstreuen kann, die über seinem Kopfe hängt.

In so kräftigen Worten ist hier schon der Glaube an den geschichtlichen Einfluß des individuellen Charakters ausgeprägt, welcher zur stehenden Lehre in Disraeli's Schriften wird. Man vergleiche hiermit z. B. die zwanzig Jahre später geschriebene Vertheidigung dieses Glaubens: „Er ist nicht im Einklang mit dem Geist der Zeit", sagt Coningsby. — „Der Geist der Zeit," antwortet Sidonia, „der ist es eben, den ein großer Mann verändert." — „Aber was ist ein Individuum," fragt Coningsby wieder, „gegen eine mächtige öffentliche Meinung?" — „Göttlich", ist die kurze Antwort Sidonia's. — In „Tancred", dem vorletzten Roman Disraeli's, finden sich nicht minder starke Aussprüche derselben Richtung; sie machen augenscheinlich sein festes Credo aus, wie sie das Credo so manches anderen thatkräftigen Mannes gewesen. Es ist ein Glaube, welchem die Richtung in der Wissenschaft unserer Zeit, die gern Alles, sowol Persönlichkeiten wie Werke, aus einem Zeitgeist heraus erklärt, nicht günstig ist, der sich aber nichtsdestoweniger noch hören läßt und jedenfalls eine praktische Bedeutung allerhöchster Art behält. Inwiefern es Disraeli's Absicht war, seinen Helden von dem kräftigen sursum corda, das an ihn gerichtet wird, profitiren zu lassen, erfahren wir nicht; vermuthlich hat er nicht selbst gewußt, was er mit dem Burschen anfangen solle, und brach deswegen die Geschichte plötzlich ab. Daß er in reiferen Jahren seine Anfängerarbeit nicht selbst überschätzte, habe ich schon angedeutet. Er beklagt und entschuldigt, daß Nachdrucke und Uebersetzungen das Verschwinden dieser „affectirten Knabenarbeit" unmöglich gemacht haben. Ob das Urtheil so hart ausgefallen wäre, wenn „Vivian Grey" nicht früh angefangen hätte, Disraeli durch den Cynismus des ersten Theils unbequem zu werden, ist eine Frage, die ich nicht entscheiden kann.

Nur ein Jahr, nachdem er diesen seinen ersten Roman in die Welt hinausgeschickt hatte, ließ er ihm eine kleinere ganz verschiedenartige und weit liebenswürdigere Arbeit folgen, die politische Satire „Popanilla".

VI

„Popanilla" ist ein Scherz, hinter welchem sich weder Bitterkeit noch Pathos verbergen; die satirischen Hiebe sind nach vielen Seiten gerichtet, phantastisch und frei, nicht wie wenn Jemand eine ganz bestimmte politische Anschauung geltend machen will und darum ein entgegengesetztes Partei= streben lächerlich macht.

Im indischen Ocean liegt die Insel der Phantasie, von europäischen Weltumseglern und Missionsgesellschaften un= entdeckt; ihr Klima ist schön, ihr Boden fruchtbar, ihre mit der Civilisation unbekannten Bewohner verbringen ihr Leben in einem naiven, paradiesischen Zustande. Einer von ihnen, Namens Popanilla, findet, als er am Strande eine theure verlorene Haarlocke sucht, einen Kasten mit Büchern, der von einem gescheiterten Schiff an's Land getrieben ist. Die Bücher enthalten lauter nützliche Kenntnisse, Sprachlehre, Hydrostatik, Geschichte, Politik, Alles im Geiste der Nützlich= keitslehre abgefaßt, und Popanilla, der durch sie zu seinem Schmerz entdeckt, daß sein Volk, welches er als eins der vor= züglichsten der Erde ansah, nur ein Haufe unnützer Wilden ist, beschließt sogleich als radicaler Reformator aufzutreten, doch mit dem weisen Vorsatz, nicht Anderes zu fordern, als langsame und gradweise fortschreitende Veränderung. Er fängt damit an, sich zum Hofe zu begeben und gegen das Singen und Tanzen seiner Landsleute, überhaupt gegen alles Vergnügen als unnützen Zeitverlust, der Nichts einbringt, vor dem König zu predigen. Es wäre, lehrte er, das Glück der Gesellschaft, nicht das der Einzelnen, worauf es ankäme, und die Gesellschaft könne äußerst reich, glücklich und mächtig sein, wenn auch jedes einzelne ihrer Mitglieder elend, abhängig und verschuldet wäre. Entwickelung des Nützlichen sei Zweck des menschlichen Lebens; die Triebfeder der Entwickelung seien aber die Bedürfnisse, und das Unglück seiner Landsleute sei, daß sie keine hätten. Sie verbrächten ihr Leben in einem Zustande rein unnützen Wohlbefindens; wenn sie statt dessen anfangen wollten, die Lage und natürlichen Reichthümer der Insel, ihre mineralischen Schätze und ihre großen Häfen auszubeuten und der Weltcommunication zugänglich zu machen, so wäre die gegründetste Hoffnung, daß die Inselbewohner bald ein Schrecken aller anderen Länder werden und sich im Stande sehen könnten, jede Nation von irgend einer Bedeutung zu beunruhigen und zu plagen.

Als der König der Phantasie-Insel hier ein Lächeln zeigt, erzählt Popanilla ihm mit der Formel Bentham's, daß ein König nur die erste Obrigkeit des Landes ist und daß Seine Majestät nicht mehr Recht hat, über ihn zu lachen, als der erste beste Dorfpolizist. Der König hört ruhig die Reprimande an; da aber Popanilla nach und nach die Insel mit lautredenden Schülern füllt, wird das Reformwesen ihm zu bunt, und er nimmt die geistreiche Rache, sich für bekehrt zu den neuen Lehren zu erklären, und ernennt als Beweis dafür Popanilla zu seinem Postschiffscapitän.

„Da“, sagt er, „einer von den Lehrsätzen Deiner Schule zu sein scheint, daß Alles auf ein Mal ohne Zeit, Erfahrung, Praxis oder Vorbereitung vollendet werden kann, so zweifle ich nicht daran, daß Du mit Hilfe einer Broschüre oder zweier es zu einem vollendeten Schiffs= commandanten bringen wirst, obgleich Du Dein ganzes Leben hindurch nicht ein einziges Mal auf der See gewesen bist. Adieu, Capitän Popanilla!“

Und im Handumdrehen ist der radicale Reformator auf das Meer in einem Kanoe mit Wasser und Lebens= mitteln für wenige Tage hinausspedirt.

In diesem ziemlich billigen Scherz über den Utili= tarianismus ist der Kern der Versuch, den er enthält, einen Grundwiderspruch aufzuweisen zwischen den beiden Prin= cipien: dem Culturfortschritt und dem größtmöglichen Glück für die größtmögliche Zahl, welche von der Nützlichkeits= lehre in Eins zusammengefaßt und so verbunden für ihren Zweck erklärt wurden. Disraeli deutet es an, daß sie in innerem Gegensatz stehen und daß man zwischen ihnen wählen muß, indem der Culturfortschritt mancherlei Mißgeschick und Unglück für die Einzelnen mit sich führt, während das größtmögliche Glück eben auf der niedrigsten Culturstufe oder außerhalb der Cultur sich findet. Die Utilitarianer pflegten die wenigen Bedürfnisse einer Bevölkerung zu be= klagen; er spottet darüber, indem er Popanilla es als das

Unglück seiner Landsleute bezeichnen läßt, daß sie sich ohne
Cultur so glücklich fühlen.*) Als Voraussetzung seines
Spottes muß er freilich einen ursprünglich paradiesischen
Naturzustand à la Rousseau insinuiren, der kaum irgendwo
von Anderen vorgefunden worden ist, und den er selbst gewiß
nicht auf Cypern vorfand, da im Jahre 1878 ihm das
Loos zufiel, als Premierminister die Rede Popanilla's an die
Eingeborenen halten zu lassen. Nach meiner Auffassung
werden die Utilitarianer nicht im Ernst von diesem Angriff
getroffen. Der wahre Culturfortschritt muß zuletzt auch das
Glück der Massen erhöhen; das Glück des Kindes und des
Wilden ist das höchste nicht. Stuart Mill sagt in seiner
„Nützlichkeitslehre“: „Es ist besser, ein unbefriedigter
Mensch, als ein befriedigtes Schwein, besser ein unbefrie=
digter Sokrates, als ein befriedigter Thor zu sein.“ Und
er hat Recht; denn die höhere Empfänglichkeit auch für den
Schmerz ist nicht ein zu theurer Preis für die Steigerung
des ganzen Lebensinhalts.

Der des Landes vertriebene Reformator landet im
Reiche Vraibleusia, „dem freiesten Lande der Welt“, wo
die Freiheit darin besteht, daß Jeder Erlaubniß hat, sich
nach allen Anderen zu richten; einem Lande, das Groß=
britannien auf ein Haar gleicht; von dem Augenblick ab,
da er dies Land betritt, ist Alles nur Hohn auf die Ge=
sellschaftszustände, die Gewohnheiten und die Verfassung

---

*) Denselben Widerspruch hat Eduard von Hartmann in einer Rede
Lassalle's an deutsche Arbeiter hervorgehoben. (Phänomenologie des sitt=
lichen Bewußtseins, S. 637.)

Englands. Alles, was in der öffentlichen Meinung der damaligen Zeit über jede Kritik erhaben war, die Lehre von England als der Heimath der religiösen und politischen Freiheit nicht minder als die Lehre von der freien Con= currenz als allein beseligendem ökonomischem Princip wird von Grund aus verspottet. Der blinde englische Conserva= tismus bekommt seinen Hieb in einer Satire über die ver= altete Einrichtung der Tribunale. Ein Ausfall gegen die ungerechten Korngesetze zeigt, genau wie einzelne Stellen in „Vivian Grey", daß Disraeli damals wenig seine Zu= kunftsrolle als Fürsprecher derselben ahnte. Es geht Popa= nilla in Vraibleusia herzlich schlecht; nachdem er dort kurze Zeit gefeiert worden, wird er ohne alle Gerechtigkeit auch dieses Landes verwiesen, und durch Nachdenken über sein Schicksal kommt er zu dem Resultat, daß, wenn auch der bloße Naturzustand wenig lobenswerth sei, andererseits ein Volk wie das, welches er eben kennen gelernt habe, auch allzu verkünstelt sein, allzu viele fingirte Prinzipien und eine allzu unnatürliche Cultur haben könne. Mit dieser Moral schließt die Geschichte, eben als der Leser anfängt, durch die weitausgesponnene Allegorie ermüdet zu werden — und Popanilla begibt sich auf seine große Reise.

———

VII.

Disraeli folgte bald seinem Beispiel. Er unternahm
in den Jahren 1829—31 die große Reise, welche in Eng=
land für junge Männer der höheren Stände, so zu sagen,
normirt ist und die mit ihren Wanderjahren die Lehrjahre
abschließt und die Thätigkeitsjahre des Mannes einleitet.
Alle jungen Männer haben die Sehnsucht, sich in der Welt
umzusehen, aber Niemand mehr als der, welcher sich nicht
in vollständiger Harmonie mit seinem Heimathlande fühlt.
Mehrere Indicien in Disraeli's Schriften deuten darauf
hin, daß eine gewisse Verstimmtheit seiner großen Reise un=
mittelbar voranging. „Die erste Verlegenheit, worin wir
uns befinden, führt in der Regel zu unserer ersten Reise",
sagt er irgendwo, und die beiden Helden in seinen frühesten
Romanen reisen auch zu einem Zeitpunkt, da der Aufenthalt
daheim ihnen peinlich geworden, in die Welt hinaus. Viel=
leicht haben die verschiedenen ungünstigen Kritiken, die seine
ersten Bücher erfuhren, dazu beigetragen, den Wunsch eines
längeren Aufenthaltes im Auslande hervorzurufen; vielleicht
haben Reise= und Lernbegier allein ihn fortgetrieben. In
der älteren Zeit pflegten junge Engländer nach dem Fest=

lande zu reisen, um das zu sehen, was nach Lord Bacon's Ausdruck „besonders gesehen und beobachtet zu werden verdient", die Höfe der Fürsten: zu jener Zeit reiste man aber, wie eine Person in „Vivian Grey" bemerkt, „um sich unter lyrischem Geplauder auf Seen in Mondschein zu er= kälten"; Disraeli hatte als Politiker und Poet ebenso viel Hang zur Reiseart des 17. wie des 19. Jahrhunderts. Die Höfe hatten für ihn ihre Anziehungskraft, und die Romantik gewisser Städte und Gegenden zog ihn nicht minder an. Einen kürzeren Ausflug nach Deutschland hatte er, wie Vivian Grey beweist, schon früher unternommen. Jetzt waren es nicht die Länder und Städte, welche die gewöhnlichen europäischen Reisenden am häufigsten auf= suchen, weder Paris noch Wien, noch überhaupt irgend welche von den größeren Mittelpunkten der Civilisation, die ihn reizten. Nein, es waren ganz andere Namen, die seit seiner Kindheit vor seinen Ohren gesummt hatten: Syrien, Jerusalem, Spanien, Venedig.

Alle Geister haben außer ihrer zufälligen Heimath auf Erden noch eine verwandte, von welcher sie träumen und nach welcher sie sich sehnen. Mit seiner doppelten Nationali= tät, mit seinem brütenden Verweilen in den Erinnerungen des Geschlechts und der Väter, hatte Disraeli seit seiner frühesten Jugend eine brennende Sehnsucht nach dem Morgenland. Er wollte die Stätten sehen, auf denen die Augen seiner Vorväter geruht, den Grund betreten, wo ihre Füße gewandelt; an diesen Orten, das fühlte er, würde sein frühzeitig gehärtetes Gemüth weich werden und sein verschlossenes Herz sich in Andacht öffnen. Ja, genau dies;

denn eine Pilgerfahrt nach jenen Gegenden war ihm früh
nicht nur eine Sehnsucht, sondern eine Religion geworden.
Er wollte es sehen, jenes glühende Land, das die schöne
Wiege seiner Race gewesen war, die heilige Stadt, die sein
Volk erbaut, verloren, wiedererbaut und wiederverloren
hatte, den heiligen Berg, von welchem ihre Religion, die
Europa erobert hatte, ausgegangen war. Aber wie Jeder=
mann nur durch seine Familie seinem Volke gehört, so
sind auch die Erinnerungsplätze der Familie dem Einzelnen
näher, als die der Race. Er wollte jene Mittelmeerländer
sehen, wo seine Väter fünfzehnhundert Jahre lang gewohnt
hatten, jenes Spanien, wo sie, von ihren maurischen Stam=
mesgenossen brüderlich beschützt, eine reiche Cultur und
reiche Poesie in der alten Sprache des Stammes entwickelt
hatten — und er suchte zwischen den Namen der berühmten
Familien Spaniens nach demjenigen, den wol sein Ge=
schlecht, ehe es seinen Namen gewechselt, hätte tragen können,
und verweilte träumend an dem stolzen und volltönigen
alten Namen Sidonia, den er Jahre später seinen Helden
in „Alarcos" und „Coningsby" gab; — aber vor Allem
wollte er die Wunderstadt am adriatischen Meere sehen,
deren Schutzpatron St. Marcus, selbst ein Kind Israel's,
dem vertriebenen Geschlechte Disraeli solch milder Herr
gewesen war. Schon auf dem Schooße des Großvaters
hatte er von der Dogenstadt mit den schwimmenden Palästen
gehört, und als der Knabe erfuhr, daß Venedig nicht mehr
frei war, hatte er in seinen ersten märchenhaften Träu=
men sich als Befreier und Dogen der wiedererstandenen
Republik gedacht. Jetzt sehnte sich der Jüngling nach

Venedig, wie nach Jerusalem. Es war ihm, als müsse er dort hinab, als würde er dort unten erwartet, als wäre er schon seit Jahrhunderten erwartet, er, der Erbe dieses ganzen Erinnerungsschatzes. Es rief ihn wie mit fernen Stimmen, und das Blut in seinen Adern antwortete, klopfend und verlangend, auf den phantastischen Ruf, bis der Tag kam, da er seinem Vater Lebewohl sagte und an England die Abschiedsworte richtete, die er einige Jahre später den fort= reisenden Contarini Fleming an seine skandinavische Heimath richten ließ: „Und lebe wohl auch du, du harter Erdboden, wo ich so lange geschmachtet habe; denke mein von nun an als eines exotischen Vogels, der sich auf kurze Zeit hinauf unter deine kalte Sonne verirrte, aber jetzt seinen Curs gefunden und seinen Flug weg von dir nach einem strahlenderen Land und einem klareren Himmel genommen hat"*).

Ueber die Reise selbst hat Disraeli Nichts geschrieben. Aus seinen Schriften aber sieht man, daß er all' die Mittel= meerländer durchreist hat; daß er in Rom und Constan= tinopel 1829, in Albanien 1830, in Aegypten, Syrien, Jerusalem 1831 war, und die Reise hat theils Spuren in fast allen seinen Werken hinterlassen, theils ganze Werke als ihre Frucht hervorgebracht.

Mancherlei Gefühle bewegten das Gemüth des jungen Reisenden, als er sich zum ersten Male Venedig näherte. Da Contarini Fleming sich Italiens Grenze nähert, träumt er eine Nacht in einem Dorfe am Fuß des Simplon, daß er

---

*) Sibyl 40. Vivian Grey 209. Contarini Fleming 290. Man vergl. Contarini Fleming 101 und Tancred 74.

sich in einem großen Palastsaal befinde, wo reichgekleidete und ehrwürdige Männer Rath halten, und daß der Präsident des Rathes, indem er ihn gewahr wird, ihm die Hand reiche und lächelnd sage: „Du warst lange erwartet." Der Rath bricht auf und der Präsident führt als Cicerone Contarini mit sich in einen kleineren mit Gemälden angefüllten Saal hinein, wo auf der einen Seite der Thür ein Bild von Julius Cäsar, auf der andern Seite das Porträt Contarini's hängt. Sein Führer zeigt auf die Bilder und sagt: „Du warst lange erwartet, es ist große Aehnlichkeit zwischen deinem Oheim und dir." Noch ein drittes Mal hört er im Traume die Bestätigung, daß man in diesen Räumen sich nach ihm gesehnt habe, und plötzlich sieht er vor sich eine herrliche Stadt, die mit Marmorpalästen einem breiten Canal entlang und mit einer Menge von länglichen Böten auf den bläulichen Gewässern im Sonnenlichte strahlt — und jetzt weiß er, wo er ist. Sobald er erwacht, begiebt er sich nach Venedig; in der Stadt selbst ist das Erste, was ihm begegnet, eine Procession von singenden Priestern mit ihrem Heiligen, und als er die Worte des Hymnus hört: „Heil ihm, er ist in seiner Hoheit und seinem Ruhme gekommen, um seine adriatische Braut in Liebe zu begrüßen", dünkt es ihm, als ließen sich diese Worte auf ihn selbst anwenden.

In solchen Stimmungen hat Disraeli zum ersten Male die Canäle Venedigs befahren und die Piazzetta betreten. Andere haben die schöne, staublose und lärmfreie Stadt an der Adria um ihrer Eigenthümlichkeit willen geliebt, wieder Andere wegen ihrer Kunstschätze und noch Andere um ihrer historischen Erinnerungen willen, aber die **Liebe Disraeli's war nicht so** unpersönlich: er schwärmte **weder für die reiche Malerschule Venedig's**, noch für ihre alte aristokratisch-republikanische Verfassung, deren Ueberführung **nach Eng-land** er wenige Jahre später **weitläufig zu beklagen und** anzugreifen begann. Die Stadt **bewegte ihn so tief, weil** sie das Asyl seiner Väter gewesen: er liebte sie um seines Blutes, seines Stammes willen: er liebt überhaupt auf solche persönliche Grundlage hin.

Doch Venedig stillte nur den ersten Durst seiner Schau-lust. Keine Gegend und **keine Stadt** in Europa konnte seine Sehnsucht vom Orient fortleiten. Er besuchte Aegypten, sah **die Pyramiden**, zu welchen sein Volk im Alterthum das Material hatte schleppen müssen, **Stein auf Stein**, er er-langte in Cairo verschiedene Audienzen bei dem regierenden Pascha, und als seine bald raschen, bald wohlüberlegten Antworten Mehemed Ali's Aufmerksamkeit auf sich zogen, wurde er von ihm, wie **es scheint**, sogar in Bezug **auf das** dem Lande geeignetste politische System **um Rath gefragt.** Er hat nicht ohne Selbstgefühl dies **in seiner »Vindication of the** english constitution« geltend gemacht, wo der reisende junge englische Gentleman natürlich der Verfasser selbst ist. Eben im Jahre 1829 war ja von dem reform-liebenden ägyptischen Despoten **in Cairo** eine Versammlung zusammenberufen worden, **die recht wohl als eine Volks-**repräsentation nach türkischen Begriffen **aufgefaßt werden** konnte, und der Pascha **hat dann den intelligenten jungen** Engländer gefragt, was er von einer ägyptischen Repräsen-tativverfassung nach englischem Muster halte.

„Die Ueberraschung unseres Landsmannes," heißt es bei Disraeli, „war nicht gering, aber er war Einer von Denen, die genug von der Welt gesehen haben, um nie zu erstaunen; er war nicht ganz ohne politische Kenntnisse und mit der philosophischen Freiheit von Vorurtheilen begabt, die eins der sichersten und werthvollsten Resultate langer Reisen ist. Unser Landsmann erklärte dem ägyptischen Regenten ruhig und bestimmt, welche unmittelbare Schwierigkeiten sich seinem Plane in den Weg stellten, indem er dem Nachfolger der Pharaonen und Ptolemäer auseinandersetzte, daß die politischen Institutionen Englands die Früchte eines langsamen Wachsens durch ganze Zeitalter seien."

Disraeli bei Mehemet Ali, das ist eine Art literarhistorischen Seitenstücks zu Byron bei Ali Pascha; Byron ist eitel darauf, daß Ali den Aristokraten in seinem Aeußeren spürt, Disraeli darauf, daß Mehemet die politische Weisheit seines Inneren herauswittert.

Deutlich war es Disraeli zu jener Zeit nicht klar, ob die poetische oder die politische Wirksamkeit sein Hauptberuf sei. Mit seinem starken Selbstgefühl war er zur Ueberschätzung seiner Fähigkeiten geneigt und sicher hat er, während er im Orient in Byron's Spuren wanderte, sich manchmal eingebildet, daß englische Poesie in ihm einen ebenbürtigen Ersatz des Verlorenen finden würde. Selbstkritik war nie seine starke Seite, und am wenigsten in seiner Jugend. Nichts in seinem ganzen Leben hat vielleicht einen deutlicheren Beweis hierfür geliefert, als was er selbst über eine poetische Idee erzählt, die er kurz nach seiner Landung auf asiatischem Boden concipirte. Zu

einer hochtrabenden und hypertheatralischen Vorrede hat er
mitgetheilt, wie er, über Troja's Ebenen wandernd und
den Kopf voll von dem Weltruhm der homerischen Ge=
sänge, das Schicksal verdammte, das ihn zu einer Zeit ge=
boren werden ließ, die „damit prahlte, antipoetisch zu
sein", und wie eben in dem Augenblicke, wo ein Blitz über
den Idaberg schoß, die Idee sein Gemüth durchblitzte, daß
all' die großen Hauptepopöen in der Welt den Geist eines
ganzen Zeitalters zusammengefaßt hätten und daß er, um
ein wahrer Dichter zu sein, nur seiner eigenen Zeit
poetischen Ausdruck zu verleihen habe. Er entwickelt, wie
das heroische Epos, die Ilias, der größten Heldenthat eines
heroischen Zeitalters entsprang; das politische Epos, die
Aeneis, der Errichtung des römischen Weltkaiserthums, das
nationale Epos Dante's der ersten Frühlingssaat der
Renaissance, das religiöse Epos Milton's der Reformation
und ihren Folgen, und fragt sich dann, ob der Geist seiner
eigenen Zeit unbesungen bleiben soll: „Wie," rief ich aus,
„ist die französische Revolution eine minder wichtige Be=
gebenheit als die Belagerung Troja's? Ist Napoleon ein
weniger interessanter Charakter, als Achilles? Mir ist das
revolutionäre Epos vorbehalten."

Ich will auf diesem Punkte weder bei der barocken
Gleichstellung der Namen Homer, Virgil, Dante, Milton
und Disraeli verweilen, noch bei der Parallelisirung der
berühmtesten Dichterwerke der Welt mit einem Epos, von
welchem nur ein einzelnes verunglücktes Bruchstück das
Licht erblickte, um, erschreckt über das Hohngelächter, das
ihm begegnete, in den dunklen Mutterschoß des Alls zurück=

zukehren, aber die Thatsache will ich betonen, daß Disraeli, den wir eben im Gespräch mit Mehemet Ali als den
Warner gegen radicale Reformversuche kennen lernten, sich
in seiner Jugend zur französischen Revolution als zum be-
deutendsten und interessantesten Stoff des Zeitalters hinge-
zogen fühlte. Er war nie ein principieller Gegner der
politischen Ideen der Neuzeit; wo er es war, ist er es nur
aus Interesse oder aus Opportunitätsgründen gewesen.
Zwischen ihm und den principiell Conservativen, wie seinem
jetzigen Collegen im Ministerium, Lord Salisbury, besteht
in dieser Hinsicht eine Kluft. Ja, es findet sich sogar bei
ihm eine merkwürdige Sympathie mit entschieden revolutionären Phänomenen. Er hat in seinen Schriften Männer wie
Byron, Shelley, Mazzini im günstigsten Lichte geschildert.
Er hat in seinen alten Tagen mit förmlicher Begeisterung
den Charakter einer menschlichen Freiheitsgöttin, das Ideal
revolutionärer Freiheitsliebe (Theodora in „Lothair") gezeichnet. Mancher wird sich beim Lesen seiner Bücher gefragt haben, ob nicht im Innern des alten Toryführers
ein Revolutionär wohne. Die Frage, was im „Innersten"
oder „Tiefsten" in einem Menschen wohne, ist immer schwer
zu beantworten, besonders bei stark zusammengesetzten
Naturen. Ueberschaut man die ganze literarische Production
und die ganze politische Action Disraeli's, so wird man
bei ihm immer unter der conservativen Grundlage einen
fließenden Radikalismus finden, aber auch immer unter
der wogenden revolutionären Oberfläche eine feste conservative Grundlage. Auf religiösem Gebiete war er von
Anfang an freisinnig; aber die Rücksicht, die absolute Ueber-

legenheit seiner Race zu behaupten, zwang ihn unwiderstehlich, das irgend Mögliche aus der religiösen Wohlthat
zu machen, die sie dem Menschengeschlecht geleistet hatte,
und aus der Dankbarkeit, die das Geschlecht ihr dafür
schuldig war. Politisch fing er als Romandichter princip-
los mit „Vivian Grey" und in seinen ersten politischen
Brochuren als Ultraradikaler an; ich habe aber schon auf die
politisch-reactionären Eindrücke, die er vom Vater empfing,
zurückgewiesen. Erweckten diese zuerst seine Opposition?
Ein Jüngling, der in dem Grade geneigt war, ohne Hinblick auf irgend eine fremde Autorität, sich selbst zum Maße
aller Dinge zu machen, mußte nothwendigerweise einen
starken Oppositionstrieb haben; aber wer kann sagen, ob
das zuerst Hervortretende auch das Tiefste im Menschen ist?
Alle solche Ausdrücke sind ja außerdem nur Metaphern.

„Das revolutionäre Epos", welches, obgleich auf der
Reise empfangen, zuerst im Jahre 1834 herausgegeben
wurde und das bis zu der Zeit mancher conservativen
Retouche unterzogen sein kann, hatte den Grundgedanken,
den Kampf des „feudalen" und des „föderativen" Princips
und den Uebergang des ersten in das zweite zu schildern.
Das erschienene Fragment fängt mit der bizarren über-
natürlichen Maschinerie an, daß Magros, der Genius des
Feudalismus, und Lyridon, der Genius des Föderalismus,
abwechselnd für ihre Sache plaidiren, und endigt damit,
daß Napoleon Lyridon (!) sein Wort als Pfand der Treue
gibt; der dritte Gesang begleitet ihn durch den ganzen
italienischen Feldzug bis zur Eroberung der Lombardei und
schließt mit Pflanzung des Freiheitsbaumes. Die Fort-

setzung des Gedichtes machte der Verfasser in seiner Vorrede vom Urtheil des Publicums mit den Worten abhängig,
daß er, wenn dieser Spruch ungünstig ausfiele, „ohne
Klage seine Leier hinab in die Unterwelt schleudern würde".

Es standen Disraeli auf seiner Reise noch weit tiefere
Eindrücke und noch stärkere Gemüthserregungen, als die
auf der trojanischen Ebene erlebten, bevor, und den tiefsten
Eindruck empfing er an dem Tage, da er nach einem mehr-
stündigen Ritt zwischen kahlen und wilden Felsen einen
Berg bestieg, erfuhr, daß er auf dem Oelberge stehe, und
gegenüber auf dem hohen, steilen Abhang eine Stadt sah,
von einer alten Mauer umringt, die mit ihren Thürmen,
Zinnen und Thoren wellenartig mit dem wellenförmigen
Terrain sank und stieg. Sein Auge verweilte bei der
prachtvollen Moschee, die über die Stadt emporragte, bei
den schönen Gärten vor ihr und den unzähligen Kuppeln,
welche sich über den lichten Steinhäusern erhoben, und er
fühlte, daß er Jerusalem gegenüberstand. Kaum hat einer
der alten Kreuzfahrer mehr bei dem Anblick gefühlt, wenn
sie auch anders fühlten. Sie liebten die Stadt um des
Himmels willen, um der Seligkeit willen, die ihre Eroberung ihnen öffnen solle; er liebte sie um des Stammes
willen, der die Stadt gebaut hatte. Im Stillen verglich
er die Stadt der vielen Hügel, die er vor sich sah, mit
jener Sieben-Hügel-Stadt in Europa und dachte mit Stolz,
daß Moria, Zion und der Calvarienberg weit berühmtere
Hügel als der Aventiner- und Capitoliner-Hügel seien, da
nicht nur Asien, sondern das christliche Europa jene Namen
kannten, während diese im ganzen muhamedanischen Asien

ein todter Laut wären. Jene alten Kreuzfahrer hatten die
Sarazenen, gegen welche sie Krieg führten, als unwürdig
betrachtet, die heilige Stadt und das heilige Grab zu be=
sitzen; er hingegen fand sie dazu viel würdiger, als irgend
eine der hineinströmenden europäischen Schaaren; denn nicht
nur sei die Stadt und das Grab auch ihnen ehrwürdig ge=
wesen, sondern diese Söhne der Wüste seien weit näher als
irgend ein Germane oder Gallier mit Dem verwandt, der
im Grabe geweilt hatte. Die Kreuzfahrer hatten den
Glauben als Eins und Alles betrachtet; er wußte, wie er
es oft bei sich selbst wiederholte, daß die Race Alles sei,
das Alles zuletzt auf die Race ankomme*).

Er fühlte sich zu Hause in diesem Lande, wo Kara=
wanen von turbanbedeckten Männern geführt wurden; wo
der Scheikh, wie vor Jahrtausenden, der Patriarch seines
Stammes war und ihn seine Zelte, wie damals, aufschlagen
ließ. Er liebte diese Palmen, diese Cedern und Oliven=
haine. Und wenn Jerusalem in der Hochsommertagsglut
wie eine Stadt von Stein in einem Lande von Eisen unter
einem Himmel von Feuer dalag, und wenn der wild
strahlende Glanz der umgebenden Landschaft den Beschauer
förmlich mit der Furcht schlug, geblendet zu werden, wenn
Alles so unheimlich hell und flammend klar war, daß
der Pilger dastand, wie jene schattenlose Märchengestalt in

---

*) Tancred 167 ff. „All is race; there is no other truth“, sagt
Sidonia in „Tancred“. Man vergleiche seine Aeußerungen in „Coningsby“
und Disraeli's eigene in „Life of Lord George Bentinck“ und in
„General Preface“. In „Tancred“ nennt der Verfasser selbst diesen
Satz „the great truth, into which all thruths merge“ (S. 459).

einer noch dazu ganz schattenlosen Welt: dann fühlte sein metallisch harter und glänzender Geist und seine heiß flammende Einbildungskraft sich mit diesem trockenen, glühenden Erdboden verwandt. Auch in seiner Seele war kein schattiger Platz; auch dort fand sich kein Raum für Rast und Ruhe; die Schattenseite des Lebens hatte er immer verachtet und gescheut. Er fühlte sich glücklich in diesem Lande, wo jeder Fußbreit Erde ihn an die Größe Israel's erinnerte, am Fuße des Sinai, von welchem das Gesetz Mosis ausgegangen war, um noch heutzutage von jedem civilisirten Kinde gelernt zu werden; bei den Tempelruinen, die den Gedanken hinleiteten zu dem Könige, dessen Weisheit noch im Sprüchwort lebt, bei Gethsemane, wo der Märtyrer gelitten hatte, dessen einfache und reine Lehre die westliche Welt erobert hat. Er sonderte in seinen Gedanken nicht Jesus von den anderen Sternen des hebräischen Volkes ab. Er bezweifelte nicht, daß Jesus vom edlen Königshause David's abstamme; Bibelkritik gab es damals nicht, und selbst als sie aufkam, paßte es nicht in Disraeli's System hinein, die neutestamentliche Stammtafel Jesu zu einer blos tendenziösen Fiction herabsinken zu lassen. Jesus mußte und sollte ein Fürst sein. Es ist für Disraeli's geistigen Habitus tief charakteristisch, daß er Jesus nie, ohne Ausnahme nie, in den zahlreichen Stellen seiner Werke, wo er ihn nennt, anders bezeichnet, denn als einen hebräischen Fürsten, einen hebräischen Prinzen. Jesus steigt für Disraeli im Werth dadurch, daß er von dem aristokratischsten Blut der Race ist; die instinctive Anziehung, die er selbst immer dem Hochadligen, dem ausgesucht Aristokratischen gegenüber fühlte, zwang ihn auch), an Jesus das zu betonen, was am Meisten seinem Ideale entsprach), und hierin liegt es, daß das Fürstenblut, die königliche Herkunft ihm weit theurer wird, als die übernatürliche Abstammung; um so viel mehr, als diese jene unmöglich machte, da es Joseph und nicht Maria ist, der als Abkömmling David's bezeichnet wird. Daß Disraeli nichtsdestoweniger von dem Augenblick an, wo er als conservativer Staatsmann auftrat, nicht den Widerspruch gescheut hat, die äußerste Orthodoxie zu behaupten, ist schon daraus erklärlich, daß im 19. Jahrhundert ein Staatsmann, besonders in England, und namentlich ein conservativer, vor Allem orthodox-religiöse Garantien bieten muß; aber es hat außerdem auf der Furcht beruht, daß er, wenn er die übermenschliche Herkunft Jesu fallen ließe, den eigenen Stamm seines besten Glanzes beraube, des Nimbus, der über ihm ruhte, als dem Volke, in welchem Gott selbst als Erlöser der Welt sich gebären ließ. Doch seine eigenen stillen Gedanken formten sich auf Palästina's Boden anders um die Gestalt Jesu. Er verglich ihn in seinen Träumereien mit Cäsar und Alexander, die beide nach ihrem Tode für Götter erklärt wurden, und er fand einen neuen Beweis für die Ueberlegenheit seiner Race, indem er den Zeitraum, den ihre Göttermacht gedauert hatte, mit dem verglich, in welchem Jesus für Gott gehalten wurde. Beide wurden sie Götter genannt, aber wer brannte ihnen wol Weihrauch jetzt, wo waren jetzt ihre Anbeter? Nicht einmal ihre eigenen Völker beteten sie heute noch an, während diese und Dutzende von anderen Nationen noch immer vor den Altaren knieten, die dem Enkel David's errichtet waren. Konnte es einen

größeren Triumph für die Race geben, die er in sich per=
sonificirt fühlte? Was war das neue Testament? Nach
seinem eigenen Ausspruche nur ein Supplement; Jesus war
gekommen, um das Gesetz und die Propheten zu erfüllen.
Es war also bei Weitem nicht genug, das Christenthum
als ohne das Judenthum unverständlich zu bezeichnen.
War das Christenthum nicht supplirtes Judenthum, dann
war es Nichts. Was war der Grundunterschied zwischen
Jesus und seinen Vorgängern? Es war der, daß durch ihn
„Gottes Wort" unter den Heiden und nicht mehr unter den
Juden allein ausgebreitet wurde. Und Disraeli sammelte
seine Auffassung in diesem kurzen und jüdisch=aristokratischen
Satz: „Christenthum ist Judenthum für die Menge"*).

So unähnlich aber sein Gefühlsleben auch demjenigen
der Kreuzfahrer war, hatte er doch Dichterträume, die ihren
poetisch=religiösen Vorsätzen glichen. Auch er träumte von
einer Befreiung dieses Landes, insofern er in seiner Phan=
tasie Bilder von vormaligen Versuchen einer solchen entwarf;
das Eigenthümliche seiner Phantasien war aber, daß die
Befreiung das Land dem ursprünglichen Stammvolk zurück=
geben sollte.

Es war auf dem Begräbnißplatz nördlich von Jerusalem,
der den Namen der „Königsgräber" trägt und dessen höchst
unsicheres Recht, diesen Namen zu tragen, er in seiner
romantischen Stimmung nicht in Zweifel zog, daß die Er=

---

*) Jehova-Jesus came to complete „the law and the prophets". —
Christianity is completed Judaism or it is nothing. Sibyl 130. —
Christianity is Judaism for the multitude, but still it is Judaism.
Tancred 427.

innerung an eine Gestalt des 12. Jahrhunderts in ihm auf=
tauchte, die schon in seinen Knabenjahren sein Interesse
erregt und deren Charakter und Schicksal er frühzeitig
dichterisch umzuformen und auszuspinnen begonnen hatte.
Es war der jüdische Prinz und spätere Sagenheld David
Alroy.

Er erstand zu einer Zeit, da das Kalifat geschwächt
war und vier seldschukkische Sultane das Erbe des Propheten
getheilt hatten, welche ihrerseits wieder in Wohlleben hinzu=
siechen anfingen und darum mit Unruhe die steigende Macht
der Könige von Karasme beobachteten. Obwol das jüdische
Volk seit der Eroberung Jerusalem's die Oberhoheit seiner
Eroberer anerkannt hatte, behielten doch die östlich wohnenden
Juden immer Selbstregierung innerhalb gewisser Grenzen.
Sie hatten eigenes Gerichtsverfahren unter einem Regenten
ihres eigenen Stammes, der den Titel eines „Fürsten der
Gefangenschaft" führte. Die Macht dieses Fürsten stieg
und sank immer im umgekehrten Verhältniß zu der des
Kalifats, und die Annalen des Volkes erzählen von Perio=
den, in welchen der „Fürst der Gefangenschaft" kaum
weniger Ansehen und Macht, als die alten Könige von
Juda, hatte. Ein solcher „Fürst der Gefangenschaft" war
jener David Alroy gewesen, an den die Königsgräber die
Erinnerung in Disraeli's Gemüth hervorriefen, und in sein
Seelenleben träumte er sich hinein. Welch' schmerzlicher
Widerspruch schon im Namen! Ein Fürst ohne Land und
ohne Selbständigkeit, ein tributpflichtiger Fürst über ein
gefangenes Volk! Disraeli wußte, was der zu leiden hatte,
der auf diese Weise fürstlich geboren war; er dichtete sich

mit Leichtigkeit in die Demüthigung und den Gram Alroy's hinein, als die Forderung zum ersten Male an ihn gestellt wird, den mächtigen Unterdrückern den jährlichen Tribut zu überbringen. Und gesetzt, daß er nun gleichzeitig sein Volk nicht nur verachtet und verhöhnt sah, sondern noch schlimmer, so erniedrigt, daß es nicht mehr darunter litt und Alles stumpf über sich ergehen ließ; gesetzt, er fand, daß es ein Sklave geworden war, so entehrt, so erbärmlich), daß der Zustand desselben an den Flüssen Babylon's ein Paradies gegen den jetzigen war! . . . . Siehe, jetzt höhnt der Häuptling der Seldschukken David Alroy selbst; jetzt vergreift er sich in seiner Frechheit an David Alroy's Schwester! Nun ist das Maß voll, Alroy tödtet den Gewaltthäter, flieht aus dem Lande und beschließt, der Befreier Israel's zu werden. Warum sollte es nicht. gelingen können? Der größte der alten Könige, der erste David, hatte sich ja vom landflüchtigen Häuptling vogelfreier Männer zum Glanz des Thrones erhoben, warum sollte er nicht vermögen, was die fernen Väter vermocht? Salomon hatte den Tempel gebaut und das Reich berühmt gemacht; er wollte den Tempel wieder aufbauen und das Reich berühmter machen, als es je gewesen war. Das Scepter, welches Salomon in seiner Hand gehalten, wollte er in der seinigen wiegen; die Zeit, die in den Königsgräbern begraben lag, wollte er zwingen, wiederum von den Todten aufzuerstehen.

Und Disraeli stierte über den großen in den Felsen eingehauenen Vorhof zu den „Königsgräbern" hinaus, in deren westlicher Seite sich eine Vorhalle öffnete, die einst von Säulen getragen wurde, deren steinerner Giebel aber noch mit einem eingehauenen Fries von ungewöhnlicher Schönheit geschmückt war, und er träumte, wie der flüchtige Alroy durch magische Mittel diesem Ort sich nahete, wo die todten Könige Israel's auf ihren Thronen saßen, und die Wirklichkeit um ihn her löste sich in ein prachtvolles Phantasiegebilde auf. Durch lange Alleen kolossaler Löwen aus rothem Granit muß David Alroy wandern, bis er zu einem ungeheuren, viele hundert Fuß hohen Felsenportal kommt, das von mächtigen Karyatiden getragen wird. Alroy preßt seinen Siegelring gegen das riesige Thor, es öffnet sich mit erdbebenartigem Gedröhn, und bleich und wankend tritt der „Fürst der Gefangenschaft" in die unübersehbare Halle, die mit herabhängenden Kugeln von glühendem Metall erleuchtet ist. Zu beiden Seiten der Halle sitzt auf goldenen Thronen eine Reihe der Könige Israel's, und als der Pilger hereintritt, stehen sie alle auf, nehmen ihre Diademe ab, schwingen sie dreimal und wiederholen dreimal im feierlichen Chor; „Heil dir, Alroy, heil dir, Bruderkönig, deine Krone erwartet dich!" Wie Contarini Fleming in Venedig erwartet wurde, so erwartet man David Alroy hier.

Er steht da, zitternd, mit niedergeschlagenen Augen, an eine Säule gelehnt; als er aber wieder zu sich selbst gekommen aufblickt, findet er, daß die Könige stille wie Statuen auf ihren Plätzen sitzen und leblos vor sich hinstarren, scheinbar ohne von Alroy's Gegenwart zu wissen. Und er schreitet vorwärts durch die Halle, bis er zu einem ungeheuren Throne kommt, welcher weit weg liegt, sich quer

über den Saal erstreckt und hoch über alle anderen empor-
ragt. Auf dem sitzt eine Gestalt mit kaiserlicher Haltung,
die Alroy's Blick überrascht und blendet. Eine hohe Treppe
von Elfenbein, an welcher jede Stufe von Goldlöwen be-
wacht wird, führt hinauf zu einem Jaspissitz. Licht geht
von dem glänzenden Diadem dieser Gestalt und von ihrem
strahlenden Gesicht aus, das auf einmal schön wie das
eines Weibes und majestätisch wie das eines Gottes ist.
In der einen Hand hält er einen Siegelring, in der anderen
ein Scepter.

Als Alroy den Fuß des Thrones erreicht, steht er einen
Augenblick still und fühlt, daß sein Muth verzagen will.
Doch bald faßt er sich in stillem Gebet und ersteigt Schritt
für Schritt die hohe elfenbeinerne Treppe. Der „Fürst der
Gefangenschaft" steht Angesicht in Angesicht mit dem großen
Könige Israel's. Es ist aber vergeblich, daß Alroy strebt,
seine Aufmerksamkeit oder seinen Blick auf sich zu ziehen.
Die großen dunkeln Augen, welche mit übernatürlichem
Glanze strahlen und fähig scheinen, Alles zu durchschauen
und Alles aufzuklären, sind blind für Alroy's Nähe. Dann
sammelt der todtbleiche Pilger im Gedanken an Israel's Volk
zum letzten Male seinen Muth, streckt in tiefer Bewegung
den Arm aus und windet dann mit liebevoller Festigkeit,
ohne irgend welchen Widerstand zu fühlen, das Scepter
Salomo's aus der Hand seines großen Stammvaters*).

Als er es ergreift, entschwindet die ganze Scene seinem
Blick, und gleichzeitig entschwand sie dem des träumenden

---

*) Man vergleiche Alroy, 91.

Disraeli. Er stand wieder in dem großen Felsenvorhof, an der schmalen Vorhalle, von wo aus Treppen in den unterirdischen, im Felsen ausgehöhlten Raum hinabführten, mitten in der armseligen Wirklichkeit, die so reiche Visionen hervorgerufen hatte.

Aber noch auf Palästina's Boden fing er an, seine romantische Dichtung von den großen und wundervollen Schicksalen David Alroy's niederzuschreiben. Alroy wurde für Disraeli so zu sagen dasselbe, was Aladdin seiner Zeit für Oehlenschläger war, eine morgenländische Sagen= oder Märchengestalt, in welcher er bequem einige seiner kühnsten Jugendphantasien und seiner tiefliegendsten Eigenschaften verkörpern konnte. Die Dichtung von Alroy machte wol kein Glück, als sie erschien; sie wurde aber nicht gerecht gewürdigt und die Alroy=Gestalt hat Disraeli gewiß nie ganz verlassen; sie gehörte nicht zu denjenigen, von welchen ein Poet sich durch die Ausführung befreit. Alroy hat ihn gewiß sein Leben hindurch begleitet, und es würde mich nicht wundern, wenn die Stelle, wo er Salomo's Scepter an sich reißt, durch Lord Beaconsfield's Kopf gefahren ist, als er (in guter Uebereinstimmung mit seiner früheren Definition von England als asiatischer Macht) auf dem Berliner Congreß sich jenes englische Hoheitsrecht über die asiatische Türkei ertrotzte, das die Gegenden, über welche David Alroy die Herrschaft erstrebte und errang, unter die Oberhoheit Benjamin Disraeli's brachte.

„Alroy" ist ein Werk mit großen Mängeln. Sein Stil ist an mehreren Stellen eine ganz unausstehliche „poetisch" Prosa", besonders im Anfang ist er mit seinen Vers=

rythmen affectirt. Der große aus Kabbala und Talmud ge-
holte übernatürliche Apparat ist an und für sich ziemlich über-
flüssig und erinnert durch die Behandlungsart bisweilen an
Southey's unglückliches Gedicht »Thalaba, the destroyer«.
Die Erzählung schwankt stillos zwischen der Methode des
historischen Romans und der Legende; nur in den Gesprächen fühlt man die außerordentliche Ueberlegenheit Disraeli's über Southey; denn er hat das wahre morgenländische Temperament, welches das Colorit mittheilt; außerhalb des Dialoges ist aber Alles unwirklich und Vieles
kindisch: die Beschreibungen von Alroy's Kämpfen mit den
Heeren des Kalifen machen z. B. fast denselben Eindruck,
als sähe man Bleisoldaten hin- und zurückgeschoben und um-
geworfen werden. Der Häuptling führt „Wunder von
Tapferkeit" aus und schlägt den Fahnenträger des Sultans
todt; leider fallen aber 10,000 Soldaten; das Centrum
wird von „der Midianitischen Cavallerie" durchbrochen,
welche die Krieger des Caucasus mit einem Verlust von so
und so viel Mann in die Flucht schlägt u. s. w. Der
Dichter kann erzählen, wie er will, todtschlagen, wen er
will, sich mit Ruhm bedecken lassen, wen er will, man befindet sich außerhalb der Wirklichkeit und mitten in einem
Kinderspiel, das kein psychologisches Interesse hat.

Das seelische Interesse des Gedichts sammelt sich fast
ausschließlich um die Entwickelung von Alroy's Charakter.
Kaum hat er gesiegt und seine erste Aufgabe, die Befreiung Israel's, gelöst, als die Aufgabe selbst ihm unendlich gering vorkommt und er nach einem größeren Ziele
strebt; denn Niemand hat ihm widerstehen können und ganz

Westasien liegt zu seinen Füßen. Er will sich nicht damit
begnügen, Salomo's Tempel wieder aufzurichten; sein
Ehrgeiz ist nicht so leicht gesättigt, er will ein mächtiges
asiatisches Reich gründen. Salomo's Scepter! erschallt
es rings um ihn her; aber die, welche so sprechen, kom=
men ihm schon engherzig und bigott vor. Ist Alroy's
Scepter nicht mehr als Salomo's Scepter? Sollten seine
Annalen wirklich so lauten: er eroberte Asien und benutzte
seine Macht, um einen Tempel zu bauen? Soll der Be=
herrscher Asiens zum Regenten über eine unbedeutende
Provinz wie Palästina herabsinken, zum tugendhaften
Patriarchen einer Hirtenhorde? Nein, Bagdad soll sein Zion
werden, das siegreiche Israel soll und muß sich mit dem
besiegten Ismael versöhnen, und trotz der Proteste aller
jüdischen Fanatiker mit Ismael gleichgestellt werden. „Eine
Universalmonarchie läßt sich nicht auf Sekten=Vorurtheile
und Ausnahmerechte gründen.“

Dieser staatsmännische Ehrgeiz stürzt Alroy. Der
israelitisch=religiöse Fanatismus, der ihn an seiner Spitze
zum Sieg erhob, kehrt sich jetzt mit tiefer Erbitterung gegen
ihn zur selben Zeit, wo er selbst an der Seite einer muha=
medanischen Sultanin in dem üppigen Bagdad die strengen
Zwecke und Vorsätze seiner Jugend vergißt. Der Sultan
von Karasme erschlägt ihn und erbt sein Reich und seine
Braut.

Es scheint, als ob Disraeli auf dem Boden Jerusalem's
nicht der Versuchung widerstehen konnte, sich einen Augen=
blick Kräfte, wie die seinigen, zu dem Zwecke angespannt
zu denken, das heilige Land dem auserwählten Volke zu=

rückzugeben; als sei er aber beim Durchphantasiren und Durchdenken dieser Aufgabe schnell zu dem Resultat gekommen, daß ein Ehrgeiz im großen staatsmännischen Stil niemals Nahrung bekommen könne, wenn er sich in den Kampf für eine Herrschaft von so geringem Umfang und Gewicht verrenne. Er sah ein, daß, selbst wenn der Phantasie gestattet würde, alle Verhältnisse nach Wunsch zurecht zu legen, eine Thatkraft, wie die seine, niemals einen anderen Tummelplatz als auf dem Boden einer Großmacht in Europa finden könne. Und was war nicht hier, seit seiner Abreise und während er im Orient über die Thaten von Sagenhelden phantasirte, geschehen!

In Frankreich hatte die Julirevolution eine Monarchie gestürzt und einen viel umhergetriebenen Odysseus auf den Thron gesetzt. In England stand unter allgemeiner Gährung der Gemüther eine nicht weniger tief eingreifende Umwälzung im Begriffe, durchgeführt zu werden, die Revolution in der Verfassung Großbritanniens, welche durch das Reformgesetz bezeichnet wird.

VIII.

Zu dieser Zeit gab es noch Salons in London, und einer der gesuchtesten war schon damals der Salon der bekannten Lady Blessington, einer Schönheit ersten Ranges, die von ihrem Schwiegersohn, dem Grafen d'Orsay, unzertrennlich war. Ihr Haus hatte ein gewisses vornehmes Bohémiengepräge, die Gräfin war schon lange von ihrem zweiten Gatten getrennt, die Gemahlin des Grafen d'Orsay hatte diesen nach zweijähriger Ehe verlassen und den Platz ihrer Stiefmutter geräumt, der Salon wurde nur von Herren besucht; aber er versammelte eine lange Reihe von Jahren hindurch so zu sagen alle die Männer, die ein großer ererbter oder erworbener Name zu den ersten des Landes machte. H. C. Andersen traf da im Jahre 1847 Männer wie Dickens, Bulwer und den ältesten Sohn des Herzogs von Wellington. Als Disraeli, im Jahre 1831, vom Orient zurückkehrte, wurde Lady Blessington's Haus eines derjenigen, wo er am meisten verkehrte.

In literarischer Hinsicht war die Farbe des Hauses die, Byron zu huldigen und sein Andenken zu ehren. Lady Blessington und Graf d'Orsay hatten in Italien die Bekanntschaft Byron's gemacht und seine Zuneigung gewonnen, besonders hatte d'Orsay, wie die Aufzeichnungen des Dich= ters zeigen, einen sehr günstigen Eindruck auf ihn gemacht. Lady Blessington machte es jetzt eine Zeit lang zu ihrer Aufgabe, den Verstorbenen gegen ungerechte Angriffe zu vertheidigen, und that dies ohne idealisirende Uebertreibungen. Schon dieser Ton mußte einen eifrigen Bewunderer Byron's, wie Disraeli, ansprechen. In Lady Blessington's Haus lernte er, wie es scheint, den einflußreichen Staatsmann Lord Lyndhurst, den späteren Schatzkanzler, kennen, dem er einige Jahre später seinen Roman „Venetia", eine Art Ehren= denkmal Byron's, widmete.

In politischer Hinsicht war Lady Blessington's Salon entschieden whigfeindlich. Graf d'Orsay war ein berühmter Karikaturenzeichner und seine Karikaturen gingen alle darauf aus, die Politik der Whigs lächerlich zu machen. Auch hierin sprach der Ton des Hauses Disraeli an.

Er war auf der einen Seite aristokratisch genug an= gelegt, um sich von der Torypartei angezogen zu fühlen, auf der anderen Seite eine hinlänglich revolutionäre Natur, um mit den Radicalen und den Massen zu sympathisiren, die Whigs aber waren ihm von Anfang an und absolut zuwider, und in keinem Zug hat er sein Leben hindurch eine solche Ausdauer als in seinem Antagonismus gegen sie ge= zeigt. Schon in „Popanilla" hatte er, wo er die Ver= fassung Englands in der Gestalt einer aus Gold, Silber und Eisen bestehenden Statue schildert, bemerkt, daß die eiserne Race (d. h. das eigentliche Volk), wenn sie nicht direct ihre eigene Sache durchführen könne, unumgänglich lieber

für Gold als für Silber stimmte, wenn die Rede davon
sei, die Statue Reparaturen zu unterwerfen. So früh ist
die Allianz zwischen den Tories und den Massen bei ihm
angedeutet.

Lady Bleffington war außerdem eine nahe Freundin
der Familie Bonaparte; H. C. Andersen fand noch siebzehn
Jahre später in jedem ihrer Zimmer ein Bild Napoleon's I.
Zu jener Zeit sah sie häufig in ihrem Hause die exilirten
Mitglieder der berühmten Familie, und ein merkwürdiger
Zufall führte so Disraeli beim Beginn seiner Laufbahn
mit zwei anderen Ehrgeizigen zusammen, die bestimmt
waren, eine bedeutende politische Rolle zu spielen, dem
Prinzen Louis Napoleon und dem Grafen Morny. Der
letztere war damals noch weit davon entfernt, die glänzende
Verhärtung entwickelt zu haben, die ihn zur Personification
des zweiten Kaiserreichs und zu dem Muster machte, nach
welchem Feuillet seinen Monsieur de Camors und Daudet
seinen Herzog von Mora zeichnete. Er schrieb kleine französische Liebeslieder, die er zur Guitarre sang. Doch
interessant ist es, sich Napoleon III. und Lord Beaconsfield
als junge Männer im selben Zimmer zu denken. Welche
Aehnlichkeit und welcher Gegensatz! Beide in ihrem Nichts
Träumer wilder Träume von der höchsten Macht, beide
imperialistisch-demokratisch angelegte Geister, beide sich in
den Gedanken hineinphantasirend, schon als Sprößlinge
eines ausgewählten Geschlechts erkoren zu sein. Aber zugleich
welcher Gegensatz zwischen dem (wie Sainte-Beuve satirisch
es nannte) „neben dem Purpur" geborenen Sohn der
Hortense, der, in Cäsar's Schatten aufgewachsen, nie den

Gedanken aufgab, zu der Herrlichkeit, in welcher seine Kindheit hinweggegangen war, zurückzukehren, und dem plebejischen Sohne Isaac d'Israeli's, an dessen Wiege es niemals gesungen worden war, daß er der anerkannte Führer des stolzesten Adels der Welt werden würde. Und welcher Contrast endlich zwischen der frühen Erschlaffung des ersteren und der unverwüstlichen Energie Disraeli's!

Es kann kaum zweifelhaft sein, daß das höhere Gesellschaftsleben gleich nach der Rückkehr von der langen Reise Disraeli wieder sehr in Anspruch genommen hat, scheinbar vielleicht eben so viel wie die Studien, mit welchen er sich für die politische Laufbahn vorbereitete. Der Gedanke, sich einen Beruf zu wählen, scheint nie bei ihm aufgetaucht zu sein; er hat kaum jemals daran gezweifelt, in seiner Zukunft ein Goldland zu besitzen. Ein junger Mann, der ein so festes und unbedingtes Vertrauen zu seinem Glücksstern hatte, konnte sich nicht lange bedenken, einige von den Gütern vorweg zu nehmen, welche das Steigen desselben bringen würde, und Disraeli hat sich vermuthlich früh zum Schuldenmachen gezwungen gesehen. Daß er von dem Augenblick ab, wo er den politischen Weg betrat, mit großen pecuniären Schwierigkeiten zu kämpfen gehabt, ist jedenfalls unzweifelhaft. Die Wahlausgaben waren enorm, die reguläre Bestechung, die erforderlich war, verschlang Unsummen; und, insofern es Disraeli betrifft, wurden all diese Ausgaben im Anfange der dreißiger Jahre obendrein immer vergeblich unternommen: so oft er sich stellte, folgte sein Fall. Als er es endlich erreicht hatte, im Flecken Maidstone gewählt zu werden, suchte er das nächste Mal nicht Wiedererwählung am selben Ort, wahrscheinlich weil er die Forderungen, welche die schamlose Geldgier seiner Wähler an ihn stellte, nicht zu befriedigen vermochte. Er stellte sich in Shrewsbury, und die beglaubigten Ausschriften von Urtheilen, die bei dieser Gelegenheit von seinen Gegnern veröffentlicht wurden, zeigen, daß er allein in den Jahren 1838—41 fünfzehn verschiedene Male wegen Schuldforderungen von 20 bis 700 Pfund, insgesammt für eine Summe von mehr als 20,000 Pfund Sterling vorgeladen und verurtheilt worden ist.

Das Gold übte auf Disraeli, von seiner frühesten Jugend an, eine große Anziehung aus. Je nachdem man seinen Gesichtspunkt wählt, kann man sagen, daß er tiefen Respect oder die äußerste Geringschätzung dagegen genährt hat. Er hat das Geld gering geschätzt, insofern er es immer als etwas betrachtete, daß nur haufen= oder tonnenweise eine Bedeutung habe; als Etwas, das ihm zukomme und unter seiner Hand sich absolut einfinden müsse und solle, sobald das Bedürfniß sich einstelle, dasselbe mit voller Hand auszustreuen. Und er hat einen abstoßenden Respect vor dem Gelde genährt, weil er eine solche Vorliebe für Reich= thum und den Luxus, der damit verbunden ist, besitzt, daß er sich das Leben nicht als lebenswerth ohne ihn denken zu können scheint; alle seine Schriften, ohne Ausnahme, drehen sich um steinreiche Männer und Frauen; Millionen und ähnliche hübsche runde Zahlen rollen von Seite zu Seite durch seine Romane; die wenigen Armen, welche darin auftreten, enden unumgänglich, wenn sie die Sympathie des Verfassers besitzen, damit, daß sie ein fabelhaftes Ver=

mögen gewinnen oder erben. Man pflegt Balzac als einen Romanschriftsteller zu betrachten, der auf dem Papier gern in Reichthümern schwelgt; aber im Vergleich mit Disraeli's Herzögen und Lords sind seine Grafen und Banquiers nur kleine Leute, Francs= gegen Pfund=Millionäre, und im Vergleich mit dem London, das Disraeli schildert, ist Balzac's Paris nur ein geputztes Armenhaus. Es rieselt in seinen Schilderungen wie von Wellen eines Goldstromes; es klingt und klirrt wie das Rasseln von Goldstücken, sobald man das Ohr an seine Bücher legt.

Heftig muß er ab und zu in seiner frühen Jugend das Entbehren jener Schätze, nach denen ihn verlangte, und die Sehnsucht nach dem hochgeliebten Metall gefühlt haben. Hat er bisweilen gespielt? Man kann kaum daran zweifeln. Er hatte sowol als Dichter, wie auch als Weltmann den Drang, Alles zu kennen, alle Gemüthsbewegungen und wenigstens einigemal Alles mitzumachen. Schon in „Vivian Grey" kommt eine Spielscene vor, die frühe Erfahrungen verräth; aber noch viel bedeutender ist die große, meister= haft ausgeführte Spielscene in dem „jungen Herzog". Sie ist so gefühlt, so erlebt, so durch und durch wahr, daß Disraeli nie später Etwas von ähnlicher Anschaulichkeit und alle Sinne überwältigender Macht geschrieben hat. Alle die Stadien der Gemüthsbewegung, welche der Held in den zwei durchspielten Tagen und Nächten erlebt, sind mit solcher psychologischen Feinheit wiedergegeben, daß sie nicht weniger interessiren, als die wechselnden Stimmungen in einer Liebesgeschichte oder während einer Schlacht. Man fühlt, wie das Spielen Anfangs ein Vergnügen ist, die

Lebensgeister erweckt, die Eßluft schärft, und wie es nach und nach zu einer Leidenschaft steigt, die jeglichen Sinn betäubt mit Ausnahme des für die schicksalsschwangeren Karten, die jede halbe Stunde frisch hereingebracht werden, während man die gebrauchten auf den Fußboden wirft. Ich citire eine Seite:

„Der Morgen des anderen Tages kam, und sie saßen noch da, mit den Füßen bis zu den Knöcheln in Karten vertieft. Sie dachten an dem Tag nicht an Frühstück, Niemand sprach wie Tags zuvor, selbst nicht zum Schein, davon Toilette machen oder das Zimmer auslüften lassen zu wollen. Die Luft war ganz gewiß heiß, aber sie paßte für so eine Spielhölle. Da saßen sie in vollständigem Vergessen von Allem mit Ausnahme des Spiels. Es war nicht Einer im Zimmer, der den Namen der Stadt, worin sie spielten, hätte nennen können. Da saßen sie, fast athemlos, mit einem Blick in ihren kannibalischen Augen, der den vollständigen Mangel an Fähigkeit, jetzt mit Andern zu sympathisiren, offenbarte. Alle geselligen Formen waren längst vergessen. Keine Schnupftabaksdose wurde mehr herumgereicht; die Affectation, gelegentlich eine das Spiel nicht angehende Bemerkung zu machen, wurde nicht mehr begangen. Lord Castlefort saß da, die Arme auf den Tisch gestützt; ein falscher Zahn war in seinem Munde los-gegangen. Seine Herrlichkeit, die zu jeder anderen Zeit höchst verdrießlich darüber geworden wäre, steckte ihn mit größter Gleichgültigkeit in seine Tasche. Seine Wangen waren eingefallen, er sah zwanzig Jahr älter aus. Lord Dice hatte sein Halstuch ausgezogen und seine Haare hingen

seidenglatt über seine unrasirten blutlosen Wangen hinunter.
Temple Grace sah aus, als wäre er vom Blitze gelähmt
und seine tiefen blauen Augen glänzten wie die einer Hyäne."
Der junge Herzog verliert in den achtundvierzig Stunden,
die das Spiel dauert, mehr als hunderttausend Pfund; aber
seine Mittel erlauben ihm das, und der Verlust übt nur
die Wirkung auf ihn, seine Spielerleidenschaft zu curiren.
Disraeli behauptet nicht nur, daß diese Leidenschaft zu den
am leichtesten überwindlichen gehört, sondern, daß Spielen
die Gewohnheit ist, die am häufigsten junge Männer zur
Selbsterkenntniß leitet, indem dieselben eben an dem Rande
des Unterganges ihr besseres Ich erwachen und sich kräftig
behaupten fühlen. Dieser letzte Satz scheint nicht vom
Verfasser auf Grundlage von fremden Erfahrungen nieder-
geschrieben zu sein.

Wenn man die beweglichen Worte liest, womit er im
Anfange von „Henrietta Temple" die Jugend davor warnt,
jemals einen angebotenen Credit anzunehmen, ohne sichere
Aussicht, das Geliehene zurückzahlen zu können, so fühlt
man, daß er es bisweilen als ein wirkliches Unglück betrachtet hat, Schulden zu haben. „Wenn junge Männer
wüßten", sagt er hier, „wie sie durch Empfang solcher An-
leihen Bande um sich legen, die in's Fleisch schneiden, wie
würden sie auf dem Wege zurückschrecken, wie bleich würden
sie werden! Wie würden sie zittern und die Hände aus
Angst vor dem drohenden Abgrund zusammenschlagen!"
Dieser Ausruf ist nicht weniger gefühlt, weil er — merkwürdig genug — sich aus einem Jahre vor dem datirt,
in welchem jener oben genannte Hagel von Schuldurtheilen

über Disraeli herabzuströmen anfing. Doch obschon gefühlt, enthält der Ausruf, nach meiner Auffassung, weit eher einen augenblicklichen Stimmungsausbruch und eine Warnung für weniger gehärtete und leichter verstimmte Seelen, als eine Betrachtungsweise, die Disraeli's gewöhnliche den Schulden gegenüber war. In seinen Romanen kommt eine ganze Reihe junger, verschuldeter Männer vor, von denen Keiner arbeitet — dazu sind sie in gesellschaftlicher Hinsicht zu hochgestellt —, die aber trotz der verschiedenen Schwierig- keiten, die ihnen ihre Creditoren bereiten, alle mit heiler Haut, ja reich und glücklich aus den Schulden heraus- kommen. Capitän Armine, der Held in „Henrietta Temple" wird ganz gewiß nicht wenig von den Geldsorgen, die er sich durch ein zu verschwenderisches Junggesellenleben zugezogen, gedrückt, er muß hartherzigen Wucherern demüthigende Besuche machen und Dienste von anderen Wucherern an- nehmen; er macht sogar eine kurze (übrigens mit Dickens'schem Humor geschilderte) Bekanntschaft mit dem Schuldgefängniß, aber die Ehe mit Miß Temple bringt ihm die Reichthümer Golconda's zum Ersatz. Egremont, der Held in „Sibyl", ist nicht im Stande, die großen Ausgaben bei seiner Parlamentswahl zu berichtigen, und hält sich wie Capitän Armine einige Zeit der Welt verborgen in einem kleinen Landhause auf; als aber seine Geliebte, die arme Sibyl, als hochadlige Erbin fürstlicher Güter zu Würden und Glanz kommt, ist seine Verlegenheit schnell vergessen. Jedoch nicht in dem Gefühlsleben dieser blonden Herren glaube ich Disraeli's eigenes wiederfinden zu können, sondern in dem Fakredin's, des mit dichterischer Meisterschaft geschilderten jungen Emirs in „Tancred", der immer in bodenlosen Schulden steckt und doch nie eine Unbequem= lichkeit darüber empfindet, im Gegentheil mit dem besten Humor seinen Gläubigern in den Hafenstädten längs der syrischen Küste kleine Freundschaftsbesuche abstattet.

„Fakredin war in seine Schulden verliebt; sie waren ihm eine stete Quelle von Gemüthserregungen, und er war ihnen dankbar für ihre stimulirende Macht. Die Wucherer Syriens sind ebenso geschickt und hartgesotten, wie die aller anderen Länder, und besitzen ohne Zweifel alle die ab= stoßenden Eigenschaften, welche einem unaufhörlichen Sich= anpassen gegenüber jeder edleren Regung entspringen. Aber anstatt sie mit Rachsucht oder Abscheu zu betrachten, studirte Fakredin sie unaufhörlich und fand in ihrer Gesell= schaft Befriedigung eines tiefen psychologischen Interesses. Seine eigene raubbegierige Seele genoß den Kampf mit ihrer Habsucht, und es reizte ihn, mit seinen Kunstgriffen ihre Fertigkeit im Betrügen zu beschämen. Es machte ihm Spaß, mit leuchtenden Augen und einem von Unschuld strahlenden Gesicht über ihre Schwelle zu treten, und wenn Alles am schlimmsten aussah und sie am grausamsten waren, sie vollständig zu überlisten."

Fühlt der Leser nicht Disraeli's eigenes Naturell in dieser Schilderung? Gerade so kann man sich's vorstellen, daß er seine Creditoren gezähmt und getummelt hat, tiger= artiger selbst, als die Tiger um ihn her. „O ihr meine geliebten Lebensgefährten!" sagt Fakredin von seinen Schulden, „euch verdanke ich meine ganze Kenntniß der menschlichen Natur." Zieht man den Spaß und die Ueber=

treibung davon ab, so zweifle ich nicht daran, daß Disraeli
selbst Aehnliches gefühlt, einen Genuß daran gehabt hat,
seine Fähigkeiten sich entwickeln zu fühlen und seine List ihre
Kraft gegen die Schlauheit Anderer versuchen zu lassen,
wenn es galt, Auswege zu finden, Ausdauer und Diplomatie
zu zeigen — bis ihm, wie seinen Helden, eine reiche Ehe
mit einer geliebten Frau über diese nur vorläufigen
Studien in der Vorhalle der politischen Intrigue hinweghalf.

Nicht allein in Fakredin's Verhältniß zu seinen Schulden
finde ich übrigens Aehnlichkeit mit dem Wesen des jungen
Disraeli. Es liegt im politischen Charakter des Emirs die
sonderbarste Mischung von erhabenem Streben und zwei=
deutigem Benehmen, von Glauben an die Idee und Glauben
an die Intrigue, und gerade dies ist das Eigenthümliche
für Disraeli in dem Augenblicke, wo er sich darauf vor=
bereitet, sich in die active Politik hineinzuwerfen. Fakredin
ist von dem Gedanken an die Reorganisation Westasiens
erfüllt; er wird bisweilen von dem Disraeli'schen Vertrauen
zur Macht der Idee oder der zur Phantasie redenden
Formel begeistert, im nächsten Augenblick tappt er aber
nach lauter kleinen Mitteln und Kunstgriffen umher. Bald
glaubt er voll und fest an die Zauberformelpolitik, daß
„ein Mann das Gebirge Karmel besteigen und drei Worte
sagen könne, welche die Araber nach Granada und vielleicht
noch weiter trieben"; bald kommt der Gedanke, daß eine
große religiöse Wahrheit auf's Neue von den Ebenen Meso=
potamiens ausgehen könnte, ihm allzu unwahrscheinlich vor,
und er denkt ausschließlich daran, durch welche Intriguen
er sich eine große fremde Anleihe oder Gewehre, ohne sie

zu bezahlen, verschaffen könne. Auf eine Weise, die nicht ohne Analogie hiermit ist, war Disraeli bei seiner Heimkunft nach England zwischen dem Wunsch getheilt, sich durch die Verkündigung einer großen einfachen Wahrheit, die dem Lande in seiner Krisis helfen könne, politisch geltend zu machen, und der Lust, Nichts durch unbesonnenes und unwiderrufliches Partei-Ergreifen zu vereiteln. Er konnte der Möglichkeit, sich vorwärts zu intriguiren, nicht entsagen. Er hat es indirect an einer Stelle in „Coningsby" gestanden, wo es heißt:

„Es ist kaum möglich, daß ein junger Mann das Studium der Geschichte jener zwei Jahre, die auf die Reform des Unterhauses folgten, ohne einen tiefen Widerwillen vor politischen Intriguen zu Ende bringen kann; es liegt etwas Blendendes in diesem Unternehmen, welches ihm einen gewissen Zauber für die Jugend verleiht; denn es appellirt gleichzeitig an unsere Erfindungsgabe und an unseren Muth, aber es sollte in der Wirklichkeit immer den Männern zweiten Ranges überlassen bleiben. Große Geister sollten ihr Vertrauen auf große Wahrheiten und große Talente setzen und sich durch sie allein den Weg bahnen."*)

Man hätte nicht dieses verschleierten Geständnisses bedurft, um zu wissen, welchen Reiz das politische Glücksspiel und die labyrinthisch verschlungenen Wege auf Disraeli in jenen Jahren ausübten. Seine ersten politischen Feldzüge sprechen laut genug davon.

---

*) Henrietta Temple 61. Tancred 370. Coningsby 66.

IX.

Es war im Jahre 1832, im großen Jahre des Reform=
gesetzes.

Der Widerstand, der von König William IV. und
seinen Toryministern anfangs gegen die Parlamentsreform
gerichtet worden, war bekanntlich schon im ersten Regierungs=
jahr des Königs 1830 gebrochen, und ein Whigministerium
von Lord Grey gebildet worden. Der Gesetzvorschlag, den
Lord Russel als Mitglied dieses Ministeriums im folgen=
den Jahre dem Unterhause vorgelegt hatte, nach welchem
erstens eine Menge der sogenannten verrotteten Burgflecken
(rotten boroughs) ihr Wahlrecht, das sie regelmäßig ent=
weder dem Höchstbietenden verkauften oder in fester Be=
soldung einiger Großen ausübten, verlieren, zweitens
das Wahlrecht vieler anderen kleinen Städte beschränkt
werden und endlich zum Ersatz 27 große Städte Reprä=
sentation erhalten sollten, war an dem heftigen Wider=
stand derer, gegen deren Vortheil er stritt, gescheitert, und
das Parlament war aufgelöst worden. Die Neuwahlen
gaben den Freunden der Parlamentsreform die Mehrheit im
Unterhaus, das Gesetz fiel jedoch abermals im Oberhause
durch. Diesmal erweckte aber die Verwerfung desselben

eine so stürmische Erbitterung im Lande, daß das Ober=
haus, als die Bill wieder vorlag, aus Furcht, seinen Ein=
fluß durch eine umfassende Ernennung neuer Peers ver=
nichtet zu sehen, den Widerstand aufgab, und endlich den
4. Juni 1832 ein Reformgesetz annahm, durch welches die
Zahl der Wähler in Großbritannien von einer factisch
äußerst geringen Zahl auf 300,000 gehoben wurde.

Nur wenige Tage, nachdem dieses Hauptereigniß in
Englands neuerer politischer Geschichte stattgefunden, und
bevor noch der erste Nachhall im Stimmungsleben des
Volkes sich gelegt hatte, am 13. Juni 1832, hielt Benjamin
Disraeli seinen Einzug in die kleine Stadt High Wycombe,
wo er sich zum ersten Male in seinem Leben zur Wahl
stellte. Seinem Princip getreu, die Aufmerksamkeit schon
durch sein äußeres Auftreten auf sich zu ziehen, fuhr er,
ausgesucht gekleidet, in einem mit vier Pferden bespannten
offenen Wagen in die Stadt ein, von einer Musikbande
und einem Trupp Bewunderer mit Fahnen begleitet. Er
grüßte zu den vollbesetzten Fenstern hinauf, und als er das
Wirthshaus „Zum rothen Löwen" erreicht hatte, schwang
er sich aus seinem Wagen auf das vorspringende Portal
hinauf und hielt dort stehenden Fußes mit größter Kraft
und Lebendigkeit eine stundenlange Rede, in welcher er die
Whigs mit gewaltsamen Sarkasmen geißelte — nicht weil
ihm das Reformgesetz zu liberal war, im Gegentheil, es ging
ihm nicht weit genug; er trat als Vollblut=Radicaler auf.

In den Schriften, welche er bis jetzt veröffentlicht hatte,
fand sich kein bestimmtes politisches Glaubensbekenntniß,
nur überall Spuren von dem, was man den Liberalismus

des guten Kopfes nennen könnte. Der Flecken, in welchem er sich stellte, war bisher durch Liberale mit einem Anflug von Radicalismus repräsentirt worden; er war wegen seiner Kleinheit von den umwohnenden Tory=Gutsbesitzern ab= hängig, die Conservativen waren aber in entschiedener Mino= rität und man konnte darauf rechnen, daß diese, welche das Reformministerium verabscheuten, lieber einem regierungs= feindlichen Radicalen, als einem Liberalen von der Farbe des Ministeriums ihre Stimmen geben würden. Ihre Organe unterstützten auch die Wahl Disraeli's. Politisch unbekannt, wie er war, hatte er versucht, sein Ansehen da= durch zu stärken, daß er sich Empfehlungsbriefe von den radicalen Parteiführern im Parlament verschaffte; er hatte auch wirklich zwei artige Briefe, den einen von Joseph Hume, den anderen von dem berühmten irischen Agitator Daniel O'Connell erhalten. Er ließ sie drucken und an den Straßen= ecken in Wycombe anschlagen. Er hatte den Verdruß, daß Hume, wie es scheint, aus Mißtrauen zu seiner politischen Principientreue, im letzten Augenblick sein Schreiben zurück= zog, behielt aber doch den mächtigen Namen O'Connell's als seine Bürgschaft. In seiner ersten Wahlrede trat er in Uebereinstimmung hiermit als der demokratische Plebejer auf. Das Reformgesetz sei nach seiner Ansicht durchaus kein definitiver Schritt; es sei nur ein Mittel zu einem großen Zweck. Er hoffte, daß Reformen jeglicher Art daraus entspringen würden, doch hoch über jeden andern Fortschritt stellte er die Verbesserung der Lage der Armen; sein Princip sei dies, daß die Glückseligkeit der Vielen derjenigen der Wenigen vorzuziehen sei. Er sei der Mann des Volkes, da er selbst „dem Volke entsprungen sei und Nichts von dem Blute der Plantagenets und Tudors in seinen Adern habe". Er sei froh, die Tories einmal auf der Seite des Volkes zu finden; die Tories müßten sich nun auf's Volk stützen, das Volk brauche sich nicht auf sie zu stützen. Er redete heftig gegen lange Parlamente, damals ein stehendes Thema der Radicalen, welche dreijährige Wahlen wünschten.

Sei es nun, daß man in den Regierungskreisen einen gefährlichen Feind in ihm spürte, oder daß der Zufall mitspielte: der Premierminister schickte seinen eigenen Sohn, den Obersten Grey, von zwei hohen Staatsbeamten begleitet, gegen ihn nach Wycombe, und das Resultat war, daß Disraeli zum ersten Male durchfiel. Kaum war dieser Ausgang bekannt gemacht, als er auf's Neue die Tribüne betrat und eine Rede hielt, die mit folgenden Worten schloß: „Die Whigs haben sich mir in den Weg gestellt und sie sollen es bereuen" — die früheste öffentliche Aeußerung der Sicherheit, mit welcher Disraeli im Augenblick der Niederlage es immer verstanden hat, bald durch einen Sarkasmus, bald durch eine Drohung, bald durch eine Prophezeiung die Macht über sein Schicksal wiederzugewinnen.

Noch in demselben Jahre veranlaßte die Parlamentsauflösung Disraeli, sich zum zweiten Male an die Wähler Wycombe's zu wenden. In seinem Briefe an sie spricht er sich mit der größten Bitterkeit gegen das aristokratische Whigministerium aus, welches durch das Reformgesetz Popularität zu gewinnen gesucht, während es gleichzeitig die Rechte des Volkes dadurch verkümmert habe, daß es seine ursprünglichen Versprechungen über geheime Abstimmung und dreijährige Parlamente brach). Aber sein Radicalismus ist schon hier mit Torysympathien gemischt; er beruft sich darauf, daß „der tüchtigste Staatsmann, der je gelebt hat", Lord Bolingbroke, obwohl ausgeprägter Tory, für dreijährige Parlamente war, und er tritt der Frage über seinen politischen Standpunkt mit dem verständigen, aber etwas zu selbstverständlichen Satze entgegen: „Ich bin ein Conservativer, insofern ich Alles bewahren will, was gut in unserer Verfassung ist; und ein Radicaler, insofern ich Alles entfernen will, was darin schlecht ist". Diese vorsichtigere Stellung brachte ihm von den Gegnern die Schimpfworte Tory=Radical und Radical=Tory ein, und bei der Abstimmung fiel er zum zweiten Male durch. Zum Verständniß des ersten politischen Auftretens Disraeli's ist es nothwendig festzuhalten, wie unbestimmt in Wirklichkeit der Unterschied zwischen den zwei kämpfenden aristokratischen Parteien war, und wie wenig die Whigs trotz ihrer Reformbestrebungen darauf Anspruch machen konnten als eine principiell freisinnige Partei betrachtet zu werden. Eine Menge verschiedener historischer Verhältnisse wie die Vereinigung der drei Staatstheile zu einem Reich, die religiösen Gegensätze, der Sieg des Adels über die Krone, das eigenthümliche Merkmal der englischen Aristokratie, daß sie immerwährend Elemente aus dem Volke aufnimmt, um wieder immerfort ihre jüngeren Söhne dem Volke abzutreten, hatte seit langer Zeit die Theilung der Macht zwischen zwei parlamentarischen Parteien veranlaßt, die nur darüber einig waren, daß sie wechselweise am Ruder sein müßten. Uebrigens hatte der Gegensatz zwischen ihnen sehr verschiedene Formen angenommen, bald war es Papismus gegen Protestantismus, bald Protestantismus gegen Glaubensfreiheit, bald Volkskönigthum gegen Oligarchie, bald kriegerische Tendenzen gegen friedliche, bald Nationalitätspolitik gegen Kosmopolitismus, bald Stillstand gegen Reform u. s. w. Einmal hieß es: die Tories glauben an das göttliche Recht der Fürsten, die Whigs an das göttliche Recht des Adels; später hatte man treffend gesagt: die Whigs werden freisinnig, um die verlorne Macht zurückzugewinnen, die Tories, um die erreichte Macht zu behalten. Erst nach dem Jahre 1830 fingen die Tories an sich conservativ zu nennen. Das Wort ist als Bezeichnung einer politischen Partei von neuem Datum und scheint zum ersten Male in Staatsschriften, die aus Rußland stammen und „Solidarität der conservativen Interessen" predigen, vorzukommen. Es ist nicht eben glücklich gewählt. Auf die Frage: conservativ oder nicht=conservativ giebt es in Wirklichkeit keine andere vernünftige Antwort als Disraeli's eben angeführte; denn es giebt keinen verständigen Mann, der in einer gegebenen Staatsordnung gar nichts verändert wünschte und ebenso wenig einen in dem Grade revolutionären, daß er nicht feste und dauerhafte Zustände als Resultat einer angestrebten Veränderung sehen möchte.

Gleichzeitig mit der Einführung der Ausdrücke „conservativ" und „liberal" bekam auch das Wort „radical" eine politische Bedeutung. Es soll zum ersten Male von Pitt im Jahre 1798 gebraucht sein, als er der Opposition vorwarf, daß sie eine radicale Reform des Parlamentes begehre. Radical ist der, welcher ein für richtig erkanntes Princip hat, rücksichtlich dessen er sich auf keinen Vergleich einlassen will. Der Radicalismus ließ sich also in England sehr wohl mit den alten Parteinamen vereinigen; es gab bald sowohl radicale Tories wie radicale Whigs, das heißt Politiker von beiden Parteien, die kein Compromiß eingehen wollten; außerdem natürlich eine eigentlich radical-demokratische Partei, die englische Zustände nach amerikanischem Muster umgeformt wünschte, die aber damals in der Regel sich damit begnügte, Forderungen wie heimliche Abstimmung und erweitertes Stimmrecht aufzustellen, Forderungen, die heutzutage fast alle erfüllt sind.*) Der Gerechtigkeitssinn nicht weniger als die Antipathie gegen die Mittelklassen mußte Disraeli zur radicalen Gruppe ziehen, deren Aussichten während der demokratischen Strömung, die durch das Volk ging, auch nicht schlecht schienen. Besonders war O'Connell eine Macht, mit welcher jede Partei rechnen mußte.

Als im Jahre 1833 eine Vacanz in Marylebone bei London einzutreten schien, trat Disraeli zum dritten Male als Candidat auf. Er schickte ein radicales Schreiben an die Wähler des Orts, in welchem er sich den Sprößling einer vom Gelde des Staates unbefleckten Familie nennt („untainted by the receipt of public money") und worin er — der zukünftige Patron der Landpartei — den Wunsch ausspricht, das ganze Steuersystem von einem parlamen-

---

*) In Hinsicht auf die Parteinamen und Parteistellungen in England um die Zeit des Reformgesetzes verweise ich auf Lothar Bucher's lehrreiches Werk: „Der Parlamentarismus, wie er ist".

tarischen Comité in der Absicht revidirt zu sehen, „die Industrie von den Lasten zu befreien, welche der Grundbesitz zu tragen geeigneter sei". Da die Vacanz nicht eintrat, gab Disraeli in seinem rastlosen Eifer, die öffentliche Aufmerksamkeit zu fesseln, jene vielbesprochene Brochüre „What is He?" heraus, die gewöhnlich, aber mit Unrecht, als der erste Schritt auf seiner Schriftstellerbahn bezeichnet wird. Sie enthält, was er in Marylebone hätte sagen wollen, erschien 1833, war lange aus der Welt verschwunden und existirt außer in einem Zeitungsauszuge nur noch in einem vom Britisch Museum unlängst erworbenem Exemplar.

Der Titel war schon sonderbar genug. Er wird durch das Motto des Titelblattes erklärt, welches den Einfall mit einem Buche über sich selbst in der Politik zu debutiren auf folgende ziemlich an den Haaren herbeigezogene Weise entschuldigt: „Ich höre, daß . . . . wieder in's Feld gezogen ist. Ich weiß nicht, ob wir ihm Glück wünschen sollen. Was ist er? — (Auszug aus einem Briefe von einer hochstehenden Persönlichkeit)". Unter der hochstehenden Persönlichkeit sollte Lord Grey verstanden werden.

Die Brochüre enthält das radicale Glaubensbekenntniß Disraeli's. Er erklärt hier, daß, bevor das Reformgesetz in Kraft getreten, die Regierung zum wenigsten den Vorzug gehabt hätte, auf einem bestimmten aristokratischen Princip zu ruhen; jetzt ruhe sie auf gar keinem. Einen Tory und einen Radicalen könne er verstehen, aber einen Whig — einen demokratischen Aristokraten — könne er nicht verstehen. Das aristokratische Princip sei nicht eben durch das Reformgesetz sondern durch die Mittel, womit es durchgeführt wurde, vorläufig ge-

stürzt; wenn die Tories daran verzweifelten, es wieder
aufzurichten, und ihre Behauptung, daß der Staat nicht
durch die gegenwärtige Maschinerie regiert werden könne,
aufrichtig meinten, so sei es ihre Pflicht, sich mit den
Radicalen zu verbinden und diese beiden politischen Spitz=
namen in den gemeinsamen, verständlichen und allein wür=
digen Namen: die nationale Partei, aufgehen zu lassen.
Er habe jedoch seine Gründe für den Glauben, daß das
aristokratische Prinzip nicht nur vorläufig gestürzt, son=
dern daß seine Restauration in Englands Regierung un=
ausführbar sei. Denn Europa befände sich in einer Ueber=
gangsperiode von feudalen zu föderativen Regierungs=
prinzipien. Die Empörung der Niederlande gegen Spanien
habe die Revolution in England unter Karl I. beschleunigt,
wenn nicht hervorgerufen; die Empörung der englisch=
amerikanischen Colonien habe die französische Revolution
beschleunigt, wenn nicht hervorgerufen; der Bewegung ließe
sich überhaupt kein Einhalt thun. Die Frage, die sich jetzt
erhebe, wäre also: „Welche ist die leichteste und natürlichste
Methode, das demokratische Prinzip zur Herrschaft gelangen
zu lassen?" und hierauf sei die Antwort diese: „Augenblick=
liche Abschaffung der siebenjährigen Parlamente, Einführung
heimlicher Abstimmung und unmittelbare Parlamentsauf=
lösung." Der Zustand Englands sei ein trauriger; bisweilen
schiene es fast, als ob der Verlust der colonialen Besitzungen
Englands eine Folge der steten inneren Streitigkeiten sein
müsse; man müßte indessen seine Hoffnung und sein Ver=
trauen auf den Volkscharakter und auf große Männer
setzen:

„Laſſet uns," ſchließt er mit gewohntem Selbſtgefühl, nicht einen Einfluß vergeſſen, der in dieſem Zeitalter der lärmenden Mittelmäßigkeit allzu viel unterſchätzt wird — den Einfluß des individuellen Charakters. Große Geiſter können ſich noch erheben, das wankende Steuer ergreifen und das Schiff durch die unruhigen Gewäſſer leiten, Geiſter, deren ſtolze Beſtimmung es vielleicht iſt, auf einmal die Ehre des Reiches und das Glück des Volkes zu ſichern*)."

Der Leſer wird die Lehre vom Uebergang des Lehns= princips zum föderativen Princip aus dem „Revolutionären Epos" wiederkannt haben; er ſah vielleicht mit Erſtaunen, daß Disraeli, der Führer des Toryadels, damit begann, die Zeit des ariſtokratiſchen Regierungsprincips für beendet zu erklären, aber er wird in dem unruhigen Blick, der auf Englands Colonien geworfen wird, im Haſſe gegen die Whigs und in der Lehre von der entſcheidenden Bedeutung des großen Individuums, Eigenthümlichkeiten bemerkt haben, die zu den bleibenden des Mannes gehören.

Der politiſche Charakter des folgenden Jahres war beſonders dadurch bezeichnet, daß die Noth, welche lange unter den engliſchen Pächtern geherrſcht hatte, eine ſolche

*) „A Tory and a Radical, I can understand; a Whig — a demo-cratical aristocrate — I cannot understand. — If the Tories indeed despair of restoring the aristocratic principle . . it is their duty to coalesce with the Radicals. — In conclusion I must observe, that there is yet a reason which induces me to believe that the restora-tion of the aristocratic principle in the government of the country is utterly impracticable. — It would sometimes appear that the loss of our great Colonial Empire must be the consequence of our prolonged domestic discussions. — — Great spirits may yet arise."

Höhe erreichte, daß der gesammte Bauernstand die Regierung anrief, irgend einen Schritt, welcher der Noth abhelfen könne, zu thun, obwol er gleichzeitig die verzweifelte Ueberzeugung nährte, daß von dem schlaffen Whigregiment Nichts zu erwarten sei. Das einst so populäre Reformministerium war nichtssagend geworden; seine Mitglieder waren nach und nach daraus zurückgetreten; selbst der Premierminister, Lord Grey, war von dem indifferenten Lord Melbourne abgelöst worden, und dieser war wieder seinerseits in Verachtung gesunken. Der Stern der Tories war im Steigen; ihr Führer, Robert Peel, wurde täglich ein einflußreicherer Mann und sie nahmen jetzt keinerlei Rücksicht mehr auf die Radicalen, da sie ihrer nicht länger bedurften. Unterdessen war die Landpartei ohne Führer, oder richtiger: sie hatte zum Führer nur einen völlig geistlosen Landedelmann, den Marquis von Chandos. Die Folge aller dieser Verhältnisse war, insofern es Disraeli betrifft, die, daß er eine Schwenkung machte. Er ließ seine radicalen Forderungen fallen, näherte sich der Landpartei, redigirte für sie eine Petition an das Parlament und machte endlich, da die Whigs gegen Ende des Jahres von der Regierung abtraten, einen großen Schritt zur Toryseite hinüber. Im December 1835 nahm er an einem Meeting in Aylesbury Theil, wo er, der noch vor Kurzem die Industrie als zurückgesetzt und zu Gunsten des Grundbesitzes beeinträchtigt bezeichnet hatte, es aussprach, daß „er immer der Meinung gewesen sei, daß in gewissen Ständen des Landes eine Verschwörung existire gegen das, was man mit einem Worte die Ackerbau-Interessen nennen könnte." Er redete über

den Marquis von Chandos mit einer Wärme, die lebhaft
an Vivian Grey's Begeisterung für den Marquis von
Carabas erinnert und gebrauchte zur Ehre seiner neuen
Partei so wenig geschmackvolle Wendungen wie diese, daß,
während keine Nation sich ohne Ackerbauer helfen könne,
denn diese seien als an das Land gebunden die eigentlichen
und geborenen Patrioten, „könnten die Fabrikanten in
Birmingham und Manchester, wenn sie Lust dazu hätten,
nach Belgien oder Frankreich oder Aegypten auswan=
dern." Der grobe Freskostil der Rede ist der gewöhn=
liche für die Meetings=Beredsamkeit auf dem Lande und ist
noch heutzutage englischen Politikern aller Parteien geläufig;
aber die Tendenz, die darin hervortritt, kann mit Recht
Verwunderung erwecken.

Zu demselben Monat trat Disraeli wieder als Parla=
mentscandidat in Wycombe mit einer längeren Rede auf,
welche unter dem Namen „The crisis examined" im Druck
erschien. Sie dreht sich um lauter unaufschiebbar noth=
wendige Reformen, finanzielle, kirchliche u. s. w., aber sucht
doch namentlich die Wähler für einen Anschluß an das
neue Toryregiment zu gewinnen. Disraeli bestrebt sich
eifrig, die Anschauung zu widerlegen, daß man aus den
Händen der Männer, welche dem Reformgesetz widerstrebt
hatten, keine Reformen annehmen dürfe; ja, er vertheidigt
schon im Voraus diese Männer gegen die Beschuldigung
eines Abfalls, wenn sie, nachdem sie die Reformbestrebungen
bekämpft, ihnen jetzt huldigen wollten.

„Die Sache ist, Gentlemen", heißt es hier, „daß ein
Staatsmann das Geschöpf seiner Zeit, ein Kind der Um=

stände ist. Ein Staatsmann ist wesentlich ein praktischer Charakter, und wenn er zur Macht berufen wird, hat er nicht zu untersuchen, was seine Meinungen über diesen oder jenen Gegenstand einmal waren oder nicht waren, er hat sich nur darüber zu unterrichten, was das Nothwendige und Nützliche sei ..... Ich lache darum über die Einwendung gegen einen Mann, daß er in einer früheren Periode seines Lebens einer anderen Politik als seiner jetzigen das Wort geredet hat. Was ich untersuche, ist einzig und allein, ob seine jetzige Politik gerecht, nothwendig und nützlich sei."

Es interessirt mich nicht, die abstracte Richtigkeit dieser offenherzigen Aeußerung zu discutiren, aber in psychologischer Hinsicht ist sie interessant; denn man kann im Voraus fest überzeugt sein, daß der, welcher so spricht, im Begriffe steht, eine politische Frontveränderung vorzunehmen.

Nach der apologetischen Einleitung zum Besten der Tories geht die Brochure zu einem Angriff auf das abgetretene Ministerium über, wovon ein Bruchstück als Probe der politischen Beredsamkeit des jungen Disraeli angeführt zu werden verdient:

„Das Reformministerium! so fährt man fort es zu nennen. Und doch war zuletzt kaum ein einziges Mitglied des berühmten Cabinets noch übrig .... Ich denke mir, daß mehrere unter Euch von Herrn Ducrow, dem gefeierten Gentlemen, der auf sechs Pferden reitet, haben reden hören. Welch ein bewunderungswürdiges Kunststück! Es scheint unmöglich, aber Ihr habt Vertrauen zu Ducrow. Ihr eilt hin es zu sehen. Unglücklicherweise ist eins von den Pferden krank geworden, und ein Esel in dessen Stelle an-

gebracht. Aber Ducrow ist doch bewunderungswürdig; da
ist er, in einer bunten Jacke auf Korksohlen herumhüpfend.
Die ganze Stadt ist wie toll danach, Ducrow zu sehen,
auf ein Mal sechs Pferde reitend. Aber jetzt haben noch
zwei der Pferde Schwindel bekommen und sieh! es sind
drei Esel statt ihrer da! Doch noch immer hält Ducrow
aus und noch immer annoncirt er dem Publicum, daß er
jeden Abend seinen Circus auf sechs Hengsten herumreiten
werde. Zuletzt sind die Pferde alle abgemattet, und jetzt findet
sich an ihrer Stelle ein halbes Dutzend Langohren. Welche
Veränderung! Siehe den Helden des Amphitheaters! die
bunte Jacke hat er nach der einen, die korkgesohlten Pan-
toffeln nach der andern Seite geworfen. Pustend, stöhnend
und schwitzend schlägt er eins der dummen Thiere, pufft
ein zweites, prügelt ein drittes, flucht einem vierten, während
eins gegen das Publikum sein Eselsgeschrei ausstößt, und
ein anderes in den Sägespänen der Arena alle vier Beine
von sich streckt. Ist dies nicht genau der abgetretene
Premierminister und das Reformministerium? Die feurigen
und schneeweißen Hengste haben sich nach und nach in eine
gleiche Anzahl schwermüthiger und stetiger Esel verwandelt,
und der Clown, der, dem Lordkanzler (Lord Brougham)
gleich), einst das Leben des ganzen Circus war, liegt jetzt
so lang er ist mitten im Sande; sein Witz ist erschöpft und
seine Flasche ist leer."

Die Rede hat die Breite und Derbheit, den vollständig
populären Charakter, den man in England von solchen
Actenstücken fordert, und man fühlt doch die Ausarbeitung
des geborenen Schriftstellers darin. Mit dem Witz und

dem Feuer, die in dieser Probe hervortreten, führte Dis=
raeli seinen ganzen Wahlkampf, und — fiel nichts desto
weniger bei der Abstimmung zum dritten Male durch).
Die vollständige Kälte, womit er immer solche Schläge des
Schicksals trägt, verleugnete sich ebenso wenig dieses Mal
wie je zuvor oder nachher. In einer Rede, die er vierzehn
Tage später bei einem politischen Diner, das zu seiner
Ehre gegeben wurde, hielt, sagte er mit der ihm eigenen
ruhigen Unverfrorenheit: „Ich bin durchaus nicht muth=
los; ich fühle mich in keiner Hinsicht wie ein geschlagener
Mann; vielleicht kommt es daher, daß ich an Niederlagen
gewöhnt bin. Ich kann fast sagen, wie jener berühmte
italienische General, der, als er in seinen alten Tagen ge=
fragt wurde, woher es komme, daß er immer siege, als
Ursache angab, daß er in seiner Jugend immer geschlagen
worden sei." Dies Selbstvertrauen, das mitten in der
Niederlage die Lorbeeren für künftige Siege anticipirt, ist
um so interessanter, als das Jahr 1834, welches politisch so
ungünstig für Disraeli auslief, ihm auch in literarischer Hin=
sicht sowol Spott wie Schaden eingetragen hatte. In die=
sem Jahre war das unglückliche Fragment des „Revolutio=
nären Epos" erschienen, hatte Fiasco gemacht und war selbst
im Parlament lächerlich gemacht worden. Wie wenig poe=
tischen Werth man auch diesem Bruchstück zuzuschreiben ge=
neigt sein mag, der Verruf desselben ist doch ein starker Beweis
dafür, daß hervorragende Männer, die es verstanden haben,
sich viele Feinde zu verschaffen, mit einer fast grausamen
Strenge verurtheilt werden, wenn sie einmal eine gering=
fügige Unvorsichtigkeit begehen. Nur in fünfzig Exemplaren

ließ Disraeli seinen epischen Versuch drucken, erst nach vollen
dreißig Jahren ließ er, um den vielen albernen Streitig=
keiten über den Inhalt desselben ein Ende zu machen, das
Fragment zum zweiten Male auflegen, und doch hatte dies
fast als Manuskript zu betrachtende Gedicht in der Zwischen=
zeit eine unheilvolle Rolle in seinem Leben gespielt als
immer bereit stehende Angriffswaffe gegen den Verfasser,
eine Waffe, die natürlich am häufigsten von solchen geführt
wurde, die das vielumstrittene Bruchstück nie mit Augen
gesehen hatten. Die aller Naivetät und Frische entblößte
Reflexionspoesie in „The Revolutionary Epic" konnte freilich
dem Dichter keine Herzen gewinnen, das Pathos des Ge=
dichts hatte die Unnatur, die bisweilen den hohen Stil bei
Disraeli so abstoßend macht, die Verse desselben waren
Alltagsgut. Fast symbolisch für die zweideutige politische
Haltung des Verfassers ist es, daß die zwei ersten Ge=
sänge, direct gegen einander gerichtet, die Vorzüge und
historischen Verdienste respective des feudalen und des födera=
tiven Systems aufrechnen. Ich hebe ein Paar bezeichnende
Züge hervor. In dem ersten Gesang wird der abstracte
Gleichheitsbegriff der französischen Revolution auf Grund
des Satzes angegriffen, daß ein Volkscharakter nicht fabricirt
wird, sondern durch langsame Entwickelung, deren natür=
liche Folge die Ungleichheit ist, entsteht. Bestände die
Menschheit aus Philosophen, so wäre die Gleichheit vielleicht
möglich; sowie die Menschen aber sind, werden sie mehr
durch Einbildungskraft als durch Vernunft regiert. In dem
zweiten Gesang werden, wie die Natur der Sache mit sich
führt, Tyrannei und Aberglaube in ihren schrecklichen Folgen

geschildert, das Wissen, das Macht ist, wird verherrlicht, die öffentliche Meinung als Tochter Lyridons, d. h. des föderativen Princips, besungen. Einen klaren Grund=gedanken hat das Bruchstück nicht; daß es auf Verherr=lichung des Geistes der Neuzeit angelegt war, ist unzweifel=haft; nichtsdestoweniger enthält es aber, wie schon aus der Anlage hervorgeht, trotz seines Revolutionstitels manchen Passus, der im reinen Torystil die Sache der Tradition, der erblichen Aristokratie und der Königsmacht führt und fast als Vorbote der lyrischen Ergüsse klingt, womit „das junge England", die spätere Nobelgarde Disraeli's, die Welt in Erstaunen setzte. Wo Disraeli z. B. aufrechnet, was den Charakter eines Volkes im Gegensatz zu dem einer Horde ausmacht, nennt er außer dem Ehrgefühl, der Gerechtigkeit, der Vaterlandsliebe u. s. w. „den mystischen Zauber, den die mondäugige Ueberlieferung webt, jene schöne Here, die ihren Liebestrank in unsere Herzen gießt", und mit fast pfäffischer Salbung fordert er noch, „einen gnadespendenden Thron, einen würdigen Adel, heilige Priester" über der Menge zu sehen, die er als ein Volk anerkennen solle.*)

Die vielen Niederlagen waren zum Theil dadurch ver=

---

*)   In multitudes thus formed
        A throne majestic yielding, and a band
        Of nobles dignified, and gentry pure
        And holy priests and reverend magistrates:
        In multitudes thus formed and highly trained
        Of law and arts, and truthful prejudice
        And holy faith, the soul-inspired race,
        I recognise a People.

urſacht worden, daß Niemand recht klug daraus werden
konnte, was der Verfaſſer des „Was iſt er?" denn
eigentlich ſei, Radicaler oder Tory, und Disraeli fühlte
täglich ſtärker die Nothwendigkeit, entſchieden Partei
zu ergreifen. Er ging denn über ſeinen Rubicon und
direct in's Torylager hinüber. Er hatte ſich früher in den
Weſtminſter-Reformclub gemeldet; er zog nun ſeine Mel-
dung zurück. Er hatte für geheime Abſtimmung geredet,
aber da dies gegen das Programm der Tories ſtritt, weil
die Gutsbeſitzer dann die Möglichkeit verloren, die Klein-
ſtädter bei den Parlamentswahlen zu tyranniſiren, ließ er
nicht allein ſeine Forderung fallen, ſondern ſprach gegen
ſie. Er hatte gegen die Tyrannei der Staatskirche in Irland geſchrieben, er verlangte jetzt ihre Aufrechterhaltung.
Er hatte O'Connell's Protection geſucht, er verſuchte es
jetzt, ſich an ihm zum Ritter zu ſchlagen.

Im April 1835 hatte Peel bei einer Abſtimmung die
Majorität gegen ſich, und ein Whigminiſterium war auf's
Neue von Lord Melbourne gebildet worden. Als ein Mitglied des neuen Miniſteriums Wiederwahl in Taunton
ſuchte, ſtellte ſich der unermüdliche Disraeli ihm entgegen,
und in der Rede, die er bei dieſer Gelegenheit hielt, verſuchte er durch eine ſcheinbare Offenheit und Unbefangen-
heit die Veränderung zu decken, die er eben mit ſeiner
politiſchen Stellung vornahm. Mit Hinweiſung auf ſeine
unveränderte Oppoſition gegen die Whigs rühmte er ſich
ſeiner politiſchen Feſtigkeit. Wenn er nicht länger Für-
ſprecher gewiſſer Maßregeln ſei, dann läge die Urſache
darin, daß ſie, ſeit die Torypartei ſich wieder erholt hätte,

nicht mehr nothwendig seien. Geheime Abstimmung habe
er z. B. nur darum gefordert, um den Städtern, die für
Mitglieder der Landpartei zu stimmen wünschten, ihre Freiheit zu sichern. (!) Nun bedürften sie keines derartigen
Schutzes mehr. Er redete weiter zum Besten der protestantischen Staatskirche in Irland; das Geschrei über den Druck
derselben sei im höchsten Grade übertrieben; wenn diese
Kirche wirklich eine so unerträgliche Plage sei, warum sei
dies denn erst so spät entdeckt worden? Er beschuldigte
die Whigs, welche die irischen Forderungen unterstützten,
daß sie Irland „die Protestanten zu vernichten" ermun-
terten; er warf ihnen mit bitterem Hohn vor, daß sie sich
nicht gescheut hätten, die blutige Hand O'Connell's zu ergreifen, um ein Bündniß gegen die Staatskirche zu schließen, und als die Worte „blutige Hand" Unwillen hervorriefen, erklärte er seine Aeußerung dahin, daß er selbstverständlich Mr. O'Connell nicht beschuldigte, in's Parlament mit bluttriefenden Händen zu gehen, sondern nur
behaupten wolle, daß seine Politik das Land mit Zerreißung
bedrohe und nicht ohne Bürgerkrieg zu realisiren sei. Nun
muß man wissen, daß nur genau vier Monate vergangen
waren, seit Disraeli in der mit dem Titel „The crisis
examined" herausgegebenen Reformrede gesagt hatte:
„Zwölf Monate dürfen nicht hingehen, bevor selbst das
Wort Zehnte (zur Staatskirche) in jenem Lande (Irland)
abgeschafft ist". Wol hatte er schon damals, wie immer
später, sich gegen die vollständige Aufhebung der irischen
Staatskirche ausgesprochen, „weil die Plünderung einer
Kirche immer nur einer Aristokratie zu Gute käme", aber

9*

er hatte den Dissenters allerlei große Einräumungen machen wollen; jetzt, als die irische Bevölkerung sich in einem Zu= stand der Verzweifelung befand und als die Verweigerung der Zehentgelder zu den fürchterlichsten Metzeleien auf Ir= land geführt hatten, Metzeleien, die gleichmäßig gegen Männer, Frauen und Kinder verübt wurden, stellte er sich aus Opposition gegen die Whigs auf die staatskirchliche Seite.

Wenn man sich des ersten Auftretens Disraeli's als O'Connell's Schützling erinnert, begreift man, wie er= staunt und erbittert der große Agitator wurde, als er we= nige Tage nach der Wahlversammlung die Aeußerung Dis= raeli's über seine „blutigen Hände" in einem Blatte las, in welchem die später versuchte Abschwächung des Aus= druckes nicht einmal mit aufgenommen war. Bei einer Zusammenkunft der irischen Trades=Unions in Dublin er= folgte die Antwort. In einer von Humor und Verachtung überströmenden Rede hob O'Connell hervor, daß dieser Mann ihn persönlich aufgesucht und sich radical genannt habe, als solcher einen Empfehlungsbrief gewünscht und erhalten, und sein Autograph für so werthvoll angesehen habe, daß er es drucken und als Placat habe anschlagen lassen, jetzt aber zum Dank dafür ihn als Mörder und Brand= stifter zu stempeln versuche: „Da er zwei (drei) Mal als Radicaler durchgefallen ist, ist er gerade der rechte Geselle für die Conservativen .... und jetzt preist er den König und die Kirche und schimpft auf die Radicalen ... Sein Leben ist eine lebendige Lüge.... Er ist der personificirte Conservatismus". O'Connell gebrauchte schließlich die Wen=

dung, daß Disraeli's Name auf jüdische Abstammung deute. Er erklärte es für thöricht, „jene große Nation, die Juden", zu unterschätzen; sie seien von Menschen, die sich selbst Christen nannten, grausam verfolgt worden, aber die grausamste Verfolgung bestände in der Verläumdung gegen sie. Er habe persönlich das Glück, einige jüdische Familien in London zu kennen und vollendetere Damen, humanere, mehr herzensgute, hochgesinntere oder besser erzogene Gentlemen als die, welche sich unter ihnen fänden, habe er niemals getroffen. Niemand würde ihn deswegen in Verdacht haben, als wolle er Disraeli um seiner Abstammung willen herabsetzen. Aber es gäbe auch unter den Juden schlechte Menschen, und es müßte ganz sicher einer von diesen sein, von dem Disraeli abstamme. Er besäße eben die Eigenschaften, welche den unbußfertigen Schächer, der am Kreuze starb, auszeichneten, von dessen Namen er bestimmt annähme, er müsse Disraeli gelautet haben.

Gerade in den Tagen, als diese Rede gehalten wurde, hatte O'Connell's Sohn Morgan O'Connell in London ein Duell für den Vater ausgefochten. Ein Lord Alvanley, der sich vom Agitator beleidigt meinte, hatte ihm eine Herausforderung geschickt, und da O'Connell, welcher in seiner Jugend das Unglück gehabt hatte, einen Gegner im Duell zu tödten, schon damals das Gelübde, sich nie mehr zu duelliren, abgelegt hatte, nahm der Sohn den Handschuh auf, der dem Vater hingeworfen worden.

Tags nachdem das Duell stattgefunden hatte, übrigens ohne Ungemach für den jungen O'Connell, wurde er

wegen der Rede des Vaters in Dublin von Disraeli ge=
fordert, der nicht meinte, auf andere Weise sich Genug=
thuung verschaffen zu können. Als die Herausforderung
zurückgewiesen wurde, griff Disraeli noch am nämlichen
Tage zur Feder und schickte der „Times" einen an O'Connell
gerichteten Brief, der durch seine energische Entrüstung und
die schlagende Kraft des Stils einen hohen Platz unter
seinen politischen Aeußerungen einnimmt. Er fängt damit
an, daß, obschon sein Gegner sich längst außerhalb der
Schranken der Civilisation gestellt habe, er, Disraeli, doch
fest entschlossen sei, sich nicht einmal von einem Wilden
ungestraft verhöhnen zu lassen. Er erklärt den Ausspruch
über O'Connell, welchen dieser ihm in den Mund gelegt
habe, für mißverstanden und ungenau referirt. Wäre es
O'Connell möglich gewesen, als ein Gentleman zu han=
deln, dann hätte er mit seinem Angriff so lange gewartet,
bis er sich Sicherheit verschafft, was wirklich über ihn ge=
sagt worden sei. O'Connell, nicht er, sei der Abtrünnige,
denn dieser stehe nun als Bundesgenosse der Whigs, während
er selbst jetzt wie zuvor ihr principieller Gegner sei. Er
habe nie O'Connell mit einem anderen Programm aufgesucht,
als daß die Whigs um jeden Preis aus dem Wege geräumt
werden müßten, und dieses Programm halte er noch fest.
Der Brief schließt mit folgendem Hohn über O'Connells
irische Pension und mit dieser kräftigen Drohung:

„Was Ihren Spott über meinen Mangel an Glück
bei Parlamentswahlen angeht, so lassen Sie mich daran
erinnern, daß ich an nichts Anderes als den gesunden Sinn
des Volkes appelliren konnte. Keine drohenden Skelette

agitirten für mich); es waren keine Todtenköpfe mit ge=
kreuzten Knochen in meiner Fahne. Auch waren meine
pecuniären Hilfsquellen eingeschränkt. Ich bin keiner jener
öffentlichen Bettler, die in den Kapellen Ihres Glaubens
mit zudringlichen Büchsen herumlaufen; ebensowenig bin
ich, wie gewisse Andere, im Besitz einer fürstlichen Ein=
nahme, welche von einer hungrigen Race fanatischer Sklaven
herstammt. Nichtsdestoweniger habe ich die feste Ueber=
zeugung, daß die Zeit nahe ist, wo ich glücklich genug sein
werde, meinen Platz in der stolzen Versammlung einzu=
nehmen, aus welcher Herr O'Connell zu scheiden wünscht.
Ich hoffe ein Repräsentant des Volks zu werden, bevor die
Union zwischen Großbritannien und Irland aufgelöst wird.
Wir werden uns bei Philippi begegnen, und seien Sie
dessen gewiß, daß ich im Vertrauen auf eine gute Sache
und auf eine nicht ganz unversuchte Energie, die erste sich
darbietende Gelegenheit ergreifen werde, Ihnen eine Züch=
tigung beizubringen, die Sie dazu zwingen wird, mit Reue
der Verhöhnung zu gedenken, die Sie jetzt hinausgeschleudert
haben gegen   Benjamin Disraeli."

Er fiel zum vierten Male in Taunton durch.

X.

Wenn Disraeli im Sommer 1835 auf seinen drei=
jährigen politischen Feldzug zurücksah, konnte er sich un=
möglich besonders wohl dabei fühlen. Erreicht hatte er
nicht viel mehr, als die Aufmerksamkeit auf sich als poli=
tischen Aspiranten hinzuleiten, und wie viele Demüthigungen,
Verluste, Niederlagen, Beschämungen hatte er erlitten! Zwar
war es überhaupt nicht leicht, in der politischen Kohlen=
grube zu arbeiten, ohne schwarze Hände zu bekommen; aber
wenn er auf seine Hände sah, konnte er doch unmöglich
ohne Mißbehagen entdecken, wie schmutzig sie in so kurzer
Zeit geworden waren — und selbst auf der Stirn hatte er
einige Flecken. Er fühlte sich O'Connell gegenüber nicht schul=
dig, denn dieser war, als Disraeli sich seiner Stütze bediente,
noch nicht mit seinen am weitesten gehenden Bestrebungen
aufgetreten, hatte sich noch nicht für die Losreißung Ir=
lands, die Aufhebung der Staatskirche, die Abschaffung des
Oberhauses ausgesprochen; aber er fühlte überhaupt das
Bedürfniß, sich in seinen eigenen Augen und denen seiner
Mitbürger zu reinigen, sich und Anderen das politische
System klar zu machen, dem er in der Zukunft folgen
wollte; und nach einsamem Grübeln, nach Gesprächen mit

Lord Lyndhurſt und anderen hervorragenden Toryführern, fing er an, ſeine Gedanken in Form eines Briefes an den genannten Staatsmann niederzuſchreiben, welchem er den etwas anſpruchsvollen Titel gab: „Vindication of the English constitution in a letter to a noble and learned Lord, by Disraeli the Younger.“

Viele Elemente wirkten zuſammen, um den politiſchen Grundriß, der ſo das Licht erblickte, zu Stande zu bringen; Unwille über die begangenen Fehler und das Bedürfniß, durch ein klares und offenes Ausſprechen Garantien zu geben, beſchleunigten das Wachsthum des Entwurfs; Jugendſym= pathien und frühzeitig eingeſogene Antipathien gaben ihm im Verein mit ganz friſchen Erfahrungen ſeinen Inhalt. Bei ſeinem leidenſchaftlich=energiſchen Charakter fühlte Dis= raeli einen heftigen Verdruß über das politiſche Schwanken, deſſen er ſich bei ſeinem erſten Auftreten ſchuldig gemacht hatte. Er hatte ſich die Möglichkeit einer unabhängigen Stellung außerhalb der beiden alten ariſtokratiſchen Par= teien gedacht; dieſe Möglichkeit war geſcheitert, und er wollte nun vor Allem mit der ganzen Kraft und Zähigkeit, deren er fähig war, ſich hinüber auf die Seite der Tories werfen, Partei ergreifen ſo, daß Niemand daran zweifeln könnte, daß Partei ergriffen ſei. Aber demnächſt wollte er ent= ſchieden ſeine perſönliche Freiheit bewahren und behaupten, alſo keineswegs die factiſch vorliegende Torypolitik als ein Dogma annehmen. Er wollte, nachdem es ihm unmöglich geweſen, als Radicaler durchzudringen, inſofern es ſich thun ließe, die radicalen Tendenzen mit ſich hinüber in's Tory= lager führen, und es gleich andeuten, daß das Allermeiſte

von dem, was für das Wesen der Torysache ausgegeben
würde, in Wirklichkeit nur Auswüchse derselben seien. Es
galt jetzt, wo die Aussicht dahin war, aus Radicalen und
Tories in Gemeinschaft jene eine, große, freisinnige und
nationale Partei zu bilden, für welche er in Wycombe ge=
redet hatte, zu zeigen, wie die Torypartei, wenn das Tory=
princip in seiner Reinheit aufgefaßt würde, schon an sich
diese freisinnige und nationale Partei sei. Die Aufgabe
mußte dann in der Zukunft die werden, die Partei zum
Princip zurückzuführen.*)

Die „Vertheidigung der englischen Verfassung" fängt,
wie man es von dem Verfasser Popanilla's erwarten konnte,
mit einem heftigen Angriff auf Bentham und seine Schule
an. Disraeli lehrt, daß die Gesetzgebung unmöglich auf
das Nützlichkeitsprincip begründet werden kann und höhnt
das verwandte Prinzip des größtmöglichen Glücks für die
größtmögliche Anzahl als Maßstab einer Gesetzgebung; nicht,
wie die Pessimisten heutzutage, weil er überhaupt nicht an
die Möglichkeit des Glücks glaubt — Männer wie Disraeli
sind geborene Ultra=Optimisten — sondern auf die gewöhn=
lichen Argumente der historischen Schule gestützt: Institu=
tionen müssen langsam wachsen und langsam geändert
werden; sie sind Resultate des ganzen Volkscharakters und
lassen sich als solche nicht über Nacht umformen; das
System, das für das eine Land paßt, schickt sich nicht für
das andere u. s. w., Wahrheiten, die Bentham durchaus

*) Ein Gegner hat über diesen Punkt recht epigrammatisch geschrieben:
We all know, that Mr. Disraeli has never believed that the function
of Conservatism is to conserve.

nicht übersah), als er gegen den Begriff des Rechtes der Verjährung den Begriff des Gemeinwohls stellte.

Die „Vertheidigung der englischen Verfassung" ist Vertheidigung des überlieferten aristokratischen Princips in dieser Verfassung. Disraelis erster Zweck ist der, die in jener Zeit gebräuchlichen Angriffe gegen das Oberhaus zurückzuweisen. Er versucht deshalb in jeder Hinsicht die Harmonie zwischen den Prinzipien, worauf dieses Haus basirt ist, und denjenigen, worauf das Unterhaus beruht, so darzuthun, daß das Oberhaus gegen den Vorwurf, als eine Anomalie dazustehen, in Schutz genommen wird. Er will beweisen erstens, daß das Haus der Lords nicht weniger repräsentativ ist als das gewählte Unterhaus, zweitens, daß dieses, wenn nicht im selben Umfange, doch auf ganz ähnliche Art wie jenes auf das Princip der Erblichkeit sich stütze.

Es wird für falsch erklärt, das repräsentative und das aristokratische Princip als Gegensätze zu bezeichnen; für falsch, vom Unterhause als vom volksthümlichen Haus im Gegensatz zum Oberhaus als dem aristokratischen Haus zu reden. Denn beide Häuser gehen, so lange die Verfassung kein allgemeines Stimmrecht kenne, aus privilegirten Klassen hervor, beide seien gleich volksthümlich und gleich repräsentativ. Der Beweis wird, falls man den Gedankengang zusammendrängt, ungefähr auf diese kühne Weise geführt: Repräsentation ist von Wahlen nicht abhängig; eine Kammer kann repräsentativ sein, obwohl sie nicht aus Wahlen hervorgegangen ist (wie z. B. die Presse Interessen und Ideen vertritt, obwohl die Journalisten nicht gewählt werden). Im Oberhause repräsentiren z. B. die Bischöfe die

Kirche, und dieselben, die oft (?) von den niedrigsten
Schichten der Bevölkerung emporgestiegen sind, bilden „das
am meisten demokratische Element unter den vielen volksthümlichen Elementen des Oberhauses." Der ganze Unterschied zwischen den beiden Häusern beruht also auf dem
bedeutenden Unterschied zwischen der Mitgliederzahl in den
zwei politischen Klassen, aus welchen sie entspringen. Die
eine Klasse ist ein privilegirter Stand von 300,000 Indivi-
duen, die von Delegirten repräsentirt werden, weil sie zu
zahlreich sind, um selbst erscheinen zu können; die andere
ist ein privilegirter Stand von 300 Adligen, die sich in
Person einfinden.

Nachdem die Volksthümlichkeit des Oberhauses auf diese
sonderbare Weise behauptet worden, geht Disraeli dazu über,
das im Oberhause herrschende Princip der Erblichkeit auch
in der Zusammensetzung des Unterhauses aufzufinden. Er
ist der Ansicht, daß dieses Princip der erblichen Legislatur
der Felsen sei, worauf die ganze englische Constitution auf-
geführt worden, und dem sie den unhaltbaren Papier-Ver-
fassungen des Festlandes, besonders Frankreichs, gegenüber
ihre Stärke verdanke. Alle wüßten, daß das Oberhaus eine
Versammlung sei, wo das Recht, Gesetze zu geben, sich ver-
erbe; man vergesse aber, daß, was das Unterhaus betreffe,
das Recht, Gesetzgeber zu wählen, kaum weniger erblich sei,
und man übersehe, daß wenn nicht nominell, doch factisch
auch im Unterhause die Erblichkeit des Gesetzgeberamtes
Regel sei; der Repräsentant einer Grafschaft werde ja regelmäßig aus einer der ersten Familien des Ortes erwählt,
und zehn Jahre nach der Wahl führe ebenso regelmäßig

der Sohn dieses Repräsentanten auf der Wahltribüne als
seine Empfehlung an das Vertrauen der Wähler an, daß
er seinem Vater folge, das Erbtheil desselben antrete.

So ist denn dargethan, wie das Unterhaus das
Haus einer privilegirten und auf Vererbung sich stützen=
den Klasse, und wie das Oberhaus nicht dasjenige der
Aristokratie, sondern eine repräsentative und in mehreren
Hinsichten demokratische Versammlung sei, und Disraeli geht
jetzt mit leichtem Herzen zu seinem Lieblingsthema über,
dem Verderben, das von der Whigpartei ausgegangen sei.
Er versucht zu zeigen, daß die venetianische Verfassung
lange Zeit hindurch den englischen Whig=Staatsmännern
als Vorbild gedient habe, und daß diese seit der englischen
Revolution ununterbrochen ihren Plan verfolgten, den König
seiner Rechte zu berauben und ihn von einem englischen
Monarchen zu einem venetianischen Dogen zu reduciren.
Ihr Ziel sei immer eine Oligarchie gewesen, die gleich
absolut die Krone und das Volk beherrsche. Ihre Losung
sei zwar: bürgerliche und religiöse Freiheit; aber unter
bürgerlicher Freiheit verständen sie, daß der König Doge
würde, und unter religiöser Freiheit, daß die Staatskirche
sich zum Besten des fanatischen Puritanismus, mit dem sie
sich alliirten, auflöse. Die Tories dagegen, die sich zu der
unpopulären Losung „das Königthum von Gottes Gnaden"
hingedrängt sahen, seien ursprünglich die wahrhaft freisinnige
Partei gewesen, die durch Aufrechterhaltung der Königsmacht
die Freiheit der Massen sichern wollten. Die Schlagworte
wären schnell veraltet, die Torypartei hätte mehr, die Whig=
partei weniger volksthümliche und freisinnige Ansichten ge=

habt, als man aus den Losungsworten schließen könnte, und so sei die Möglichkeit schon im Anfange des 18. Jahrhunderts gegeben gewesen, daß die Torypartei einer Wiedergeburt unterzogen werde, die genau derjenigen entspräche, die jetzt im Werden begriffen sei. — Die Schilderung des Staatsmannes, dem die Partei diese ihre Reorganisation schulde, Henry St. John, Lord Bolingbroke, Disraeli's immer gepriesenes politisches Ideal, ist im hohen Grade interessant, weil sie deutlich genug sowol Bekenntnisse wie Versprechungen und den Versuch einer Selbstschilderung enthält:

„Der Mann, welcher der Partei Klarheit und System brachte, war Lord Bolingbroke, der jene feurige Einbildungskraft besaß, die mit ihrer unerschöpflichen Fruchtbarkeit einem großen Staatsmann und einem großen General eben so nothwendig ist, wie einem großen Dichter. Er war der begabteste Schriftsteller und der vollendetste Redner seiner Zeit, und besaß so die seltene Mischung von Eigenschaften, welche einen stetigen Einfluß auf die Gesinnung eines Landes möglich machen .... Er war aus Princip ein Gegner der Whigs, weil eine Oligarchie dem Genie feind ist. Es ist wahrscheinlich, daß er in den früheren Jahren seines Lebens über die Bildung einer neuen Partei gegrübelt hat — jener Traum, der in einem verwirrten und uneinigen Zeitalter von jeder jugendlichen Einbildungskraft geträumt wird, aber der bestimmt ist, in englischer Politik immer nur Traum zu bleiben. Da er indessen mit größerer politischer Erfahrung einsah, daß er nur zwischen Whigs und Tories zu wählen habe ....

begriff er, daß diese Wahl, trotz der Sympathie mit dem Volke, die man auf der einen Seite affectirte, und trotz der Bewunderung des Absolutismus, die man auf der anderen Seite zur Schau trug, in Wirklichkeit die Wahl zwischen Oligarchie und Demokratie sei .... und von dem Augenblick ab, als er dadurch, daß er Tory wurde, die nationale Sache zur seinen machte, opferte er sich absolut seiner Partei; all' die Energie in seinem proteusartigen Gemüthe ging in ihren Dienst auf ... er rottete aus dem Toryismus all' die absurden und verhaßten Lehren aus, die er gelegentlich adoptirt hatte, und entwickelte mit Klarheit seinen wesentlichen und bleibenden Charakter."

Bolingbroke hat eine Schrift „A patriot king" verfaßt, in welcher er den Gedanken äußert, daß der König und die Tory-Aristokratie sich mit den Massen verbinden sollten, um die Whigs und die Mittelclassen unterdrückt zu halten. Auf etwas ganz Aehnliches geht Disraeli's Brochure aus. Er war von Natur halb Volkstribun, halb Hofmann. Seine Sympathie galt der Armuth des Volkes und dem Glanz des Thrones. Man kann sich kaum eine weniger bürgerliche oder bürgerlich-aristokratische Natur vorstellen. Da sein dämonischer Ehrgeiz ihn nun zwang, entschieden zwischen der Tory- und der Whigseite zu wählen, wählte er darum die Torysache so, daß er schon im Augenblicke der Wahl sie zum Ausdruck für eine Allianz zwischen den Massen und der Krone umbildete, und daß sie auf diese Weise ein Ausdruck seiner eigenen angeborenen Sympathien ward.

XI

Disraeli war nun in die dreißiger Jahre eingetreten, und die Dreißiger bezeichnen für productive Geister in der Regel die allseitig wirksamste Zeit. Die Sonne der Leidenschaft steht dann im Zeichen des Löwen, und die Seele ist reich genug, um sowol Kampflust wie Traum= leben zu umfassen. Vor den Dreißigern geht viel Zeit in Leichtsinn und Unentschlossenheit verloren, man bildet sich ein, so viel Zeit zum Verlieren übrig zu haben; nach den Dreißigern wird das Phantasieleben häufig vom activen Streben, das alle Kräfte in Beschlag nimmt, aufgesogen. Aber in diesen ersten Jahren des reiferen Mannesalters ist die Seele zugleich jung und alt genug, um den freien Schaffenstrieb und die Thatenlust neben einander zu bewahren. Während Disraeli fortdauernd das politische Publicum durch eine ganze Reihe anonymer Ar= tikel gegen und für englische Staatsmänner, die er unter dem Titel „Briefe von Runnymede" in der „Times" ver=

öffentlichte, in Athem hielt, und während er durch die
vielen auftauchenden Beschuldigungen politischer Untreue in
eine leidenschaftliche Polemik mit der Zeitung „Globe" ver=
wickelt wurde, zog er sich in die friedlicheren Gebiete
der Poesie zurück und verfaßte die beiden einzigen seiner
Romane, in denen sich nur schwache Spuren von Politik
finden: „Venetia" und „Henrietta Temple".

„Venetia" ist ein Buch ganz besonderer Art, ein Ge=
misch von Phantasie und Wirklichkeit, zu welchem selbst
die Dichtungen Disraeli's kein Seitenstück bieten, ein Ver=
such, in Romanform Charaktere und Schicksale zu behan=
deln, welche die ganze erste Generation von Lesern des
Buchs als zeitgenössisch kannten und die noch heutzutage
so bekannt sind, daß der Leser, wo die Darstellung der
historischen Wirklichkeit aufhört und die Hinzudichtung be=
ginnt, immer Unruhe und Verwirrung fühlt.

Wenn man weiß, wie tief Byron's Wesen Disraeli
ergriffen hatte, wird man leicht verstehen, daß die Ver=
kennung des großen Dichters ihm lebhaft zu Herzen ging.
Er sah mit Trauer, daß noch so lange nach dem Tode
Byron's die alten bigotten und engbrüstigen Verdammungs=
urtheile über ihn in der sogenannten guten Gesellschaft
Englands in Kraft standen, und er gab sich selbst das
Versprechen, dem abzuhelfen. Daß sein Privatleben nicht
so schön und glänzend wie sein öffentliches Leben gewesen,
war ein Umstand, der in Disraeli's Augen nicht den Werth
des Mannes vor der Nachwelt heruntersetzte. Es ist sogar
charakteristisch, daß Disraeli mit einer in England höchst

seltenen Vorurtheilslosigkeit durchgehends solche Männer als
groß oder bedeutend proclamirt hat, deren vorzügliche Eigenschaften der Haufe in seinem kleinbürgerlichen Moralisiren
über Fehler in ihrem Privatleben zu übersehen geneigt
war, so Lord Bolingbroke, Lord Byron, Graf d'Orsay.
Das Studium Byron's scheint Disraeli zum Studium von
Shelley, von welchem jenes unzertrennlich ist, geführt zu
haben; und obwohl Shelley's ätherische und heller flammende Natur ihm ferner lag, als Byron's blitzschwangere
Kraft, führte doch die Vertiefung in diese gleichzeitigen
Geister ihn dazu, sie Beide mit productivem Enthusiasmus
zu umfassen. Er wollte ein Buch schreiben, welches diesen
beiden großen Söhnen Englands die Bewunderung ihrer
Landsleute vindiciren, Byron die Herzen die er verloren
hatte, wiedergewinnen, und die Augen des Volkes dafür
öffnen sollte, was es in Shelley besessen und mit thörichter
Grausamkeit verworfen hatte. In den Mittelpunkt des Buches
stellte er ein junges Mädchen, schön durch Unschuld und
verborgene Energie, scheu und hochgesinnt, welches die beiden
großen Geister verknüpft, denn sie ist Shelley's Tochter und
Byron's Braut. Er schnitt das Leben Byron's in zwei
Hälften, die größere Gruppe der Byron'schen Fata: die
finstere Kindheit, das Verhältniß zur unvernünftigen Mutter,
das erste große Dichterglück in London, seine Vergötterung
dort, das Verhältniß zu Lady Caroline Lamb und den
Fall von der Würde des Löwen bis hinab zum Sündenbock legte er einem Jüngling, Plantagenet Cadurcis, bei,
den er in allem Wesentlichen mit Byron's Charakter und

Geistesrichtung ausstattete.*) Einzelne andere ebenso be=
kannte Byron'sche Schicksale, die unglückliche Ehe, die Tren=
nung kurz nach der Geburt einer Tochter legte er dagegen
dem älteren idealschönen und reformatorisch begeisterten
Dichter und Helden Marmion Herbert bei, in welchem er
Shelley's Charakter darstellte und auf den er Shelley's
Genie übertrug. Die stark idealisirte Lady Byron wird so
— verwirrend genug — Shelley's verlassene Frau, und
das junge weibliche Wesen, dessen Situation derjenigen von
Byron's Tochter Ada entspricht, wird Byron's Gespielin
und Tochter von Shelley — man muß während der Lec=
türe auf seinem Posten sein, um über den verwandtschaft=
lichen Zusammenhang klar zu bleiben. Und doch ist das
Buch gelungen. Es ist trotz aller hier übertretenen Regeln
der Aesthetik ein schönes, gefühltes, lebendiges Buch; es
ruht darüber ein guter Geist, es säuselt ein Freiheitshauch
durch seine Blätter.

Venetia war der Name, welchen Disraeli der Heldin
des Buches gab, zu Ehren der europäischen Stadt, die
seinem Herzen die nächste war, und die sowol von Shelley
wie von Byron so sehr geliebt worden. Sie wird von
ihrer einsam lebenden Mutter erzogen, ohne deren Schick=
sal zu kennen und ohne nach dem Namen des nie gekann=
ten Vaters fragen zu dürfen, von dem sie doch ahnt,
daß er noch am Leben sei. Da betritt sie eines Tages
ein immer verschlossenes Zimmer, sieht Marmion Herbert's

---

*) Man vergleiche G. Brandes: Die Hauptströmungen in der Li-
teratur des 19. Jahrhunderts, IV. 395.

lebensgroßes Bild, wird von dessen übermenschlicher Schön=
heit gepackt, findet Verse, die er in der Freude über ihre
Geburt geschrieben, und beginnt im Stillen für ihren un=
bekannten Vater zu schwärmen. Da ihr Jugendgespiele,
Lord Cadurcis, Byron's **alter-ego**, in den strengsten und
bornirtesten Tory=Anschauungen der damaligen Zeit er=
zogen, um ihre Hand anhält, und Venetia, obschon ihm
wohlgeneigt, seine Werbung mit dem Wunsche beantwortet,
vor Allem ihrem Vater leben zu können, veranlaßt ihn
seine verletzte Eitelkeit, dessen Namen mit Hohn zu über=
schütten; er nennt Herbert, d. h. Shelley, „einen Mann,
dessen Name mit Infamie gleichbedeutend ist"; kurz, er
gibt den Gefühlen Luft, welche er gegen Freidenker, Re=
publikaner, überhaupt gegen unmoralische Menschen hegt.
Da erhebt sich Venetia in ihrem Zorn: „Du hitziger und
unerzogener Knabe," antwortet sie, „Worte können nicht
den Ekel und die Verachtung ausdrücken, die Du mir ein=
flößest". Jahre vergehen, der junge Lord kommt nach
London, betrachtet das Leben mit den Augen des Genies,
und all' seine thörichten Vorurtheile, alle seine theologischen
Dummheiten fallen wie Schuppen von seinen Augen. Er
findet Marmion Herbert's Gedichte, liest sie mit Erstaunen,
Begeisterung, Bewunderung, Anbetung und wird sein ge=
schworener Schüler und leidenschaftlicher Anhänger, der ihn
lieber überbietet, als daß er vor einer Consequenz, welche
der große Landflüchtige gezogen, zurückschrecken solle. Als
er selbst gezwungen worden, England den Rücken zu keh=
ren, trifft er in Italien mit Herbert zusammen, gewinnt
sein Herz und die Liebe Venetia's; Herbert und seine Frau

werden versöhnt. Dann wird das paradiesische Glück, das Allen anzubrechen scheint, durch die Katastrophe des Buchs zertrümmert: das Loos Shelley's trifft die beiden großen Dichter; sie gehen mit ihrem Schiff auf einer Fahrt in der Nähe der toskanischen Küste zu Grunde.

Ist es nicht interessant, daß dieses Sujet das erste ist, welches unseren neubekehrten Tory reizt? Hat er nicht deutlich genug das Bedürfniß gefühlt, nach dem heißen politischen Kampf sich in den reinsten Gewässern der Poesie zu baden und es vor sich selbst und der Welt festzustellen, daß er durch seinen Uebertritt zur Toryseite keineswegs sich der Bornirtheit und Heuchelei „der dummen Partei" verpfändet habe? Er behielt sich sein Recht vor, die berüchtigten Tories Byron's ebenso energisch zu verachten, wie sie von jenem verachtet worden; sein Recht, die selbstlose Menschenliebe und den weltumfassenden Dichtergeist des Pantheisten Shelley zu preisen, obwol dieser noch immer, selbst vor den whigistischen Verfechtern der „religiösen Freiheit", als ein Mittelding zwischen einem Wahnsinnigen und einem Verbrecher dastand. War es ihm außerdem eine Befriedigung, jetzt, da er selbst aus politischen Gründen einen Uebergang vom Radicalismus zur Torylehre unternommen hatte, zu schildern, wie eine reich ausgestattete Seele den entgegengesetzten Uebergang von einem mit der Erziehung eingesogenen, bornirten Toryglauben zum großherzigsten und kühnsten Radicalismus unternahm? Ich denke mir, daß er so Etwas wie Wiederherstellung des inneren Gleichgewichts dabei gefühlt hat; eines Gleichgewichts, das bei leidenschaftlichen Geistern wol immer ein schwankendes ist, aber das Jedermann doch unwillkürlich sucht.

Der Roman „Venetia" ist ein kleines Meisterstück von Tact; er führt die Sache der zwei ungerecht Ausgestoßenen, ohne Jemandem unter den noch Lebenden zu nahe zu treten; er verklärt Lady Byron zu einer hochpoetischen Gestalt, während er inbrünstig Byron's Sache führt; er verurtheilt keinen einzelnen von den Feinden der zwei Dichter, nur „die verächtliche Coterie", die sich dazu aufgeblasen hatte, England zu bedeuten, in Englands Namen Byron auf die Flucht getrieben und ihn dadurch verleitet hatte, seine Pfeile gegen England zu richten, anstatt gegen ihre kleine jämmerliche Bande allein; nur auf Lord Melbourne, den Gemahl von Lady Caroline, fällt ein etwas komisches Licht; aber er war als damaliger Whig=Premierminister zum Opfer ausersehen.

Ferner ist „Venetia" ein poetisches Werk; es ist fein gefühlt, daß es einem Weibe, einer jungen, reinen und willenskräftigen Jungfrau zukam, die Vermittlerin zu sein, zuerst zwischen Byron und Shelley, dann zwischen diesen beiden auf der einen Seite und dem englischen Volke auf der andern. Goldhaarig und licht steht sie da als der willensstarke Genius der Liebe, der Alles versteht, Alles vergibt und mit seinem Finger längst vergangene Schuld aus dem Leben der Herrlichen auslöscht, die sie als Tochter und Braut bewundert und liebt. In „Venetia" allein hat auch Disraeli, dessen Verse sonst Vieles zu wünschen übrig lassen, es vermocht, lyrische Gedichte von nicht geringem Werthe einzulegen. Besonders gelungen ist das Gedicht,

welches Marmion Herbert in der Nacht, da Venetia ge=
boren wird, niederschreibt; es ist Shelley's nicht absolut un=
würdig, gewiß ein hohes Lob.

Endlich ist „Venetia" ein feines psychologisch=kritisches
Buch. Die zwei Dichter sind im Ganzen sowol lebhaft
wie richtig dargestellt, selbst ihre weniger hervortretenden
Werke, wie z. B. Shelley's Essays sind mit großer Feinheit
benützt und der Einfluß Shelley's auf Byron mit eindring=
lichem Verstande nachgewiesen. Ein allerliebster (und echt
Byron'scher) Humor ist über die Stellen verbreitet, wo
Byron seine Plagiate aus Shelley gesteht und lachend be=
kennt, daß er nicht einmal immer recht verstanden habe,
was ihm so wunderschön vorkam, daß er sich's aneignete.
Indessen läßt es sich nicht leugnen, daß man von Shelley
nur die allgemeinen Umrisse ohne die feineren physiogno=
mischen Züge findet. Byron ist ein Geist, mit dem sich Dis=
raeli auf demselben Niveau fühlte, Shelley war ihm zu über=
irdisch, und die Schilderung gelang nothwendigerweise in
demselben Verhältniß, in welchem das Verständniß sich der
Vollständigkeit näherte. Es gibt ein Gespräch in „Venetia",
in welchem ein alter braver Torybischof die zwei Männer
vergleicht. „Cadurcis," sagt er, „ist ein Weltkind, sein
eigenes Idol; alle seine Werke, sein ganzes Benehmen geht
darauf aus, die Menschen in Erstaunen zu versetzen." Es
liegt in dieser Aussage etwas Wahres, nur daß ein Stück
von Byron hier ausgeschnitten und zum Ganzen gemacht
ist, das Stück nämlich, welches Disraeli mit ihm gemein
hat. Auf das Bedenken Lady Herbert's, daß Cadurcis
ebenso aus der Gesellschaft ausgestoßen wie Herbert endigen

werde, gibt der Bischof die Antwort: „Er wird nicht wie
jener von einer visionären Idee, das Menschengeschlecht zu
bessern, geleitet. Der Selbsterhaltungstrieb wird ihm als
Ballast dienen;" wir können in diesen Worten, die vom
Verfasser nur als eines Bischofs bornirte Auffassung von
Byron gegeben werden, mit einer kleinen Veränderung eine
Charakteristik von Disraeli selbst sehen. Er vereint in sich
die Eigenschaften, die hier zwischen seinen Helden vertheilt
sind: die visionären Ideen und die Anbetung des Selbst
als Idol. Er fühlte sich, während er dieses Werk schrieb,
von den großen humanitären Visionen, die ihm von Westen
nach Osten und zurück gefolgt waren, erfüllt. Durch diese
Gesichte verstand er Shelley; er fühlte sich andererseits von
heftigem persönlichen Ehrgeiz und poetisch=politischer Kraft
beseelt, und durch diese Eigenschaften fühlte er sich mit
Byron's Geist verwandt. Aber noch ein drittes Element
war in ihm, ein Element, welches den beiden großen Män=
nern, mit deren Schicksal er sich beschäftigte, abgesprochen
werden muß: das war jener Selbsterhaltungstrieb, welchen
der Bischof mit Unrecht Cadurcis beilegt, denn Byron war
weit davon entfernt, diesen Trieb zu besitzen, der freilich
Disraeli selbst immer dagegen schützen mußte, mit halb=
verrichtetem Tagewerk auf dem Wege zum Ziele zu schei=
tern, wie lang und sturmvoll auch die Fahrt werden mochte.

„Henrietta Temple", der andere Roman, zu dessen
Ausführung Disraeli um diese Zeit schritt, hat zum zweiten
Titel „a love story" und entspricht seinem Titel. In diesem
Buch hat der Verfasser für dies eine Mal der Erotik, wie
er sie kannte und fühlte, die Zügel schießen lassen. Er hat

sie nothwendigerweise in all' seinen Romanen behandelt, denn ein Roman ohne Liebe ist bekanntlich ein Becher ohne Wein; aber erst in „Henrietta Temple" machte er die Liebesgeschichte zur Hauptsache. Man kann in der Schreibweise Disraeli's über das Weib und die Liebe drei Stadien unterscheiden. In seiner frühesten Jugend, in The young Duke zeigt er am meisten Beobachtung und Frische, viel Blick und überlegene Ironie; in seinem Mannesalter stellt er, selbst ganz ergriffen, die brennende bewundernde Verliebtheit zweier junger Wesen in einander dar und läßt Alles in einen großen Lobgesang über Eros aufgehen; auf dem dritten Stadium wird das Weib ihm ein höheres, mehr repräsentatives Wesen als der Mann, sie wird zum großen Symbol einer Idee, und er schildert sie und die Liebe zu ihr in dem Geist und Ton, der ihr entspricht, demjenigen der ehrfurchtsvollen Zärtlichkeit. So repräsentirt Sibyl das Volk und die Kirche, Eva (in „Tancred") das Judenthum und den Orient, Theodora (in „Lothair") Italien und die Freiheit der Nationen. Doch durch all' diese Entwickelungsstadien zieht sich als der wesentliche und tiefste Zug ein steigender, echt englischer Spiritualismus. Es liegt in diesem Spiritualismus augenscheinlich etwas Angeborenes — seine Seele hatte eher im inspirirten Orient des Arabers, als im wollüstigen des Hafis ihre Heimath — aber doch noch mehr etwas durch Anpassung an die Umgebung Erworbenes. Es fehlte ihm ursprünglich nicht an Sinnlichkeit der Phantasie; er hatte einen lebhaften Farbensinn, der sich gleichmäßig verräth, ob er in einer Fischhandlung an der rothen Farbe des Hummers neben dem weißen Bauch des Flinders oder an dem Spielen der Diamanten um einen weiblichen Hals auf einem Balle sich ergötzt; er war aber ein allzu naturloser Geist, ein allzu strebender, ununterbrochen in abstracten Plänen lebender Mensch um dem Sinnenleben eine schöne oder poetische Seite abgewinnen zu können. Er schildert nicht einmal die sinnliche Anziehung, als ein einzelnes Element in dem Erotischen, wie auch ein Spiritualist sie darstellen könnte, mit kalter Wahrheitsliebe, viel weniger also mit dichterischem Verständniß der Naturmacht. Denn er will vor Allem vom großen Publikum gelesen werden, als Salonschriftsteller von der Mutter der Tochter empfohlen werden. Darum läßt er die große naturalistische Bewegung in Englands Poesie über sein Haupt dahinrauschen, ohne irgend etwas Wesentliches von ihr zu lernen. Er eignet sich Nichts an von dem Naturgefühl Wordsworth's, Nichts von der sinnlichen Fülle bei Keats, Nichts von der ursprünglichen, den Anstand zertretenden Naturkraft Byrons. Die Entwickelungsstadien, die ich bei ihm in der Behandlung des Erotischen andeutete, sind Stadien der Entwickelung eines Salonschriftstellers, und bezeichnen fast noch mehr den Trieb Disraeli's, mit dem herrschenden Zeitgeist und dem englischen Geschmack sich in Uebereinstimmung zu bringen, als eine von der Außenwelt unabhängige Entfaltung des Talents. Man findet hier eins der vielen Beispiele seiner Fähigkeit, sich, obwol in gewisser Hinsicht unenglisch, völlig nach englischer Sitte, ja nach englischer Convenienz zu richten.

Unter Georg IV. war die Mode noch frivol; folglich berührt Disraeli in „Der junge Herzog" mit kühnerer und freierer Hand als jemals später die bunten Seelen= und Culturzustände, welche die leichtfertige oder die illegitime Liebe hervorruft. Die Darstellung ist überlegen und äußerst vornehm, das Schlüpfrige entweder in Scherz oder in Tragikomik aufgelöst; aber die erotischen Verirrungen haben doch hier ihren Platz gefunden und sind nicht wie später bei Disraeli systematisch und absolut aus dem Leben der jungen Hauptperson ausgeschlossen. Er hat durch den späteren Rigorismus sich selbst als Dichter geschadet. Er hatte einen Ton feiner und nachsichtiger Ironie solchen Phänomenen gegenüber, der sporadisch angebracht, in dem allzu pathetischen Pathos der späteren Liebesgeschichten wohlthuend gewirkt hätte. Ich führe als Probe einige Zeilen an über die Scenen, welche Lady Aphrodite, die Geliebte des Herzogs, ihm bereitet, als sie ahnt, daß er von dem Verhältniß zu ihr ermüdet ist.

„Sie brachte alle die Argumente, alle die Versicherungen vor, die, wie man sagt, unter solchen Umständen gewöhnlich sind: Sie sei ein Weib, er sei ein Mann. Sie habe all' ihr Glück auf diese Karte gesetzt, er habe tausend Karten zu spielen. Liebe und noch dazu die erste Liebe sei ihr wie jedem Weibe Alles; er habe als Mann selbst im schlimmsten Fall tausend Auswege. Er könne sich in die Politik vertiefen, er könne spielen, er könne in den Krieg gehen, er könne sich auf unzählige Weisen ruiniren, sie könne es nur auf eine einzige Weise thun. Armes Weib! Armes weibliches Geschlecht! Sie habe ihm Alles gegeben. Sie wisse, daß es wenig sei, sie möchte, daß sie mehr zu geben gehabt hätte! Sie wisse, daß sie seiner nicht würdig sei, sie möchte, daß sie seiner würdiger gewesen! Sie bitte ihn, nicht sich ihr zu opfern, sie wünsche es nicht einmal. Nur denke sie, daß er genau wissen müsse, wie die Sachen in Betreff ihrer ständen, und daß — wenn sie getrennt würden, und das würden sie gewiß — dann würde sie zweifellos zusammenbrechen, hinschwinden und sterben."

Es steckt ein gutes Stück Psychologie hinter der Schalkhaftigkeit dieser Schilderung.

In „Henrietta Temple" ist das Erotische in einem ganz anderen Stile behandelt. Der Preis der Liebe wird gesungen, die Allmacht der Liebe im vollsten Ernste verherrlicht, und diese Liebe ist jung, unschuldig und ihrer selbst sicher; all' die Hindernisse und Sorgen, womit sie ihren langen Kampf zu kämpfen hat, kommen von außen und vermögen es nicht, endgültig die beiden Liebenden zu trennen. Capitän Armine, der einzige Sohn einer armen adligen Familie, der im Vertrauen auf eine große zu erwartende Erbschaft auf Malta die lebensfrohe Existenz eines Dandy's führt, entdeckt eines schönen Tages, daß er vom Erblasser übergangen worden und daß seine junge schöne Cousine Universalerbin all' der Reichthümer ist, auf welche er sich Rechnung gemacht und mit welchen er seine Schulden zu bezahlen beabsichtigt hatte. Er kommt nach England, sieht seine Cousine, findet sie liebenswürdig und braucht selbst — hübsch und männlich, wie er ist — nur sich zu zeigen, um Gegenstand der wärmsten Gefühle des jungen mit der Welt unbekannten Mädchens zu werden. Die Eltern und die Umgebungen spornen ihn an, der Ge-

danke an Schulden und Unehre mahnt noch stärker, und
Armine verlobt sich, ohne einen Schimmer von Liebe zu
spüren, mit Katharina Grandison. Kaum gebunden begegnet er Henrietta Temple, einem jungen unvermögenden
Mädchen, deren Schönheit und Anmuth ihn augenblicklich
so bezaubert, daß er nur noch den einen Wunsch hegen
kann, wenn möglich ihre Hand zu gewinnen. Disraeli stellt
in dieser Veranlassung seine eigene, von ihm allerwärts
festgehaltene Theorie über die Entstehung der Liebe dar,
welche seiner tief eingewurzelten Vorliebe für das Plötzliche
und Effectvolle genau entspricht; sie lautet: „Es giebt keine
andere Liebe als die Liebe auf den ersten Blick." Alle
andere Liebe scheint ihm „das bastardartige Resultat von
Betrachtungen, Reflexion, Compromissen, Vergleichen, Nütz-
lichkeitsrücksichten." Man erkennt, lehrt er, diese einzige
Liebe daran, daß „unser prunkender Ehrgeiz" unter ihrer
Sonne welkt und schwindet und daß uns zu Muthe wird,
„als sei Ruhm ein Gaukelspiel und das Urtheil der Nachwelt eine Lüge." Wie schlagend sind in psychologischer
Hinsicht diese Worte! Um die rechte Vorstellung von der
Stärke des erotischen Gefühls zu geben, mißt Disraeli
es gegen die stärkste ihm bekannte Leidenschaft, den Ehrgeiz, und läßt die Liebe wenigstens momentan über diese
triumphiren. Und immer wieder legt er diesen Maßstab
an. An einer andern Stelle in „Henrietta Temple" heißt es
z. B.: „Revolutionen, Erdbeben, Regierungsveränderungen,
der Sturz mächtiger Reiche sind dem Liebenden so gleichgültig wie Kinderspiele, von denen ein männliches Gemüth
sich mit Ekel fortwendet." Die wiederholte Behauptung,

daß das liebende Herz nicht einmal bei dem Gedanken an die Politik klopft, verräth, daß Disraeli hier aus persönlicher Erfahrung spricht. Und „Henrietta Temple" ist überhaupt ein gefühltes Buch. Mag sein, daß Seufzen und Stöhnen, Superlativ und Fortissimo in allzu reichlichem Maß sich darin finden; es kleidet den Schriftsteller, der so gern vorübergehende politische Parteifragen als die Hauptfragen der Menschheit darstellt, sich zum Allgemein= menschlichen herbeizulassen, und wie hier sich nicht zu gut dafür zu halten, das Liebesgeplauder zweier Verliebten zu stenographiren oder uns ihre von Zärtlichkeitsäußerungen überströmenden Briefe zu zeigen. Auf diesem Muth, die Sprache der Liebe genau und ohne schriftstellerische Aus= schmückung, stenographisch wahr wiederzugeben, beruht die Originalität des Romans. Die Annahme war naheliegend, daß wir in einem „Buch der Liebe" von einem Schrift= steller wie Disraeli mit einer bloßen Liebe des Kopfes, mit lauter Bewunderung von der Seite des liebenden Mäd= chens für die Intelligenz des Geliebten geplagt werden würden; Disraeli ist ein zu guter Menschenkenner gewesen, um sein Buch mit solchen Surrogaten zu füllen. Es hat Wärme und Seele, und die Intrigue ist mit der leichten und festen Hand eines Politikers geschlungen.

Doch wird es nun auch hier als das erste Merkmal einer wahren Liebe bezeichnet, daß sie alle ehrgeizigen Vor= sätze des Mannes in's Vergessen zu bringen vermag, so ist doch dieses erste Symptom in seinen Schilderungen nie das bleibende. Der dauernde Einfluß, den die Liebe in seiner Darstellung auf das Gemüth des Mannes ausübt, ist, gerade umgekehrt — wie es auch bei diesem Schriftsteller zu erwarten war — die: den Mann zur That anzufeuern und zu inspiriren. In „Henrietta Temple" heißt es irgendwo: „Wenige große Männer giebt es, die nicht, wenn sie aufrichtig sind, die große Wohlthat gestehen würden, welche die Sympathien von Frauen in den früheren Jahren ihrer Laufbahn ihnen gewesen. Die im Voraus ahnende Bewunderung des Weibes ist es, die allein den schwermüthigen Dichter, dessen Genie erst weit später vom Geschlecht erkannt wird, entflammt, und er verewigt dann oft die Erinnerung an die zärtliche Geliebte, deren Güte ihn in den Tagen seiner Unberühmtheit tröstete. Wie manches Portefeuille wäre niemals gewonnen worden ohne den sanguinischen Geist und die treue Liebe einer Frau! Eine liebenswürdige, kluge und ergebene Freundin ist ein theurerer Schatz als Gärten und Paläste, und ohne eine solche Muse können wenige Männer Erfolg gewinnen und kann kein Mann zufrieden sein."

Hiermit stimmt es überein, daß in den Romanen Disraeli's das Weib meistens ein lebhaftes politisches Interesse hat, eine Sache, an welche sie glaubt, für welche sie lebt und brennt, und die ihr Geliebter in Englands Parlament vertheidigen soll. Richtet man die Frage an Disraeli's Romane: „Welches ist der glücklichste und stolzeste Augenblick im Leben eines Mannes?" dann geben sie mit leiser Stimme die Antwort; „Es ist die Minute, in welcher der Mann seine Angebetete beim Lesen der Rede überrascht, die er Tags zuvor unter allgemeinem Beifall im Parlament gehalten hat." In dieser Situation überrascht der junge

Herzog die anmuthige May Dacre und Charles Egremont die enthusiastische Sibyl. Und diese Situation kann wol als die Situation des Glückes selbst für Disraeli bezeichnet werden.*)

Wie brennend muß er sich nach dem Augenblick gesehnt haben, da dies Glück ihm vergönnt oder wenigstens die Möglichkeit dazu ihm geöffnet werde! Wie nahe war ihm oft dieser Augenblick erschienen, um wieder in ungewisse Ferne zurückzuweichen! Noch ein Versuch mußte gemacht werden, noch ein Versuch, den Fuß über jene ungastliche Schwelle zu setzen, über welche der Weg in das Reich des Glückes und der Macht ging!

---

*) The young Duke 176, 308. Henrietta Temple 78, 137, 174. Sibyl 337.

XII.

Im Jahre 1838 gab Disraeli sowol „Venetia“ wie „Henrietta Temple“ heraus, und im Juli desselben Jahres stellte er sich mit seinem politischen Gesinnungsgenossen, dem unbegabten aber steinreichen Mr. Wyndham Lewis, der 600 Pfund für seine vorige Wahl ausgegeben hatte, als Parlamentscandidat in Maidstone. Seine Anrede an die Wähler ist im reinsten Torystil gehalten; nur ist es bezeichnend, daß neben den altconservativen Aeußerungen über die Herrlichkeit der Staatskirche u. s. w. die leidenschaftlichsten Verurtheilungen des neuen Armengesetzes der Whigs stehen, welches auf ein Mal ein Verbrechen gegen die Moral und zugleich eine politische Dummheit genannt wird, und zwar haben diese heftigen Ausbrüche einen fast socialistischen Charakter. Als Grund seiner Opposition gibt Disraeli an, daß jenes Gesetz auf eine irrthümliche Auffassung der Rechte des Volkes begründet sei. Die Whig-Gesetzgeber seien davon ausgegangen, die Unterstützung der Armen sei eine Sache der Barmherzigkeit. Er und die demokratische Torypartei seien der Ansicht, daß die Armen ein Recht auf Unterstützung hätten. Das Land, das einmal den Klöstern ge-

hörte, sei factisch), wenn auch nicht dem Namen nach, Eigen=
thum der Armen gewesen; nachdem die „großen Familien"
es unter sich vertheilt hätten, sei die Unterstützung der
Armen Pflicht jener Familien geworden; so wurde die
Sache auch bis zum New=Poor=Law immer aufgefaßt. Das
neue Gesetz habe eine völlig berechtigte Verzweiflung unter
den Armen hervorgerufen; denn Armuth würde jetzt wie
ein Verbrechen durch Zwangs=Arbeit, selbst am Sonntage,
bestraft.

Die Argumentation des Redners ist, wie man sieht,
direct gegen die reine Manchester=Auffassung des Staates
gerichtet, ohne doch auf dem reinen Socialismus zu fußen.
Das Recht auf Unterstützung, welches der Arbeitslose hat,
wird nicht in abstracto auf ein Recht auf Arbeit, sondern
auf sein Recht zum Antheil an den früheren Gütern der
katholischen Kirche gegründet. Doch während Disraeli so
in socialer Hinsicht die Partei der niedrigsten Klassen er=
griff, ließ er sie politisch völlig im Stich. Ihm gegenüber
stand einer der besten und ehrenhaftesten Männer der radi=
calen Partei, der Obrist Thompson, ein Freund Bentham's,
der die Forderungen festhielt, welche Disraeli kurz zuvor
selbst gestellt und nun aufgegeben hatte, nämlich heimliche
Abstimmung (zum Schutz der politischen Selbständigkeit der
Armen und Abhängigen) und das Recht der Arbeiter zur
Repräsentation: Forderungen, deren Erfüllung nur ver=
zögert, nicht verhindert werden konnte, und die heutzutage
verwirklicht sind. Thompson fiel durch, Wyndham Lewis
und Disraeli wurden gewählt.

So war das Ersehnte endlich erreicht; erreicht nach den

Anstrengungen voller fünf Jahre, nach fünf vergeblichen Versuchen und vier directen Niederlagen; das Ziel war erreicht, er war Mitglied von Englands Unterhaus.

Nun galt es, die nach so vielen fruchtlosen Sturmläufen gewonnene Position zu behaupten.

William IV. war im Juni 1837 gestorben. Am 20. November trat das aus Anlaß der Thronbesteigung der achtzehnjährigen Victoria neuerwählte Parlament zu einer Session zusammen, deren Hauptaufgabe es war, der jungen Königin eine Civilliste zu bewilligen. Man sieht also, daß die parlamentarische Wirksamkeit Disraeli's genau mit der Regierungszeit der Königin beginnt, deren persönliches Vertrauen zu gewinnen ihm in so hohem Grade gelingen, und die ihn zu jeglichem Ehrenposten erheben und ihm jegliche Ehrenbezeigung ertheilen sollte, die sein Herz nur wünschen konnte.

Disraeli ließ nur wenige Wochen vergehen, bevor er zum ersten Male seine Stimme im Unterhause erhob; er hatte ja O'Connell versprochen, daß sie sich bei Philippi begegnen würden, und O'Connell war eins der einflußreichsten Mitglieder des damaligen Hauses. Man weiß, welche Rolle die sogenannte „Jungfernrede" in England spielt; nach dem Eindruck, den sie macht, pflegt das Horoskop des neuen Mitglieds gestellt zu werden; mit einem Schlage kann es durch sie eine politische Größe werden, und umgekehrt hat man gesehen, daß Redner, die außerhalb des Parlaments geglänzt hatten und denen mit den größten Erwartungen entgegengesehen wurde, einen so kalten succès d'estime erhielten, daß sie sich spät, wenn überhaupt jemals, davon

erholten. Der Augenblick war also wichtig genug für Dis=
raeli; es war einer von denen, in welchen ein Mann fühlt,
daß er diesmal siegen müsse, daß dies Mal eine Nieder=
lage für zehn gelten werde.

Es war am Abend des 7. Decembers. Die Frage,
die discutirt wurde, war die sogenannte „Spottiswoode-
Subscription", eine von dem Buchdrucker der Königin in
Umlauf gesetzte Subscriptionseinladung, die eine Geldsamm=
lung zur Unterstützung der protestantischen und Bekämpfung
der katholischen Wahlen in Irland beabsichtigte. Mehrere
Parlamentsmitglieder hatten Beiträge gegeben ohne Rück=
sicht darauf, daß sie als künftige Richter über die Gültig=
keit der Wahlen hierdurch zugleich Partei und Richter
wurden. Die Whigs und die Radicalen griffen vereint
diese Sammlung als eine Verschwörung gegen die religiöse
und politische Freiheit Irlands heftig an. Die Tories ver=
theidigten sie nicht weniger leidenschaftlich als Waffe gegen
die Uebergriffe des Catholicismus, und einer ihrer Redner
richtete einen Angriff auf O'Connell als den Mann, „der
in Verbindung mit einem Priesterhaufen die irischen Wähler
zur Wahlurne triebe, um sie für ihren Gott stimmen zu
lassen". O'Connell antwortete mit einer energischen und
beißenden Rede.

Sobald er geendigt hatte, stand Disraeli auf.

Sein Anzug war vom gebräuchlichen so abweichend,
daß dieser schon Aller Augen auf sich zog; grüner
Rock, eine mit Goldketten bedeckte Weste, schwarze Binde
ohne Hemdkragen. Sein Aeußeres schien ebenfalls unengli=
lisch: ein leichenblasses Gesicht mit kohlschwarzen Augen

und langen gelockten Haaren. Man hatte von ihm als
von einem Charlatan gehört und war, noch bevor er
den Mund öffnete, zum Lachen und Hohn geneigt. Er
fing an:

„Ich hoffe, daß das Haus die milde Nachsicht, die
gewöhnlich dem zu Theil wird, der zum ersten Male um
dessen Aufmerksamkeit bittet, auf mich ausdehnen wird. Ich
kenne nichtsdestoweniger den kritischen Geist, der in diesem
Hause herrscht, gut genug, um zu wissen und zu fühlen,
wie sehr ich jener Nachsicht bedarf — deren nicht unwür=
dig zu sein ich dadurch zeigen will, daß ich verspreche, sie
nicht zu mißbrauchen."

Die Einleitung war nicht eben glücklich. Hier wurden
zum ersten Male höhnende „Hört! Hört!" gerufen. Er
fuhr fort:

„Das geehrte und gelehrte Mitglied für Dublin (O'Con=
nell) hat den vorhergehenden Redner beschuldigt, eine lange
ausschweifende, umhertappende, verwirrte Rede gehalten zu
haben. Nun, ich muß sagen — und ich kann versichern,
daß ich mit äußerster Aufmerksamkeit der Rede des geehr=
ten und gelehrten Mitgliedes folgte — daß er in diesem
Falle seinen Vorgänger zum Muster genommen zu haben
scheint. Denn es gibt kaum ein einziges Thema, das mit
Irland in Verbindung steht, welches nicht Platz fand in
des geehrten und gelehrten Mitgliedes rhetorischem Misch=
masch."

Ein neues und noch stärkeres Hohngelächter folgte.
Dieser geckenhaft aussehende, zweideutig bekannte Anfänger
wollte also wirklich schon in den ersten Silben, welche er

hervorstammelte, mit dem irischen Nationalhelden selbst anbinden, der, herkulisch von Wuchs, den Hut auf einem Ohr, dasaß und mit seinem breitesten Lachen dem Gegner gerade in's Gesicht sah. Von dem Augenblicke ab war die ganze irische Brigade im Haus, die O'Connell's nicht allzu wohlerzogene Garde bildete, fest entschlossen, kein Mittel, weder Zischen, noch Pfeifen, noch Lachen, noch laute Conversation, noch Trommeln mit den Füßen unbenutzt zu lassen, um den Redner aus der Fassung zu bringen. Disraeli fuhr fort; er entwickelte, daß der Zweck der Subskription nicht Angriff auf die katholische Kirche, sondern Vertheidigung gegen die politische Agitation dieser Kirche, Rechtsschutz für die protestantischen Wähler und Gutsbesitzer Irlands sei; in Irland sei es schon so weit gekommen, daß die Pächter eines Gutsbesitzers ihm geantwortet hätten, sie könnten ihm ihre Stimmen nicht geben, da ihr Priester es ihnen vom Altare aus verboten hätte. In der Rede selbst war nichts Lächerliches; aber die Stimme klang ungewöhnlich, die Bewegungen des Redners waren zahlreicher und heftiger als glücklich, und seine Zuhörer im Voraus gegen ihn eingenommen. Nicht einen einzigen Satz führte er zu Ende, ohne von Gelächter unterbrochen zu werden. Mitten in der Rede hielt er einmal inne und sagte: „Ich werde Sie nicht lange ermüden (Hört! Hört! und Lachen). Ich bin für die Schwierigkeit meiner Lage nicht unempfindlich (neues Lachen). Ich bin sicher, nach und nach die Aufmerksamkeit der geehrten Mitglieder zu gewinnen (stetes Lachen und Rufen: Zur Sache!); aber ich kann Sie versichern, daß ich, wenn Sie mich nicht zu

hören wünschen, mich ohne Klage hinsetzen werde." Er
fuhr wieder eine Viertelstunde fort. Der Lärm wuchs be=
ständig. Er sagte, als die Unruhe am wildesten schien:
„Ich wünschte, ich könnte das Haus dazu bewegen, mir
noch fünf Minuten zu gönnen," und wurde im selben
Augenblick von solch' wieherndem Gelächter unterbrochen,
daß er eine Pause von einigen Minuten machen mußte.
Er nahm, ohne die Fassung zu verlieren, den Faden wieder
auf. Er hatte das Unglück, eine linkische Wendung zu ge=
brauchen; er hatte sich selbst als Repräsentanten der jüngeren
Mitglieder des Hauses bezeichnet und sagte nun unmittel=
bar nach der Lachsalve, welche folgte: „Warum lächeln?
Warum mir dieses mißgönnen, mich nicht für einen Abend
in diesem Glauben bleiben lassen?" Das Gelächter wurde
so laut und allgemein, daß er auf's Neue pausiren mußte.
Er fuhr fort. Er zeigte, daß die Whigs, die gedroht, bei
der neuen Wahl eine überwältigende Majorität zu gewin=
nen, nur verloren hatten; daß der Toryismus, welchen sie
todt und so tief begraben genannt hatten, daß keine Gefahr
der Auferstehung vorhanden, jetzt den Kopf so keck wie
jemals erhob — als die Unterbrechungen ihn wieder über=
täubten. Er sagte ruhig: „Wenn die geehrten Gentlemen
finden, daß dies ehrliches Spiel sei, dann will ich mich
unterwerfen. Ich würde nicht so gegen Andere handeln,
das ist Alles, was ich sagen kann (Gelächter). Nichts ist
so leicht, als zu lachen." Er fuhr fort, und in einem an=
deren Ton; mit kühnen Bildern, mit beißendem Spott über
einen Whigminister und ein Whigmitglied, die er respective
als „den Tityrus des Schatzkanzleramtes" und „die geehrte

und gelehrte Daphne aus Liskeard" bezeichnete; er warf dem Minister vor, daß er Irland befreien wolle, um England zu fesseln und dazustehen mit den Schlüsseln Sanct Peter's in der einen Hand und —"

Er kam nicht weiter; so laut und gewaltsam und unaufhörlich wurde der Lärm und das Gelächter rings um ihn her; es war unmöglich, den Satz zu beenden. Jedes Mal, wenn er es versuchte, brüllte es, lärmte und schrie es von allen Bänken und Ecken, und lachte es auf ihn ein von den hohnverzerrten Gesichtern des Hauses. Da verlor er endlich die Fassung, welche er bisher so merkwürdig bewahrt hatte, und indem er einigen seiner lachenden Gegner gerade in's Gesicht starrte, hob er seine Hände empor und sagte (nach der Aussage eines Zeugen) mit einer ungewöhnlich starken und fast schreckenerregenden Stimme: „Ich bin durchaus nicht überrascht über den Empfang, der mir zu Theil geworden. Ich habe manche Dinge verschiedene Male angefangen und habe oft zuletzt Erfolg gehabt. Ich werde mich jetzt hinsetzen; aber die Zeit wird kommen, wo Sie auf mich hören werden."*)

Er setzte sich nieder, und die Wellen des Hohngelächters schlossen sich über ihm.

***

*) I am not at all surprised, sir, at the reception I have met with (continued laughter). I have begun several times many things (laughter), and I have often succeeded at last (Question). Ay, sir, I will sit down now, but the time will come, when you will hear me.

XIII.

Vae ridentibus! Ja wehe denen, die da lachen! Sie
sind im Voraus bestimmt, in Vergessen zu gerathen und
von dem, den sie verlachen, mit Füßen getreten zu werden.
Wehe den Lachenden, das heißt denen, welchen die Kraft,
wenn sie neu ist, immer als ein Gegenstand des Gelächters
erscheint, und die sie mit der rohesten aller Waffen, der
Fratzenschneiderei, vernichten zu können meinen. Sie sind
es, mit denen die neue Kraft am allerersten und leichtesten
fertig wird; denn unter ihnen, unter den Vorurtheilsvollen
und Bornirten findet jede emporgekommene Gewalt ihre
willenloseste Leibwache. Die, welche lachen, sind dieselben
wie die, welche Hurrah rufen, der Haufen des Nach=
trabs, der damit anfängt, Nichts zu verstehen, um damit
zu endigen, ohne eigenes Urtheil Alles zu bewundern.

Nur eine Woche nach seinem Fiasco redete Disraeli
zum zweiten Male (über eine die Literatur berührende
Frage, die Verfasserrechte den Buchhändlern gegenüber)
kurz, klar, und ohne gestört zu werden. Einige Monate
danach auf's Neue, kurz, einfach und mit demselben Re=
sultat. Mit hartnäckiger Festigkeit verschaffte er sich nach

und nach Gehör. Er redete über weniger wichtige Fragen, die er völlig beherrschte, und immer so präcise und kurz= gefaßt wie möglich), gab sich keine Blößen, forderte nicht heraus. So ein Jahr hindurch. Im Jahre 1839 fing er an, die Taktik zu ändern. Er redete über die wichtigsten Gesetzesvorschläge, sprach lange, häufig und oft heraus= fordernd, aber Niemand lachte. Man hatte sich an seine Form gewöhnt und eingesehen, daß er sich durch die un= articulirte Brutalität nicht zu Boden werfen ließe.

Unter den von ihm gehaltenen Reden kommen zwei mir bemerkenswerth vor, weil sie ein psychologisches Interesse haben und Hauptfragen berühren: seine Rede über das Schulgesetz Lord Russels und die, welche auf Veranlassung des sogenannten Nationalgesuchs gehalten wurde.

Der erste Gesetzesvorschlag galt einer geringen Sache, und ich verweile nur deshalb dabei, weil Disraeli durch seine Opposition dagegen zum ersten Male im Parlamente zu einer der großen prinzipiellen Fragen der neuen Zeit, dem Verhältniß zwischen Schule, Kirche und Staat Stellung nehmen mußte. Es gab damals in England zwei Er= ziehungsgesellschaften, die eine streng kirchlich, die andere freierer Natur; die Lehrer der letztgenannten konnten sich zu jeglicher Confession bekennen und die Schüler wurden auch in anderen Religionen als derjenigen der Staatskirche unterrichtet. Diese Gesellschaft pflegte jährlich eine Staats= unterstützung von 20,000 Pfund bewilligt zu erhalten, Lord Russell schlug vor, ihr ein für alle Mal diese jährliche Summe zu bewilligen. Gegen diesen unschuldigen und natürlichen Vorschlag erhoben die Toryführer aus religiösen Gründen eine leidenschaftliche Opposition. Gladstone, der damals noch Tory war, redete mit Heftigkeit dagegen, daß der Staat ein Recht habe, die eine wahre Religion im Stich zu lassen und es gutzuheißen, daß man in der Erziehung Wahres und Falsches auf gleichen Fuß stelle; die übrigen Tory= führer waren noch absurder und bornirter. Disraeli be= kämpfte den Vorschlag; als guter Tory konnte er nicht wohl anders thun. Bezeichnend ist es aber, daß er auf dieser politischen Entwickelungsstufe die Gelegenheit, die sich zur Parteinahme für oder wider die Religionsfreiheit als poli= tisches Prinzip darbot, zu ergreifen unterließ. Er sprach sich gegen den Vorschlag aus wegen des nicht besonders ge= wichtigen Grundes, daß es gegen das englische Prinzip der Selbstregierung streite, eine Art von Staatserziehung einzurichten. Die Begründung war um so weniger schlagend, als sie von einem prinzipiellen Gegner der Manchestertheorie kam, sie wurde aber deutlich genug nur zum Schein in's Feuer geführt, um eine Unklarheit zu decken. Disraeli fühlte sich, wie es scheint, an diesem Zeit= punkt noch von einigen radicalen Reminiscenzen an die Ver= pflichtung des Staates, absolute Gewissensfreiheit zu sichern, beschwert, und hatte noch nicht definitiv seine Lehre über die Staatskirche als die große Wächterin des semitischen Princips, die in dieser Eigenschaft die Erziehung des Volks in Händen haben müsse, formulirt. Der geborene Dissenter und frühere Fürsprecher politischer Dissenter=Rechte konnte unmöglich der religiösen Intoleranz als politischer Doctrin huldigen, andererseits konnte er das Princip der Confessionslosigkeit des Staates nicht gutheißen, ohne sich in die Reihe derer zu stellen, die den Glauben an die absolute Ueberlegenheit seiner Race dadurch zerstörten, daß sie dem Einfluß der Ideen und Lehren, die jene hervorgebracht habe und durch welche sie Europa noch immer beherrsche, entgegentraten. Es gab nur einen Ausweg aus diesem Dilemma, und das war der, den er bald einschlug. Er fuhr fort der politischen Gleichberechtigung gewisser Dissenters das Wort zu reden, doch nicht kraft des von ihm später sogenannten „zweideutigen Princips der religiösen Freiheit", sondern kraft der eigenthümlichen Auffassung des Christenthums, die ihm natürlich war. Die Katholiken waren schon emancipirt, übrig waren nur die Juden, und um ihnen gleiche Rechte mit den andern Bürgern des Staates zu verschaffen, brauchte er nicht zur Lehre von der Confessionslosigkeit des Staates seine Zuflucht zu nehmen, sondern berief sich darauf, daß sie, als Anbeter desselben semitischen Princips, dessen englische Repräsentantin die anglikanische Kirche sei, zur Kirche schon wesentlich mitgehörten; das Christenthum war ja nach seiner Ueberzeugung nur erweitertes Judenthum, „Judenthum für die Menge." Ausgeschlossen blieb dann freilich noch eine Klasse von Dissenters, die der Wissenschaft. Aber für diese interessirte er sich stets weniger. Die wissenschaftlichen Freidenker seien Ideologen und müßten dafür büßen. So weit er sie verstehe, repräsentirten sie arische Prinzipien und seien insofern seine entschiedenen Gegner. Ihnen die Erziehung anzuvertrauen, oder auch nur gleichen Antheil an der Erziehung zu geben, sei unmöglich. Das Volk müsse eine Religion haben, und wenn man ihm die eingeführte, höhere, asiatische Religion raube, würde es zweifellos ringsumher in Europa zu seinen alten abgöttischen Religionen der Heidenzeit zurückfallen. Summa summarum: die Kirche solle die Schule behalten und die verschiedenen Religionsbekenner gleiches Anrecht an **Mitwirkung** in dem politischen Leben haben — laut eines Prinzips, das die Religionsfreiheit ausschloß.

Die zweite wichtige Sache, über welche Disraeli im Anfang seiner parlamentarischen Wirksamkeit seine Stimme hören ließ, war die Nationalpetition der Chartisten. Man pflegt die Chartisten als die frühesten Socialisten Englands zu bezeichnen, und der Ausdruck paßt, insofern als das, was hinter der chartistischen Erhebung lag, eine Bewegung rein socialer Natur war, nur ist der Ausdruck weniger zutreffend weil die Chartisten erstens nur rein politische Reformen wünschten, zweitens durchaus nicht von abstract = rationellen Begriffen wie Menschenrechten und dergleichen ausgingen, sondern die Veränderungen in dem Wahlrecht und in der Organisation der gesetzgebenden Körper, die sie befürworteten, echt englisch als angeblich alte constitutionelle Rechte verlangten, oder so zu sagen, zurückforderten. Das gemeine Volk in England fühlte, seitdem der Aufschwung der Großindustrie durch die Maschinen das Verhältniß des Arbeiters zu seinem Handwerk, seinem Meister und seinen Kunden von Grund aus verwandelt hatte, eine tiefe und lebhafte Unzufriedenheit mit der vollständigen Abhängigkeit, worin es sich dem Kapital gegenüber befand, und einen daraus entspringenden Trieb zur Association in große Vereine, die die gemeinsamen Interessen behaupten könnten. Die Leiden der arbei=

tenden Klassen waren um so härter, als die Gesetzgebung die Regel des Laissez-aller noch nicht der geringsten Beschränkung in der Anwendung unterworfen hatte. Kein Parlamentsakt bestimmte damals ein Maximum der täglichen Arbeitsstunden in den Fabriken; die Arbeit der Frauen und Kinder war eben in den Strudel der freien Concurrenz mit hineingezogen worden, ohne daß humanitäre Rücksichten noch irgend ein die Ausnutzung einschränkendes Gesetz dictirt hätten, und der Lohn ging obendrein dem Armen fast immer nur gekürzt zu, da ein Theil desselben in Anweisungen auf Nahrungsmittel bestand, deren Preis von dem Mittler und Zwischenhändler willkürlich festgesetzt wurde. Als nun gleichzeitig die Verhandlungen und Agitationen wegen des Reformgesetzes, die den bisher von der Theilnahme an der Politik ausgesperrten Klassen neue Rechte in Aussicht stellten, die Gemüther des gemeinen Mannes in heftige Gährung versetzten, und als das definitive Reformgesetz, das hieraus hervorging, ähnlich wie das Bürgerkönigthum in Frankreich, die Erwartungen des vierten Standes im höchsten Grade getäuscht hatte, da war es natürlich, daß die sociale Unzufriedenheit die Form einer politischen Bewegung annahm, die sich zunächst auf Theilnahme an dem politischen Leben der begünstigten Klassen richtete. Das neue Armen-Gesetz erwies sich bald als die einzige Frucht, welche der Sieg der Whigs den untersten Klassen brachte, und diese Frucht war eine bittere. Die frühere Ordnung der Armenpflege war eine patriarchalische, ungeregelte gewesen: für den Unterricht der Armen wurde zwar schlecht gesorgt, die Unterstützungen flossen aber nicht spärlich den Nothleidenden, leider zu gleicher Zeit allzu häufig den Faulen und den Bettlern, zu. Die neue Ordnung war dagegen sparsam und regelrecht, aber kalt und hart. Sie wäre gerecht gewesen, wenn die äußerste Armuth immer nur die verdiente Strafe der Faulheit wäre, und dies schien fast die Auffassung der Gesetzgeber zu sein, denn der berechtigte und wohlgemeinte Krieg, den man gegen die Armuth führte, nahm sich in den neuen Gesetzen fast als Krieg gegen die Armen aus. Die Unterstützung wurde in der Gestalt von Aufnahme in Arbeitshäuser gegeben, wo Männer und Frauen, Kinder und Eltern von einander geschieden wurden. Selbst alte Ehepaare wurden beim Eintritt in's Armenhaus von einander getrennt, Mann und Frau sahen einander nur Sonntags von entgegengesetzten Seiten der Kapelle, und jeder Versuch, sich einander etwas mitzutheilen, wurde als Verstoß gegen die Disciplin bestraft; die tägliche Arbeit war hart und ununterbrochen, Raum und Lebensmittel allzu knapp zugemessen, Gefängnißstrafen häufig, obwol das Arbeitshaus schon an und für sich einem Gefängnisse glich. Unter diesen Umständen war es nicht zu verwundern, daß sich Arbeiterunruhen rings umher spüren ließen; die ländlichen Arbeiter rächten sich von Jahr zu Jahr häufiger durch Anstecken der Schober ihrer Gutsbesitzer, und Nachrichten über Zerstörungen von Ackerbau- und anderen Maschinen liefen im Jahre 1839 fast täglich ein. Die große Volksbewegung mündete endlich in die Ausarbeitung eines radikalen Gesetzentwurfs aus (the people's charter), in welchem allgemeines Stimmrecht, geheime Abstimmung, neue Eintheilung der Wahldistricte, jährliche Parlamente,

Diäten für die Parlamentsmitglieder („damit auch Männer der arbeitenden Volksklassen einen Sitz im Rathe des Landes erwerben könnten") gefordert wurden, lauter Dinge, die ganz gewiß nur höchst indirect dem Druck, unter welchem die Massen litten, abzuhelfen vermochten, die aber nichtsdestoweniger ihnen als die nächsten Mittel die Noth zu lindern vorkamen.

Die Führer verfaßten ein Gesuch an das Parlament und sammelten in kurzer Zeit nicht weniger als eine Million, zweihunderttausend Unterschriften. Der ursprüngliche Vorschlag des Hauptführers der Bewegung, Feargus O'Connor, lautete auf Ueberreichung der Nationalpetition „durch eine Deputation von 500,000 Männern, die sich in friedlicher und ordentlicher Procession, jeder Mann mit seinem Gewehr im Arm, zum Parlamentsgebäude begeben sollten." Statt dessen wurde auf weniger aufrührerische, wenn auch nicht weniger imponirende Weise am 14. Juni 1839 die Petition auf einem Triumphwagen, der von den Vertretern der Arbeitervereine in feierlichem Aufzuge begleitet wurde, nach Westminster gefahren. Es hatte sich als nothwendig erwiesen, eine besondere Maschine zu construiren, um die ungeheure Pergamentmasse in's Unterhaus hineinzubringen. Sie wurde hineingehoben und blieb als die stumme Vertreterin der Stimmen von zwölfhunderttausend Menschen auf dem Fußboden des Hauses während der Verhandlungen über die Arbeitersache liegen. Das Volk hegte keine Hoffnung, seine sämmtlichen Forderungen unmittelbar gutgeheißen zu sehen, aber was es gehofft hatte und was die radikalen Führer, die es leiteten und

denen es täglich schwerer wurde, die Massen von der An=
wendung körperlicher Gewalt zurückzuhalten, ihm in Aus=
sicht gestellt hatten, das war jedenfalls eine gründliche und
eindringliche Discussion der Wünsche der arbeitenden Volks=
klassen, ein Zugestehen der Existenz dieses großen Klassen=
interesses, eine Anerkennung der bald nachher so genannten
socialen Frage als eines unabweisbaren Problems,
dessen Lösung von jetzt an gesucht werden müsse. Was
wirklich eintrat, hatte keiner unter den Delegirten oder
Lenkern der Arbeiterpartei für möglich gehalten. Das
Nationalgesuch machte nicht den geringsten Eindruck. Es
wurde einem halbleeren Hause vorgelegt. Die hochmüthigen
Mitglieder des englischen Parlaments hatten es nur zu
einem geringen Theil der Mühe werth gefunden, sich über=
haupt nach Westminster zu begeben, um die Petition zu
verwerfen. Sie erregte die Theilnahme des Hauses weniger,
als die unbedeutendste Debatte in einer Parteiangelegenheit;
namentlich durch das leidenschaftliche Interesse, welches in
jenen Tagen eine Verhandlung über die Verfassung des
fernen Jamaica's erweckte, wurde sie völlig in den Hinter=
grund gedrängt. Von dieser Debatte blieb nicht ein ein=
ziges Unterhausmitglied fort und sie füllte den Zuschauer=
raum bis zum Dach hinauf. Während die Verhandlungen
über die Interessen einiger wenigen, reichen, halbfremden
Pflanzer in einer weit entfernten Colonie unter allgemeiner
Theilnahme Wochen ausfüllten, wurde das Verlangen des
großen angelsächsischen Volkes, sein von Hunderttausen=
den und wiederum Hunderttausenden so zu sagen mit dem
Blute der Nation unterzeichnetes Gesuch, in ein paar Stun=

den abgefertigt, und nach einer Discussion ohne Ernst und ohne Tiefe verworfen.

Nur ein einziger Redner im Hause sprach mit Sym=
pathie und auf eine zu dem Ernst der Sache stimmende
Weise über die Chartisten, das war Disraeli. Er führte
das agitatorische Benehmen der Arbeiterpartei auf die Agita=
tionen der Whigs zurück, als sie für das Reformgesetz
Propaganda gemacht hatten; die Chartisten seien nur bei
den Whigs in die Schule gegangen, und es sei deswegen
von den Liberalen höchst ungerecht, das Betragen der
Radicalen so leidenschaftlich zu verdammen; habe nicht zu
seiner Zeit ein Whigredner, der später Mitglied des Cabinets
wurde (Lord Brougham) den Rath gegeben, daß 100,000
Mann von Birmingham nach London ziehen sollten, um
die Reform zu begehren? Die allgemeine Unzufriedenheit
führte er auf das Reformgesetz selbst zurück. Er versuchte
bei dieser Gelegenheit wieder darzuthun, wie die Ver=
fassung des Landes früher deutlich auf einem aristokratischen
Princip geruht habe: sie räumte einigen Privilegirten große
Rechte ein und legte ihnen dafür gleichzeitig große Ver=
pflichtungen auf; mit der Herrschaft übernahmen sie zugleich
die Sorge für das Wohl der Massen. Durch das Reform=
gesetz sei eine neue Schicht der Gesellschaft der Macht theilhaft
geworden, und diese neue Klasse fühlte sich ihrem Wesen und
ihren Traditionen zufolge zur Ausübung socialer Pflichten
nicht verbunden. Das, worüber die Chartisten, ohne es recht
zu wissen, eigentlich sich beklagten, das sei das Regiment
der Mittelklassen, jener Mittelklassen, auf welche sich
die Regierung hauptsächlich stütze, und in welchen der

Kampf gegen die Ackerbau=Interessen sein Hauptlager habe. Der Aristokratie und den Korngesetzen seien die Chartisten nicht feind. Er schäme sich nicht zu sagen, daß, wie sehr er auch das Charter mißbillige, er mit den Chartisten sympathisire.*)

Eine wie aristokratische Wendung nun auch dieser Aeußerung gegeben war, erforderte es doch zu jener Zeit einen bedeutenden persönlichen und parlamentarischen Muth, um dieselbe vorzubringen. Disraeli wußte, wie sie aufgefaßt und ausgenutzt werden würde — ungefähr wie heutzutage eine Erklärung, mit der Internationale Sympathie zu hegen; aber er wies mit diesen Worten das englische Proletariat unzweideutig zu der Torypartei hin. Wenn man einen Be= weis für die Unaufrichtigkeit der hier ausgesprochenen, aller= dings sehr platonischen, Sympathie mit den Chartisten in dem Umstand hat finden wollen, daß Disraeli noch in demselben Jahr gegen heimliche Abstimmung und Kürzung der Parlamentsdauer, welche die Chartisten eben verlang= ten, seine Stimme abgab, dann insinuirt man, daß er persönlich einen Ausweg aus ihrem socialen Nothstand in der Erreichung politischer Rechte gesehen habe, während er augenscheinlich die entgegengesetzte Ueberzeugung nährte: deswegen sprach er auch von seiner Sympathie mit den Chartisten trotz seiner Mißbilligung des Charters. Wie er seine Worte verstanden haben wollte, legte er sechs Jahre später in dem Romane „Sibyl" deutlich genug an den Tag. Die Summe seiner Ansichten war diese: das gemeine Volk

---

*) He was not ashamed to say, however much he disapproved of the Charter, he sympathised with the Chartists.

hat Recht, wenn es sich unterdrückt und übervortheilt nennt; aber es hat in der Annahme Unrecht, daß der Toryismus ihm feindlich sei und den Zustand der Verkümmerung, worin es sich befinde, billige; es muß, um durchzudringen, die Einsicht erlangen, daß ihm Nichts mit seinen jetzigen Führern gelingen werde, und daß Niemand mit Ausnahme der Führer der englischen Aristokratie ihm helfen wolle oder könne. Man kann mit Grund die Richtigkeit dieser Ueberzeugung Disraeli's bezweifeln, aber nicht, daß sie die seinige sei.

Sogleich nach der Verwerfung des Nationalgesuchs brachen blutige Volksempörungen in Birmingham und andern Gegenden aus. Disraeli stimmte gegen die von der Regierung geforderte und erhaltene Bewilligung, dieselben mit Waffengewalt zu unterdrücken.

Ein Paar Monate nach seinem Auftreten in der Chartistenangelegenheit trat Disraeli in die Ehe. Er heirathete in seinem 35. Jahr die Wittwe seines im Jahre zuvor verstorbenen Kollegen für Maidstone, Wyndham Lewis. Mrs. Wyndham Lewis war mehr als zehn Jahr älter als er und besaß ein großes Vermögen; die sonderbar aussehende Verbindung wurde aber bekanntlich eine ungemein glückliche. Die Gatten scheinen einander angebetet zu haben; die Gemahlin Disraeli's nahm mit Interesse und Begeisterung an dem ganzen geistigen und politischen Streben ihres Mannes Theil. Ihre Hingebung und Seelenstärke werden von einer oft erzählten Anekdote illustrirt. Als ihr eines Tages bei der Abfahrt zum Parlamentsgebäude an der Wagenthür ein Paar Finger zerquetscht wurden, unterdrückte sie trotz unerträglicher Schmerzen jede Aeußerung der Klage, damit Disraeli, der an ihrer Seite saß, Nichts ahnen solle, und in der wichtigen Rede, die er eben im Unterhaus zu halten hatte, nicht gestört werde; sie hielt sich aufrecht, heißt es, bis zu dem Augenblick, wo ihr Gemahl aus dem Wagen gestiegen war; dann

fiel sie ohnmächtig in die Kissen zurück. Sie scheint eine
wenig höfisch gebildete, aber herzensgute und enthusiastische
Frau gewesen zu sein. Als Disraeli im Jahre 1868 für
seine eigene Person die Peerswürde ausschlug, bat er die
Königin, seine Frau zur Lady of Beaconsfield zu ernennen,
und sie trug diesen Titel bis zu ihrem Tode im Decem=
ber 1873. Erst drei Jahre später ließ der jetzige Lord of
Beaconsfield sich den entsprechenden Titel und Rang geben.

Die ersten Schritte auf der parlamentarischen Bahn
Disraeli's waren gethan; durch seine Ehe war seine sociale
Stellung gegründet; er sah sich jetzt nach Meinungsgenossen
um, nach einer Partei im engeren Sinne, d. h. nach einer
Gruppe von Aristokraten innerhalb der großen Torypartei,
die willig wäre, den Toryismus, wie er ihn definirt hatte,
aufzufassen. Active Gleichgesinnte findet ein hervorragender
Mann selten unter seinen Altersgenossen. Da die Ansichten,
die er hegt und verkündigt, die Zukunft vorausnehmen, so
findet er nothwendigerweise bei seinen Zeitgenossen ganz
andere Meinungen vor; es gehört selbst im günstigsten
Fall viel Zeit dazu, Männer, die sich einmal ihre Ansichten
gebildet haben, zu bekehren, und es nützt selten viel, da der
reifere Mann schon aus Vorsicht sich von einer im Werden
begriffenen Partei zurückhält. Der, welcher von vorne
anfangen will, ist gezwungen, sich seine Genossen selbst zu
erziehen; er ist deswegen, während er in seiner Jugend ge=
wöhnlich am liebsten die Gesellschaft derer suchte, die etwas
älter sind als er, jetzt auf die Gesellschaft der bedeutend
jüngeren hingewiesen. Sie sind empfänglicher, fassen

schneller und sind bisweilen bereit mit ihrer Person für das Erkannte einzutreten.

Nun war eben in jenen Tagen aus den englischen Universitäten eine kleine Gruppe junger Aristokraten, geborner Enthusiasten, romantischer Schwärmer hervorgegangen, die davon träumten, den alten Adelsgeist Englands und Frankreichs zu erneuern und von der Vorstellung, daß Adel verpflichtet, tief durchdrungen waren. Diese Jünglinge verabscheuten die zugleich oberflächliche und brutale Weise, auf welche die Reformation ihrer Zeit in England durchgeführt worden sei. Sie hätte eine geistige und sittliche Wiedergeburt sein sollen; sie war in ihrem äußeren Hervortreten dabei stehen geblieben, daß sie die Kirche all' der Schätze, die ihr gegeben und die von ihr in ihrer guten Zeit zu der Erziehung des Volkes und der Unterstützung der Armen verwendet worden, beraubte und die Beute der Whigpartei übergab — über welche Disraeli's Reden und Broschüren lehrten, daß ihr Zweck immer nur der gewesen, in England eine hocharistokratische Republik nach venetianischem Muster einzuführen, in welcher die Whigs zum eigenen Vortheil in gleichem Grade die Macht der Krone und das Vermögen des Volkes ausnutzen könnten. Diese jungen Adligen hatten den rückwärtsschauenden Hang zum Katholizismus, der in allen Ländern Europas als Consequenz der romantischen Geistesrichtung hervorgetreten ist; sie fanden das Leben der Gegenwart in seiner Formlosigkeit häßlich und sehnten sich nach den Formen, den Ceremonien und der malerischen Pracht der früheren Kirche zurück; sie trauerten über das kalte und gleichgültige Verhältniß, das sich zwischen dem Landedelmann und seinen Bauern entwickelt hatte, über das Verschwinden der Volkstrachten und der alten naivländlichen Sitten; sie zürnten, wenn sie die alten gothischen Abteien als Ruinen daliegen sahen, von welchen man einen Stein nach dem anderen für den Bau kasernenartiger Fabriken wegschleppte; sie erinnerten sich mit Wehmuth der Zeit, da es anstatt der kümmerlichen Race der Landarbeiter, die sie um sich sahen, noch eine Yeomanry, einen freien Bauernstand gab, der ein ebenso alter und gesetzlich ebenso gesicherter Stand wie der Adel selbst war; und da sie auf alten Burgen geboren und Erben großer Landgüter und großer Vermögen waren, beschlossen sie, soweit sie vermöchten, alles dieses zu ändern und sowohl der Kirche wie dem Volke das, was ihnen zukam, zu geben; beider Sache sei ja im Grunde nur eine: es habe eine Zeit gegeben, wo der Priester Gottes der geborene Tribun des Volkes war, wie es eine gegeben habe, in welcher der Edelmann zum Beschützer und Vater seiner Bauern geboren wurde.

Diese kleine Gruppe ungefähr 22 jähriger Jünglinge, die kurz nach dem Jahre 1840 Disraeli als ihren Führer anerkannten, nahmen die Benennung „Das junge England" an, einen Namen, bei welchem man selbstverständlich an nichts dem Aehnliches zu denken hat, was man sonst in diesem Jahrhundert mit gleichartigem Namen gemeint hat. Weder an Mazzinis „Junges Europa", noch an das „Junge Polen", noch an das „Junge Deutschland" erinnert diese kleine Aristokraten=Clique, nicht einmal an die aus Schülern Victor Hugo's bestehende Künstler= und Poeten=Gruppe

»Les Jeunes-France"; denn sie war weder politisch-revolutionär wie die ersteren Verbindungen, noch für künstlerische Umwälzungen wie die letztere begeistert, sie war einfach auf jugendlich enthusiastische Weise reactionär. Und doch hatte dieses an Mitgliedern nicht sehr zahlreiche „Junge England" so zu sagen schon seine Rechte und seine Linke. Die Rechte wurde von Lord John Manners zu Belvoir Castle, Sohn des Herzogs von Rutland, repräsentirt, der den Lehren der neuen Schule in einer höchst jugendlichen, fast kindlichen Gedichtsammlung: England's Trust poetische Form gab. Lord Manners schwärmt hier für die Zeit, da die Macht der Kirche noch ihrer Bedeutung entsprach, da hochmüthige Könige von einem armen Mann Gottes zur Abbitte gezwungen wurden und das Volk noch den Gesalbten des Herrn in dem König sah, der das Scepter trug. Er hofft, daß eine Zeit, in welcher Katholiken und Protestanten sich zu einer und derselben Kirche wiedervereinigen, anbrechen werde, verherrlicht Karl I. als den königlichen Märtyrer, betrachtet den Adel Englands als den einzigen Retter des Landes, den Handel Englands als den Fluch und das Unglück desselben und mit einer Wendung, die so rauh ist, daß sie noch heutzutage bisweilen in satirischer Absicht angeführt wird, bricht er aus: „Laß Reichthum und Handel, Gesetz und Wissenschaft sterben, laß uns aber unsern alten Adel behalten!" *)

---

*) In many a hamlet, yet uncursed by trade
Bloom Faith and Love all lightly in the shade . . . .
Let wealth and commerce, laws and learning die,
But leave us still our old nobility!

Die Linke der Gruppe bezeichnete der junge hochbe=
gabte George Sydney Smythe, Sohn des Diplomaten
Lord Strangford. Auch er träumte von einer mächtigen
Aristokratie und einer Kirche, die Almosen auf die arme
Bevölkerung herabregnen ließ; auch er sah edle Geopferte
in den Stuarts und war ebenso erstaunt wie entrüstet, daß
die Mächtigen der Erde mit dem Beispiele der Stuarts
vor Augen nicht in den Massen ihre natürlichen Bundes=
genossen und in der raubgierigen Minderzahl ihre natür=
lichen Feinde sähen. Seine geistige Richtung war jedoch
viel liberaler als die seines ebengenannten Freundes; er
befand sich in stetiger Entwickelung, hatte keinen Ehrgeiz,
der ihn hindern könnte, die Aenderung seiner Ansichten zu
bekennen, ließ darum schnell seine Begeisterung für die
Autorität als solche fallen und huldigte dem Princip der
persönlichen und selbständigen Forschung. Er war eifriger
Freihändler und trennte sich als solcher später von Manners
und Disraeli. Er besaß ein bedeutendes literarisches Talent
und hat sowohl dichterische wie journalistische Arbeiten von
Werth verfaßt.

So waren die adligen und edeldenkenden jungen Män=
ner beschaffen, welche Disraeli auf halbem Wege entgegen=
kamen und den Kern der kleinen Truppe, die sich an ihn
anschloß, bildeten. Für die Spötter war die ganze Partei,
die übrigens als Partei nie einen Einfluß auf die Geschichte
Englands gewann, nur „eine Clique von jungen Gentlemen
in weißen Westen, die schlechte Verse schrieben"; die Defini=
tion war aber nicht zutreffend, da die kleine Gemeinde in
ihrer Mitte sowohl angehende Missionäre und Märtyrer

(Whytehead) wie bedeutende Dichter (Tennyson) zählte. „Jung=England" hegte große Begeisterung für „Alt=England"; es war aber der zwei alten politischen Parteien im höchsten Grade überdrüssig; es wollte die ganze Politik des Landes erneuern und hatte den jugendlichen Glauben, daß England von seiner Jugend gerettet werden müsse — „gerettet" war die Terminologie, kein geringeres Wort genügte.

Man sieht, es waren eben Anhänger wie diese, deren Disraeli bedurfte. Ueber die Absurditäten in ihrem Romantisiren sah er entweder hinweg oder kam ihnen durch Einräumungen entgegen; die Romantik an und für sich schlug verwandte Saiten in seinem eigenen Gemüthe an, und von ihrer Begeisterung für die Kirche und das Volk, von ihrer Auffassung der Pflichten des Adels konnte er Gebrauch machen. Er fühlte sich von dieser edelmüthigen Jugend angezogen und mit ihr jung; denn die Spanne Zeit, die er ihnen voraus war, hatte nicht vermocht, eine Lebenskraft wie die seine auch nur im Geringsten abzunutzen. Er war ganz bestimmt immer so zu Muthe gewesen, als hätte er einen weit größeren Fond jugendlicher Kraft als der Durchschnitt. Das lag schon in seinem Racen= und Familienstolz. Mit Genugthuung macht er irgendwo in seinen Schriften geltend, daß sein Großvater fast 90 Jahre alt geworden sei; und zu der Einräumung genöthigt, daß sein Vater nur 82 Jahre erreicht habe, gleicht er das Geständniß wieder aus, durch Hervorheben des Umstands, daß dieser verhältnißmäßig frühe Tod durch keine Entkräftung verursacht worden, sondern daß eine ge=

waltsame Epidemie, welche die Gegend verheerte, erforderlich
gewesen sei, um den Lebensfaden des Alten zu zerreißen. Ich
erinnere mich auch, daß Disraeli (während der Polemik mit
dem Globe über seine politische Beständigkeit) 31 Jahr alt
diese Wendung gebrauchte: „Mein Brief an Lord Lyndhurst
enthält die Ansichten, mit welchen ich mich vor vier Jahren
in das politische Leben hineinbegab und zu denen ich mich
bekannte, als die Partei, die ich bekämpfte, die Macht für
die nächsten fünfzig Jahre inne zu haben bestimmt schien;
es sind Ansichten, die ich über fünfzig Jahre noch
immer zu verkündigen hoffe". Man spricht nicht so, wenn
man nicht auf sehr lange Jugend und sehr langes Leben
rechnet. Er beging also in seinen eigenen Gedanken gewiß
keinen Anachronismus dadurch, daß er sich, fast ein Vierziger,
an die Spitze des „Jungen Englands" stellte.

Die Herrschaft, welche der geistreiche Emporkömmling
über die jungen Sprößlinge altadliger Häuser gewann,
war den Eltern und Umgebungen derselben durchaus nicht
lieb. Ein Brief von dem Vater des Lord Manners an
den Vater George Smythe's, datirt 6. September 1844,
(in De Fonblanque's Memoiren der Familie Strangford
abgedruckt) giebt dafür ein beredtes Zeugniß ab. Der Herzog
von Rutland schreibt an Lord Strangford: „Ich beklage
so lebhaft, wie Sie es thun können, den Einfluß, den
Mr. Disraeli über verschiedene junge britische Senatoren,
darunter besonders über Ihren und meinen Sohn, gewon=
nen hat. Ich kenne Mr. Disraeli nicht von Person, aber
ich respectire nur seine Talente, mit denen er übrigens
nach meiner Meinung einen traurigen Mißbrauch treibt.

Es ist schmerzlich, daß zwei solche junge Männer wie John und Mr. Smythe von Jemand geleitet werden sollen, der in Betreff der Reinheit seiner Absichten mir ganz in demselben Lichte wie Ihnen erscheint, obwohl ich ihn freilich nur aus seiner öffentlichen Laufbahn beurtheilen kann. Der bewunderungswürdige Charakter unserer Söhne macht sie der Kunst eines hinterlistigen Menschen nur um so leichter angreifbar." Man begreift es leicht, daß die Söhne hier mit ganz anderen Augen als die Väter sahen, wenn man sich vorstellt, wie sehr die Ueberlegenheit Disraeli's diesen gerade von der Universität kommenden jungen Leuten imponiren mußte. Er hatte eindringliche und vieljährige historisch-politische Studien gemacht; er hatte schon lange praktische Politik getrieben; er hatte dichterische Fähigkeit genug, um selbst dem kühnsten romantischen Flug zu folgen, oder richtiger gesagt: um ihn zu leiten; und er brachte ihnen ein fertiges politisches System mit, das ihren Träumen so gut entsprach, wie Träume und Systeme überhaupt mit einander stimmen können. Sie bewunderten seine Kälte, seine erworbene Ruhe, seine Kunst, einen Mann und eine Sache durch ein einzelnes schlagendes Bild zu zeichnen, und sie horchten mit ehrerbietiger Aufmerksamkeit seiner mystischen Rede über die großen Vorzüge, welche die Race, der er angehörte, besäße, die einzige Race, zu der Gott jemals geredet, und die er immer als Zwischenglied zwischen sich und der Welt benutzt hätte. Sie hörten und sahen mit Staunen ein, daß er von völlig so gutem und altem Adel wie sie selbst sei. Diese jungen Engländer hatten die Schönheit, die vollendete Erziehung, die Gelehrigkeit und

Begeisterung althellenischer Jünglinge, und Disraeli saß als Mentor in ihrer Mitte auf Belvoir Castle, oder wanderte mit ihnen in Deepdene's Park und erklärte ihnen die Bedeutung der Racen, den Ursprung der Religionen, die lange entstellten Wahrheiten der Geschichte und die allein zum Rechten lenkenden Prinzipien der Politik in lebhaften und inhaltsreichen Gesprächen, deren Meister er war.

Aus diesen Gesprächen entsprang dasjenige unter den Werken Disraeli's, welches den größten Erfolg gehabt hat, und das insofern eine Epoche in seinem Leben bezeichnet, als von der Herausgabe desselben die Werthschätzung seiner politischen und literarischen Bedeutung im Bewußtsein des großen Publikums zu datiren ist: „Coningsby oder Die neue Generation."

Die Tendenz des Romanes „Coningsby", der im Mai 1844 einem Mitglied des „Jungen Englands", Henry Hope, dem Besitzer Deepdene's, gewidmet erschien, war die, einer geläuterten Torypartei das Recht einer sowohl volksthümlichen wie nationalen politischen Partei zu behaupten und gleichzeitig der jungen Gruppe, die hier kühn im Namen „der neuen Generation" auftrat, als Programm zu dienen. Die Erfahrung, die Disraeli mit seiner „Vertheidigung der englischen Constitution" geerntet, hatte ihn über die Unmöglichkeit, durch abstrakte politische Aufsätze in der großen Lesewelt Propaganda für seine Ideen zu machen, überzeugt; er entschloß sich daher, sein Talent als Romandichter diesen Ideen vorzuspannen, um ihnen einen breiteren Weg zu bahnen. Das Resultat war ein Roman ohne Kunstform, dessen Kapitel mit politischen Abhandlungen

durchzogen waren, jedoch ein Werk, das trotz seines mechanischen Zusammenfügens politisch-historischer Erwägungen
und erdichteter Begebenheiten auch ohne Spannung interessirte, und durch seine vorzüglich geschilderten Haupt-
charaktere nicht weniger als durch seine geistvollen Paradoxen
den Erfolg verdiente; drei große Auflagen wurden in drei
Monaten, 50,000 Exemplare allein in den Vereinigten
Staaten verkauft. Fünf „Schlüssel", eine durchgeführte
Parodie in drei Bänden, eine ganze Reihe von kritischen
und angreifenden Broschüren waren fernere Zeugnisse des
großen Erfolgs, dessen sich der Autor erfreute.

Das Buch fesselte schon durch seine Unparteilichkeit;
Tories und Whigs waren mit derselben rücksichtslosen
Satyre gegeißelt. „Punch" brachte eine Zeichnung des
Verfassers, in der Gestalt des kindlichen Hercules dargestellt,
der mit seinen Händen zwei giftspeiende Schlangen erstickt,
von welchen die eine das Wort „Tory", die andere das
Wort „Whig" auf ihrem Bauch trägt; die Kühnheit, welche
das Bild karikirt, erweckte nothwendigerweise Neugierde.
Die Behandlung, die in dem Roman den Whigs zu Theil
wird, bedarf keiner weitläufigen Darstellung. Schon auf
dem dritten Bogen „Coningsby's" begegnen wir den uns
jetzt wohlbekannten Entwickelungen über die „venetianische"
Partei, über den Kampf eines habsüchtigen Adels, um
den Souverän des Volks zu einem von den Optimaten
beherrschten Dogen herabzusetzen, und über den Bruch
der alten Verfassung Englands, durch welchen seit 1832
das Unterhaus officiell als das Haus „des Volks" anstatt
als die Repräsentation eines mit gewissen Privilegien aus-

gestatteten dritten Standes behandelt werde, was im Princip mit der Einräumung des allgemeinen Stimmrechts identisch sei u. s. w. Die Torypartei kommt aber nicht um ein Haar besser davon. Der Verfasser geht bis zum Liverpool'schen Ministerium zurück und beschuldigt schon dieses, entweder ganz principienlos oder nach Principien, die den von den großen Toryführern der Vorzeit befolgten gerade entgegengesetzt seien, regiert zu haben. Er behauptet, daß den Mitgliedern desselben jedwede der „göttlichen" Fähigkeiten, die ein Staatsmann haben müsse, gefehlt habe: sie seien nicht Redner, nicht Denker, nicht Beobachter gewesen; sie hätten über den wirklichen Zustand ihres eigenen Landes nicht mehr gewußt, als Wilde über eine bevorstehende Sonnenfinsterniß. Unwissend hinsichtlich „jedes Princips jeglichen Zweigs der politischen Wissenschaft", lobten sie sich, so zu sagen deswegen, praktische Männer zu sein; in ihrer Sprache hieße aber ein praktischer Mann einer, „der die Dummheiten seiner Vorgänger praktisire". Lord Castlereagh, Lord Sidmouth und die „Erzmittelmäßigkeit" Lord Liverpool an der Spitze der Regierung erhalten hier wieder eine Beurtheilung, die nicht weniger höhnisch ist, als die, welche den großen Dichtern entstammt, die über sie Gericht übten und sie für immer mit ihrer Verachtung stempelten.

Dann kommt die Reihe an den gleichzeitigen Toryadel der alten Schule. Diesen vertritt in „Coningsby" der Großvater des Helden, Lord Monmouth, der, tyrannisch und epikuräisch wie ein kleiner vormaliger deutscher Souverän, von einem Hof bewundernder Millionäre und be-

soldeter Schmarotzer umgeben, ausschließlich seinem Vergnügen lebt. Lord Monmouth ist ein kluger, harter Mann,
der Gefühle haßt und Scenen verabscheut; er mag von
Niemand reden hören, der leidend oder todt ist; er will
um jeden Preis unterhalten werden und überhaupt, was
er will, auf eine ruhige Weise, von Einwendungen und
Gegenvorstellungen ungestört, thun und lassen können.
Sein einziges politisches Ziel ist, eine Herzogskrone zu erreichen. In seinem Dienste hat er ein Factotum, Namens
Rigby, Politiker, Journalist und Parlamentsmitglied, der
mit Sklavengehorsam jeden Auftrag ausführt, den ihm der
Lord überträgt, bis zu dem, der vieljährigen Geliebten
Seiner Herrlichkeit, einer italienischen Prinzessin, die sich
im Hause aufhält, mitzutheilen, daß Seine Herrlichkeit, um
ihre Stieftochter zu heirathen, sie zu verabschieden beabsich-
tige. Mit all seiner despotischen Härte und Schlechtigkeit
ist Lord Monmouth nichts um so weniger im Besitz einer
gewissen milden Würde, derjenigen, die das Machtbewußt-
sein verleiht, und er bewahrt immer eine untadelhafte Haltung à la Louis Quatorze.

Doch die Unparteilichkeit des Dichters ist hiermit
nicht zu Ende. Lord Monmouth gegenüber stellte Disraeli
mit einem überraschenden Gerechtigkeitssinn einen Vertreter
des emporstrebenden Mittelstandes hin, den Fabrikanten
Millbank, der nur an Willensstärke dem Lord gleicht, in
allem Anderen als sein Gegenpol dasteht: derb und wahrhaft, arbeitsam und wohlthätig, endlich von einem glühenden
Haß gegen die herrschende Klasse von Drohnen beseelt. Aus

perſönlichen Gründen iſt er außerdem der bittere Feind Lord Monmouth's.

Der Lord hat ſeinen verwaiſten Enkel, der Fabrikant ſeinen Sohn nach der ariſtokratiſchen Erziehungsanſtalt Eton, dem Brüteplatz „der neuen Generation" geſchickt. Da belauſchen wir in den Jahren um die Durchführung des Reformgeſetzes das junge Geſchlecht in ſeinem Werden, ſpielend, lernend, diskutirend; da ſehen wir Jung-England keimen. Es ſind die Söhne von lauter hochadligen Familien, Coningsby (etwa der junge George Smythe), Henry Sydney (etwa Lord John Manners) und mehrere andere; unter ihnen wächſt als der einzige bürgerliche Knabe der Schule der Fabrikantenſohn Oswald Millbank heran, für den jungen adligen Kreis längſt im Stillen ſchwärmend und von dem Tage an, da Coningsby ihn mit Lebensgefahr vom Ertrinken rettet, der geſchworene Freund des Helden. Nach und nach wie dieſe Knaben heranwachſen, fangen ſie an zu politiſiren, und bald leitet ihr natürlicher Inſtinct ſie zu einigen großen politiſchen Wahrheiten, die im Jahre 1835 „im Grunde des Herzens bei jedem Knaben in Eton und ſonſt nirgends ſich vorfanden" — wenn nicht etwa in einer gewiſſen Broſchüre über die engliſche Conſtitution, welche die Beſcheidenheit des Verfaſſers ihm zu nennen verbietet. Unter dieſen Knaben iſt Coningsby durch ſeine Begabung der geborene Führer. Als er die Schule verläßt, iſt er wohl noch, wie ausdrücklich zuerſt in ſeiner Charakteriſtik bemerkt wird, „mit dem heftigen Antrieb eines hohen Ehrgeizes nicht unbekannt" (not a stranger to the stirring impulses of a high ambition), aber die Welt iſt ihm bis-

her nur eine Welt von Büchern gewesen. Seine Jugend=
freunde sind ihm lieb und werth, da er aber selbst ihre
Meinungen gebildet und ihre Gedanken gelenkt hat, können
sie ihm nicht das sein, was er ihnen gewesen; er seufzt
danach, einen ebenbürtigen oder überlegenen Geist zu treffen.
Und während er in diese Stimmung versunken eines Tags
bei einem Ungewitter sich in dem Gastzimmer eines Wirths=
hauses ausruht, wer kommt, auf seinem arabischen Pferd
durch Regen und Sturm sprengend, an demselben Orte
an? Ein Unbekannter, vielleicht zehn Jahr älter als
Coningsby, bleich, mit einer gedankenreichen Stirn und
dunkeln Augen, die eine seltene Intelligenz verrathen —
Sidonia, der Jude, ein Rothschild an Reichthum, ein Monte=
fiore an Ansehen unter seinen Glaubensgenossen im Osten
und Westen, ein Disraeli an Witz, Racenstolz, Verstandes=
kälte und politischer Einsicht, nur darin vom Verfasser des
Romans verschieden, daß er, als auch der Religion nach
ein Jude, von jeder Theilnahme an dem öffentlichen Leben
Englands ausgeschlossen ist und so ein schneidendes Beispiel
davon abgiebt, welcher Kräfte und Fähigkeiten England
durch seine thörichte Intoleranz verlustig gehe. Coningsby
und Sidonia gerathen in Gespräch mit einander; der junge
Adelige spricht seine Sehnsucht aus, fremde Länder, die
klassischen Orte, besonders Athen zu sehen. „Das Zeitalter
der Ruinen ist vorbei" lautet Sidonia's Antwort, und er
weist von Athen nach Manchester hin. Sidonia gehört
nicht zu denen, die da meinen, daß geniale Jugend, um
große Dinge auszurichten, Erfahrung brauche. Er räumt
wohl als allgemeine Regel ein, daß „Jugend Fehlgriffe,

Mannheit Kampf, und Alter Entbehren bedeute", doch für das Genie gelte eine andere Regel; er rechnet zahlreiche große Männer her, die Weltruhm erlangten, obgleich sie schon in ihren dreißiger Jahren starben, und schließt mit der Aufforderung an Coningsby, seinen Geist mit großen Gedanken zu nähren; denn nur Glaube an das Heroische erzeuge heroische Thaten. Man findet in diesen Sätzen die Ueberzeugung von dem Recht und der Fähigkeit hochbegabter Jugend, von Grund aus den Gemeingeist in einem Lande zu reformiren, die augenscheinlich das geistige Band war, das die kleine Gruppe zusammenhielt.

Nach der Begegnung mit Sidonia ist Coningsby zu Muthe, wie uns zu sein pflegt, wenn wir ein Buch, durch welches unsere Gedanken einen mächtigen Stoß vorwärts erhielten, geschlossen haben. Er reist nach Manchester, lernt die Zustände des arbeitenden Englands kennen, und sieht nicht ohne Gemüthsbewegung zum ersten Male die schöne Schwester seines Freundes Oswald Millbank. Von dem älteren Millbank hört er Ansichten über die englische Aristokratie, die ihn in Erstaunen setzen und belehren. Coningsby beruft sich auf die alten Stammbäume des Adels. „Alte Stammbäume!" ruft Mr. Millbank aus: „Ich habe nie von einem Peer mit einem alten Stammbaum reden hören. Die wirklich alten Familien finden sich in dem Bauernstand .... die Kriege zwischen der weißen und der rothen Rose rotteten die normannische Race aus. Nach der Schlacht bei Tewkesbury war ein normannischer Baron ein fast ebenso seltenes Wesen in England wie jetzt ein Wolf." „Ich habe immer gehört", sagt

Coningsby, „daß unser Peersstand der erste Europa's sei." „Von ihnen selbst hört man es," lautet die Antwort, „und von den Herolden, die sie bezahlen, damit sie die Wappen auf ihren Wagenthüren malen: factisch ist aber, daß unter Heinrich VII. nur 29 weltliche Peers verschont waren . . . und von diesen sind jetzt nur noch fünf übrig. Der englische Peersstand entspringt drei Quellen: der Plünderung der Kirche, dem offenen und frechen Verkauf der Ehrenämter unter den älteren Stuarts und dem Wahlfleckenhandel in unsern Tagen." Der Familienhaß zwischen den Häusern Monmouth und Millbank stellt sich der von Coningsby gewünschten Verbindung mit Miß Millbank entgegen. In Paris, wo er neue Eindrücke empfängt und neue Erfahrungen einsaugt, sieht er sie wieder, giebt aber in dem Glauben, daß sie Sidonia liebe, die Hoffnung, sie zu gewinnen auf. Als er auf englischem Grund und Boden aus seinem Irrthum herausgerissen worden, erhebt sich ein neues Hinderniß zwischen ihm und ihr. Indem er nämlich seinem Großvater geradezu abschlägt, nach den politischen Wünschen desselben zu handeln und ihm offen seine Absicht ankündigt, in der Politik nur von Principien und zwar von heroischen — für welche dem Lord durchaus das Organ fehlt — sich leiten lassen zu wollen, verliert er für immer die Gunst des Mannes, von dem seine Zukunft abhängt. Als das Testament des Lord Monmouth nach dessen Tode eröffnet wird, hat er sein kolossales Vermögen einem armen jungen Mädchen, seinem unehelichen Kinde mit einer französischen Schauspielerin, vermacht, und Coningsby nur die 10,000 Pfund hinterlassen, die in dem Leben der Disraeli'schen Helden

regelmäßig die Armuth und das äußerste Elend repräsen=
tiren. Sidonia tröstet Coningsby in seiner Noth, indem
er ihm auseinandersetzt, daß er mit seiner Jugend, seiner
Gesundheit, seinen Kenntnissen und Fähigkeiten und seiner
längst befriedigten Genußsucht durchaus keinen Grund habe,
die Hoffnung auf eine beglückende Zukunft aufzugeben.
Ganz wie Graf Alcibiades de Mirabel in „Henrietta
Temple" entwickelt er die — an und für sich richtige —
Lebensbetrachtung, daß das Glück nicht in dem Besitze be=
stimmter Güter, sondern in dem Gefühl und Genuß der
eigenen Persönlichkeit bestehe und daß, so lange wir an
der Existenz an und für sich eine Quelle der Freuden
haben, Nichts verloren sei. Coningsby ermannt sich, arbei=
tet, macht sich einen Namen, erobert Miß Millbank und
beerbt außerdem — bei Disraeli unumgänglich — das
junge französische Mädchen, das an der Schwindsucht stirbt
und ihm, den sie immer in aller Demuth geliebt hat, ihr
ganzes Vermögen vermacht.

Der Roman hat, trotz seiner neun Bücher, keine eigent=
liche Handlung. Der Kern alles Geschehenden ist, daß
Sidonia Coningsby und Coningsby seinerseits die junge
Generation erzieht. Diese steht am Schluß des Werkes
bereit gegen das ältere Geschlecht in die Schranken zu
treten und einen Kampf zu beginnen, für welchen das erste
gute Omen der Wahlsieg Coningsby's über den Mann der
kleinen und schmutzigen Mittel, den Intriguenpolitiker Rigby
ist. Der Dichter schließt sein Werk mit folgender Frage:
„Werden jene jungen Männer, die jetzt in das Leben hinaus=
treten, bald den Muth und die Begeisterung der Jugend

in dem harten Strauß, der sie erwartet, verlieren, oder
werden sie die Wohlfahrt ihres Landes durch Vertrauen
auf ihre eigene Energie wieder aufrichten, und es wagen,
groß zu sein?" Der Roman ist selbstverständlich darauf
angelegt, den Leser zu zwingen, die letzte Frage mit einem
Ja zu beantworten.

Daß die Handlung des Buches so unbedeutend ist,
kommt daher, weil kein Gewicht auf derselben liegt;
zum Ersatz findet sich eine ganze Gallerie von Charak=
teren. Sind auch einzelne unter ihnen nur skizzirt, weil
Disraeli hier wie fast immer eine wirkliche Persönlichkeit
vor Augen hat und darauf vertraut, daß das Publikum
sie wiedererkennen und das Fehlende vervollständigen werde,
so sind doch die meisten und wichtigsten Personen mit un=
gewöhnlicher Kraft und Consequenz gezeichnet. Wer dieses
Buch gelesen, hat ein deutliches und lebhaftes Bild von
dem Leben und den Gesinnungen des englischen Adels in
den dreißiger Jahren dieses Jahrhunderts. Man bezeichnet
in der Regel Disraeli als einen Schmeichler der Aristo=
kratie, und es ist daran so viel Wahres, daß er ab und
zu seine schriftstellerische Wirksamkeit mißbraucht hat, um ein=
zelnen politischen Persönlichkeiten, an deren Gunst ihm ge=
legen war, zu schmeicheln, aber von diesem abgesehen kann
man sagen, daß wenige Schriftsteller die sociale und poli=
tische Unsittlichkeit in dem englischen Adel zum Gegen=
stand einer so eindringlichen Satyre gemacht haben. Der
alte Lord Monmouth ist auf's Korn genommen, mit einer
Sicherheit des Stils, die ihn zum bleibenden Typus macht,
bis zum letzten Athemzug durchgeführt, und dabei ganz

gelassen, nicht mit jener moralischen Entrüstung zerfleischt, die Dickens und Thackeray, wie überlegen sie auch sonst Disraeli sein mögen, nur schwer im Zaum zu halten vermögen.

Sidonia ist der Hauptcharakter des Buches und durch Disraeli's Vorliebe für ihn ein echter Romanheld geworden; er weiß Alles, vermag Alles, kennt Alle, geht schußfest wie ein Gott durch die Welt, ohne die Gefühle, die er erweckt, zu erwiedern, um Lob wie um Tadel unbekümmert, in seinen Racenstolz wie ein spanischer Grande in seinen Mantel gehüllt. Seine Rolle ist die, den Adel um ihn herum zu demüthigen und zu erziehen. Sidonia stammt von Aragonien; unter seinen Vätern, die alle heimlich Juden waren, hat er einen Erzbischof von Toledo und einen Großinquisitor. Als Handelsgenie ohne Gleichen steht er an der Spitze eines ungeheuren Banquiergeschäfts, gewinnt durch seine tiefe Einsicht in die politischen Konjunkturen Millionen und wieder Millionen, und gründet Filialen seines Hauses in jeder großen europäischen Stadt. Nicht daß er irgend eine Leidenschaft für Handel oder Geld hätte; dafür ist sein Geist zu kalt und zu frei; da er aber durch seine Religion von den einzigen, ihm würdig erscheinenden Aufgaben ausgeschlossen ist, füllt er seine Zeit mit Handelsunternehmungen wie mit Studien und Contemplation aus. Wo er charakterisirt wird, heißt es: „Er konnte gefallen, ja noch mehr, in Erstaunen setzen. Er konnte eine nachlässige Beobachtung, die den ältesten Diplomaten stutzig machen würde, fallen lassen und ein geflügeltes Wort hinwerfen, das ihm die Achtung, ja bisweilen das Vertrauen regierender Herrscher gewann. Er reiste, bis er die Intelligenzen, die Europa lenken, sondirt hatte, und kehrte dann in sein Land zurück" — wie man sieht, das Ideal eines Disraeli auf das Ideal eines Rothschild's geimpft.

Sidonia kümmert sich nur wenig um politische Formen. Er betrachtet die politische Verfassung als eine Maschine, deren Triebkraft der Volkscharakter sei. So lange der Charakter der Nation sich gesund und ungeschwächt erhalte, sei der Staat auch mit unvollkommenen politischen Institutionen stark, sobald der Nationalcharakter in Verfall gerathe, könne keine politische Institution den Verfall aufhalten. Doch die Nationalität ist ihm nur ein Zwischenbegriff; die Nationalität gründet in der Race, denn ohne Racengepräge sei die Nationalität undenkbar und bedeutungslos. Sein Glaube an die Race schmilzt mit seiner Ueberzeugung von dem überwältigenden Einfluß des individuellen Charakters zusammen; denn nur als Personification der Race erscheint ihm das Individuum groß.

Durch diese Geringschätzung der politischen Formen ist aber im Gemüthe Sidonia's der Uebergang zum religiösen und politischen Absolutismus gebahnt. „Der Mensch ist geschaffen, um anzubeten und zu gehorchen," so lautet einer seiner Lieblingssätze, und dieser bedarf nothwendigerweise als seines Supplements einer Theorie von den Persönlichkeiten, die dazu geschaffen seien, daß ihnen Anbetung und blinder Gehorsam dargebracht werden.

Sidonia meint, daß ein Parlament nicht größere Garantien gegen Ungerechtigkeit und Machtüberschreitungen gewähre, als der absolute König, und daß „die öffentliche Meinung" (dieses als Abgott der modernen Zeit verehrte

Abstractum, das Lothar Bucher einmal treffend mit der Nemesis der Alten verglichen hat) dieselbe Controlle über den Souverain wie über das Parlament ausüben werde. Seine Sympathie für den aufgeklärten Absolutismus gipfelt endlich in dem Satze: „In einem aufgeklärten Zeitalter wird der Monarch auf seinem Throne, der als solcher über die Vorurtheile und die verderbten Klasseninteressen der Unterthanen erhaben ist, auf's Neue göttlich." Diese Theorien schlagen bei seinen jungen Schülern vorzüglich an, und man findet sie bei ihnen fast mit denselben Worten wiederholt. Coningsby lamentirt über die böse Zeit, welche „gesalbte Könige in Behörden, Stände des Reichs in volksvertretende Parlamente und die heilige Kirche in eine nationale Institution verwandelt habe." Er trauert über die Macht, die das Unterhaus durch die Ungunst der Zeiten gewonnen: „Das Unterhaus ist das Haus der Wenigen, der Souverän ist der König Aller. Der natürliche Führer des Volks ist die Persönlichkeit, die den Thron bekleidet."

Daß das sehr junge England bei seinem Hinaustreten aus den Schulen solche hyperromantische Anschauungen gehegt habe, kann Niemand wundern. Merkwürdiger ist es, zu sehen, daß Sidonia-Disraeli sich zu ihnen bekennt und sie gutheißt, denn selbst in der „Vertheidigung der englischen Constitution" hatte die monarchische Gesinnung nicht die abstoßende Form wie hier. Der Verfasser Coningsby's aber war ein allzu ehrgeiziger Mann, um nicht auf diesem Punkte der jungen Generation entgegen zu kommen. Aeußerungen wie diese über die den Monarchen gebührende Macht kommen immer an ihre Adresse, ein gutes Wort findet einen guten Ort. Die stetige, ausdauernde Schmeichelei der gekrönten Häupter ist in Disraeli's schrift= stellerischer Wirksamkeit ein durchgehender Zug. Er begann in „Vivian Grey" damit, daß er Georg IV. Complimente über seinen Anstand, seine vollendete und beredte Art, sich zu verbeugen, machte; er bewunderte in dem „Young Duke" auf's Neue die ausgesuchte Liebenswürdigkeit und den glänzenden und blitzenden Witz dieses Königs, den er nach dessen Tode als „einen erschöpften Wollüstling, der von seinen Ministern nur eins, Ruhe und Frieden, ver= langte" verspottet hat. Er schmeichelt in „Coningsby" übermäßig dem ihm augenscheinlich persönlich bekannten Louis Philippe, der doch als Bürgerkönig ihm politisch zu= wider sein mußte, läßt Sidonia die Dauer und den defi= nitiven Sieg seiner Regierung über die Republik aussagen, ja läßt ihn eben in Bezug auf ihn die Lehre über die erneuerte Göttlichkeit des Souveräns verkündigen. Endlich fällt Disraeli im Jahre darauf (in „Sibyl") in eine förmliche Ekstase über die Anmuth und Hoheit der Königin Victoria bei ihrer Thronbesteigung. Man darf folglich bei jenen über= spannten Theorien nicht vergessen, das, was aus politischen Gründen gesagt wird, von dem zu trennen, was einer politischen Ueberzeugung entspringt.*) Die hypermonarchische Gesinnung, die Disraeli zur Schau trägt, hängt mit seiner hohen Schätzung der Phantasie als politischer Triebfeder

---

*) Vivian Grey 391, The young Duke 40, Coningsby 131 und 302, Sibyl 26 und 47.

zusammen. Er hat es eingesehen, daß die große Masse
der Menschen nur die monarchische Form der Regierung
versteht, während sie weder für die streng parlamentarische
noch für die republikanische ein Verständniß mitbringt. Die
Menge bildet sich leicht eine Vorstellung darüber, daß sie
durch einen König oder eine Königin regiert wird; sie kann
aber keine Vorstellung mit den Worten verbinden, von einer
Verfassung regiert zu werden. Sie folgt den Familienan-
gelegenheiten eines Königlichen Hauses mit weit größerem
Interesse als einem abstracten politischen Ereigniß. Für
die Frauen — die doch mindestens die Hälfte des Men-
schengeschlechts ausmachen — ist, wie Bagehot richtig bemerkt hat, eine Heirath unendlich bedeutender als ein Ministerium. Als Würdeninhaber, als Haupt der Gesellschaft,
als Vertreter der Stabilität in allem politischen Wechsel
hat der constitutionelle Souverain in England immer seine
große Bedeutung behauptet; selbst die freisinnigsten englischen Schriftsteller haben den Nutzen anerkannt, den das
Königthum dadurch mit sich bringt, daß es die wirklichen
Herrscher des Landes zu wechseln erlaubt, ohne daß die
unachtsame Menge es erfährt oder sich darüber ängstigt.*)
Aber von da und bis zur Anerkennung eines göttlichen
Charakters der Königswürde ist ein weiter Sprung. Was
sich unter all' den mystischen Redensarten Disraeli's verbirgt, scheint die politische Hoffnung zu sein, daß die
Krone eine derartige Selbstständigkeit wiedergewinnen könne,
wie sie z. B. in Preußen unter Friedrich dem Großen be-

*) Bagehot: The english Constitution.

faß; es scheint bisweilen, als wolle er die Krone daran erinnern, daß sie sich auf's Lebhafteste gegen die Forderungen der begünstigten Klassen zu wehren und ihre Stärke in der breiten Volksgrundlage, worauf sie ruhe, zu suchen habe, aber diese demokratische Idee kommt bei ihm als ausgeprägtem Tory doch nie über die ersten Ansätze hinaus. Die Verherrlichung des königlichen Prärogativs scheint in „Coningsby" hauptsächlich an die Adresse der Inhaberin desselben als Empfehlung des Verfassers gerichtet und nebenbei zur Ergötzung des jungen Englands bestimmt zu sein.

Es gab einen anderen Punkt, über welchen es Disraeli noch leichter und natürlicher fiel mit den rückwärtsschauenden Sympathien seines jungen Stabes zu sympathisiren. Das war die Vorliebe für Ceremonien und Formen, die bei den Mitgliedern desselben dem religiösen Ritualismus, den sie auf den Hochschulen eingesogen hatten, entsprang, und neue Nahrung fand, als sie von ihren adligen Burgen all' das, was auch in weltlicher Hinsicht das Leben formvoll gemacht hatte: nationale Trachten, Sitten, Aufzüge, Feste verschwinden sahen. Ich habe schon nachgewiesen, welche phantastische Sympathie für den äußeren Apparat von Sachen und Gedanken, für freimaurerartiges Ceremoniell in Disraeli's Gemüth sich fand, und hier war ein Berührungspunkt mit dem Ritualismus. Die Uebereinstimmung war nicht tief, ging nicht bis zum religiösen Kern der Sache, welcher Disraeli vollständig fremd war und blieb, so fremd, daß es ihm selbst als Premierminister vorbehalten war, trotz des Widerstandes seiner

eigenen Collegen, im Jahre 1874 ein Gesetz durchzubrin=
gen, das dem katholisirenden Ritualismus in der englischen
Kirche ein Ende zu machen beabsichtigte. Auch hier kam
Disraeli also seinen jungen Anhängern durch kräftiges Her=
vorheben der Punkte, worin sie übereinstimmten, einige
Schritte entgegen.

In „Conigsby" kommt irgendwo folgendes Gespräch
vor: „Henry denkt, daß die Bauern durch Tanzen um einen
Maibaum gesättigt werden würden." — „Werden sie denn
satter, weil sie nicht um Maibäume tanzen?" — „Veral=
terte Sitten!" — „Warum sollte das Tanzen um einen
Maibaum mehr veraltet sein, als zum Ritter des Hosen=
bandordens geschlagen zu werden?" — „Dergleichen streitet
gegen den Zeitgeist." — „Und was ist der Zeitgeist?" —
„Der Geist des Nutzens." — Der Leser sieht, daß der
Haß gegen die Nützlichkeitslehre das Element ist, welches
Disraeli und die Ritualisten verbindet. Die übrigen in den
Romanen Disraeli's vorkommenden Gespräche dieser Art
haben ein ähnliches Gepräge: die jungen Männer wün=
schen das Leben ceremonieller eingerichtet zu sehen, sie er=
klären Formen und Ceremonien für Zeugnisse der höchsten
Instincte unserer Natur, und der Verfasser selbst macht,
wenn sich eine Gelegenheit dazu bietet, darauf aufmerksam,
daß das Menschengeschlecht unter dem Einfluß der höchsten
und ernstesten Gefühle immer zu Ceremonie und Form
seine Zuflucht nehme, da die erhitzte Einbildungskraft un=
willkürlich an die Einbildungskraft Anderer appellire und
einen Ausdruck verlange, der sich nicht innerhalb der täg=

lichen Routine finde.*) Auch hier also Betonung der Phan=
tasie als Anfang und Ende, Ursprung und Ziel der Massen=
bewegung.

Auf der Grundlage dieser in das Werk niedergelegten
Torygefühle und Toryträumereien sollte nun also nach der
Ansicht des Verfassers eine neue Torypartei sich bilden
können, eine Partei, die nicht ohne Weiteres conservativ
sei, sondern, sobald Jemand sich auf „conservative Prin=
cipien“ berufe, sogleich die Frage bereit habe: „Was willst
du bewahren?“ Die zuvor existirende conservative Partei
wurde nach der Darstellung in „Coningsby“ hauptsächlich
aus Denen recrutirt, deren Begriff von Politik der sei:
1200 Pfund jährlich mit vierteljährlicher Zahlung. Der
Gedankengang dieser Persönlichkeiten wird solcherweise cha=
rakterisirt: „1200 Pfund jährlich erhalten, ist Regierung;
den Versuch machen, 1200 Pfund jährlich zu erhalten, ist
Opposition; den Wunsch hegen, 1200 Pfund zu erhalten, ist
Ehrgeiz.“ Mit seinem jugendlichen salbungsvollen Enthu=
siasmus und seinem politischen Ernst sollte das junge Eng=
land all' diese Geistlosigkeit wegfegen, und anstatt ihrer
Genie und Principientreue an's Ruder bringen.

---

*) Coningsby 134 und 142. Man vergleiche Sibyl 129 und 392.

XV

Die Frage, mit welcher „Coningsby" schloß, enthielt das politische Problem des Augenblicks. Genau ein Jahr nach der Herausgabe jenes Werks hatte Disraeli einen neuen und ganz eben so bedeutenden Roman fertig, der als Gegenstück desselben sich um das sociale Problem drehte. „Coningsby" hatte von zwei Generationen gehandelt, das neue Werk führte den Titel „Sibyl oder die zwei Nationen".

Welche waren diese zwei Nationen? Es waren nicht das englische und außerdem noch ein anderes von den rivalisirenden Völkern Europa's, nein es waren die zwei Völkerschaften, in welche das englische Volk wie alle andere gespalten ist: die Nation der Armen und die der Reichen. Zum ersten und einzigsten Male brach Disraeli mit seiner Gewohnheit, ausschließlich in den Kreisen der Wohlhabendsten und Reichsten seine Helden zu suchen, und vertiefte sich in die Sorgen und Anschauungsweisen des für sein Brod arbeitenden Volkes. „Sibyl" ist die Erfüllung des Versprechens, das die Rede in der Chartistensache durch ihr Bekenntniß von Disraeli's Sympathie mit den Chartisten enthielt; sie ist ein Versuch, die Augen Englands für den erbärmlichen Zustand seiner am niedrigsten gestellten **Bürger zu öffnen und dadurch zur** Nachsicht mit den **aus diesem Zu=** stand entsprungenen politischen Irrthümern aufzufordern. Durch die Vermittlung eines Freundes hatte Disraeli **den** ganzen Briefwechsel, **den der** Hauptführer der **Chartisten,** Feargus O'Connor, Redacteur des Blattes „Northern Star", mit den Leitern und Vertrauensmännern der Bewegung ge= führt **hatte,** zur Durchsicht erhalten. Er hatte außerdem, **um die** Localitäten, in welchen **er seine** Handlung spielen lassen wollte, kennen zu lernen, England **bereist und war auf** diese Weise dazu veranlaßt worden, **die Armuth** Englands zu **studiren.** Er schilderte, was **er gesehen hatte,** nicht nur ohne Uebertreibungen, sondern, wie er gesteht, mit absichtlicher Milderung der wirklichen Verhältnisse, **da er** fühlte, daß ihm, wenn er die ganze Wahrheit sagte, nicht geglaubt werden würde.

Er gibt ein Bild eines jener anmuthig gelegenen kleinen englischen Dörfer, das vor dem Auge des Reisenden **einen** lachenden Farbenstreifen zwischen **den umgebenden grünen** Gärten und blühenden Hügeln **bildet;** er schildert **das** Innere eines solchen Dorfes: **die geborstenen Dächer, durch** welche **das** Wasser hereinströmt, **die tiefen,** stinkenden Pfützen, **die um die** Häuser herum **und** selbst vor den Thüren liegen, kein Feuer auf dem Herde, selbst nicht zur Winterzeit, der Platz im Hause so eng, daß **die arme** Mutter oft selbst während der Geburtswehen von der ganzen Familie, von den Schwiegereltern bis zu den Kin= dern hinab umgeben ist, deren unumgängliche Gegenwart ihr oft nicht weniger Pein als das Gebären selbst ver=

ursacht. Acht Shilling in der Woche ist der Fabrikslohn, und es ist eine unmögliche Sache, daß ein Arbeiter mit Familie von acht Shilling leben kann. Die Frau arbeitet wie der Mann. Wenn der Arme nach vollbrachtem Tage= werk nach Hause kehrt, findet er keine Heimath; kein Feuer brennt, kein Essen ist zubereitet; seine Frau ist entweder noch abwesend oder durch die Feldarbeit so ermüdet, daß sie sich auf's Bett legen muß, oder sie ist von Regen durchnäßt, ohne andere Kleider zum Wechseln zu haben. Und diesem Jammer gegenüber steht der kalte, philo= sophische Edelmann, dem das Schloß, das der Stadt den Namen gegeben hat, gehört, und denkt nur daran, wie er diese langweilige Zinsbauernbevölkerung los werden könne: er baut keine neue Hütten und läßt die vorhandenen ver= fallen; er meint, daß Emigration nach einer großen Scala ausgeführt wahrscheinlich das Empfehlenswertheste sei, und geräth natürlich in großen Zorn, wenn der Arme ab und zu Linderung oder Zuflucht im Bierhause sucht.

Disraeli geht vom Lande in die Stadt und rollt ein Bild jener Fabrikstädte auf, in denen die Noth und die Ent= würdigung noch die der Dörfer übertrifft. Er zeigt uns den verhungernden Handwerker, den die Maschinen in's äußerste Elend gestürzt haben, eines frühen Morgens im Dachzimmer bei seinem Webstuhl; seine klagende Frau, die der Hunger bitter und fast böse gegen den Mann macht; die hungerkranken kleinen Kinder, die in ihren Betten wach liegen. Und dieser Handwerker hat etwas gelernt, kann etwas und ihm hat man zu predigen gewagt, daß die Interessen des Kapitals und der Arbeit identisch seien,

während er und die 600,000 übrigen Handweber in Eng=
land trotz der männlichsten Kämpfe täglich tiefer in Armuth
versinken, genau in dem Verhältniß, wie der Reichthum der
Fabrikanten steigt. „Als der Adel in Frankreich, sagt
dieser Mann, seiner Rechte beraubt wurde, belief sich seine
Zahl nicht auf ein Drittel derjenigen, welche wir Hand=
weber ausmachen, und ganz Europa führte Krieg, um das
ihm geschehene Unrecht zu rächen, und alle Staaten eröff=
neten Subscriptionen, um seinen Widerstand zu stützen, und
als Frankreich dem Adel wieder geöffnet wurde, gewährte das
Land ihm einen unermeßlichen Schadenersatz. Wer kümmert
sich um uns? Auch wir haben ja unser Vermögen ver=
loren. Wer erhebt eine Stimme für uns, die wir doch
wenigstens so unschuldig sind wie die Adligen Frank=
reichs? Wir sinken, und Niemand seufzt über unser Loos
als wir selbst. Und wenn sie uns auch ihre Sympathien
geben, was dann? Sympathie ist der Trost, der dem
Armen gegeben wird, der Reiche erhält ihn in der Form
des Schadenersatzes."

Wir steigen in die Straßen der Fabrikstadt hinab,
kommen an Häusern vorbei, wo alte Weiber für drei Pence
wöchentlich sich der neugeborenen Kinder annehmen und
sie allabendlich ihren Müttern zurückgeben, wenn diese sich
Abends von der Fabrik „zu dem Misthaufen oder der
Höhle, die ihre Heimath genannt wird, zurückbegeben." Die
Amme steht sich gut bei diesem Handel; denn ihre Ausgaben
sind nicht groß: Opium und Syrup zu irgend einem volks=
thümlichen Elixir gemischt. Dieser Trunk beruhigt schnell
die Kleinen und sendet sie langsam und sicher in die sie

14*

erwartende Gruft. „Kindermord wird ebenso häufig und ebenso gesetzlich in England wie an den Ufern des Ganges getrieben, ein Umstand, welcher von der Gesellschaft für die Verbreitung der Bibel in jenen Gegenden unbeachtet geblieben zu sein scheint." Und doch gibt es Kinder, deren Lebenskraft sowohl Hunger wie Gift, sowohl unnatürlichen Müttern wie teuflischen Ammen trotzt. Ein solches Wesen lernen wir unter dem wohlklingenden Namen Devilsduft kennen. Wir erfahren seine Vorgeschichte: Er gedieh eben nicht, aber er wollte nicht sterben. Als er zwei Jahre alt war und die Amme seine Mutter und die wöchentliche Be= zahlung aus den Augen verloren hatte, wurde er in der Hoffnung, daß er überfahren werden würde, auf die Straße hinausgeschickt, um dort zu spielen. Doch die Hoffnung schlug fehl. Alle seine kleinen Kameraden verschwanden einer nach dem andern. „Das Spielen" auf der Straße drei Monate hindurch war hinlänglich, um die ganze halbnackte, barfüßige Gesellschaft zwischen zwei und fünf Jahren los zu werden. Einige wurden zerquetscht, andere vermißt, wiederum andere bekamen Fieber, krochen in ihren Keller zurück, er= hielten einen Schluck Branntwein und starben; Devilsduft allein war zähe. Er bekam kein anderes Essen, als das, was er sich selbst verschaffte, und er theilte gern den Straßenabfall mit den Hunden; aber er blieb am Leben, wie bleich und verunstaltet er auch war.

Wir steigen noch tiefer, in die Kohlenminen, hinab: „Banden kräftiger, breitschultriger Männer, vor Anstrengung naß und so schwarz wie Neger; Schaaren junger Wesen, ach! beider Geschlechter, obschon weder ihre Tracht, noch

ihre Sprache den Unterschied andeutet; alle sind sie in
Männerkleidung, und Flüche, die Männer schaudern machen
könnten, tönen von weiblichen Lippen, die nur dazu geschaffen
scheinen, süße Worte zu sagen. Und diese sind dazu bestimmt,
englische Mütter zu werden; viele **sind es schon!** Doch
können wir über die häßliche Plumpheit ihrer Sprache uns
wundern, wenn wir die wilde Rauhheit ihres Lebens be=
denken? Nackt bis zur Hüfte, mit einer eisernen Kette,
die an einem Ledergürtel befestigt ist, zwischen den Beinen,
in Leinwandhosen gekleidet, schieben und schleppen junge
englische Mädchen mit Händen und Füßen zwölf, bisweilen
sechzehn Stunden im Tag Kohlentonnen unterirdische Wege
hinauf, die ebenso dunkel, wie steil und naß sind — Umstände,
die von der Gesellschaft für die Abschaffung der Neger=
sklaverei unbeachtet scheinen, was um so merkwürdiger **ist,**
als viele der geehrten Herren, die **diese** Gesellschaft aus=
machen, kleine Minenarbeiterinnen in hinlänglicher Zahl in
ihren eigenen Kohlengruben haben."

Und nun diesem Zustand gegenüber **auf der einen**
Seite die Manchesterweisheit, die mit wichtiger Miene dem
Arbeiter (in Distrikten, **wo er** durchschnittlich **im** achtzehn=
ten Jahre stirbt) Vorträge darüber hält, daß der Arbeiter
heute **ein** Paar wollene Strümpfe habe, während **König**
Heinrich VIII. ein solches nicht hätte, **und daß in Folge**
dessen die Wohlfahrt der niedrigeren Klassen in stetem
Steigen begriffen sei; auf der andern die Adelsbrutalität,
die in „Sibyl" von Lord Marney repräsentirt wird, dessen
Feldruf „Krieg den Hütten!" ist und der die Gleichheits=
tendenzen der Zeit so gefährlich findet, daß er sich sogar

gegen Eisenbahnen mit Ungestüm ausspricht, endlich die Jugend der guten Gesellschaft, die ihr Geld in Wetten bei den Derbywettrennen verliert, in die Clubs geht, sich langweilt, jung und unfrisch, hübsch und verlebt, reich und verschuldet ist.

Man könnte sich vielleicht durch meine Schilderung zu dem Glauben verleiten lassen, daß der Ton des Buches überwiegend weinerlich, sentimental und bitter sei. Er ist es so wenig, daß er umgekehrt oft zur Ehre Disraeli's als ein äußerst glücklicher Humor bezeichnet werden muß, ein Humor, der bald wehmüthig, bald scharf ist, aber immer sicher und gut gehalten. Er gipfelt in der Schilderung Wodgate's, einer Stadt der Schmiedearbeit, wo Hammer und Feile unumschränkt herrschen, und in welcher kein öffentliches Gebäude irgendwelcher Art, weder Kirche, Schule, Theater noch Versammlungshaus sich findet. In Wodgate lebt die Bevölkerung in einem wechselnden Zustand von überanstrengender Arbeit und Blaumontagslustigkeit, die den Dienstag mit hinzunimmt, so unwissend, daß viele der Bewohner nicht ihren eigenen Namen kennen und wenige ihn zu buchstabiren wissen, so verwahrlost, daß es eine Seltenheit ist, Jemand zu treffen, der weiß, wie alt er ist, und noch seltener, einen Jungen zu finden, der ein Buch, oder ein Mädchen, das eine Blume gesehen hat. Was die Religion betrifft, haben sie eine dunkle Vorstellung, daß man an unsern Herrn und Erlöser Pontius Pilatus zu glauben habe, der, von Moses, Goliath und den andern Aposteln begleitet, durch die Welt ging. Sie gehorchen als selbsterwählter Obrigkeit einem alten Schmiedemeister, den sie den Bischof nennen: er ist hart, aber gerecht, zerreibt mit seiner Feile die Ohren der Lehrjungen, wenn sie ihm nicht geschickt genug arbeiten, und traut die jungen Paare der Bevölkerung auf die in Wodgate alleingültige Weise, indem er etwas Salz auf einen Bratenrost streut und ein Vaterunser rückwärts darüber liest. Er ist die höchste Autorität in Wodgate und befiehlt über Alle — nur nicht über seine Frau, die noch weit schärfer ist als er.

Von diesem breit und kräftig gemalten Hintergrund hebt sich die Handlung des Romans ab. Sie ist wie gewöhnlich bei Disraeli einfach. Ein junger Adliger, Charles Egremont, der nach einem ziemlich bedeutungslosen Jugendleben im Jahre 1837 zum Parlamentsmitglied erwählt worden, trifft während eines Aufenthalts auf dem Lande in der Nähe der Ruinen einer alten Abtei, die seinem Bruder gehört, zwei Männer, mit denen er ein Gespräch anknüpft, und die ihn durch die Originalität und Neuheit der Gedanken, die sie über Englands politische und sociale Verhältnisse äußern, in hohem Grade überraschen. Sie sind, wie sich herausstellt, Stephen Morley, ein fanatischer, jedoch sehr begabter Autodidakt, Redacteur einer socialistischen Zeitung, und Walter Gerard, ein einfacher Arbeiter, aber ein Typus der sächsischen Adelsbauer-Race, ein heller Kopf, ein energischer Charakter, recht zum Führer einer radikalen Arbeiterpartei geschaffen. Diese beiden befinden sich nur zufälligerweise, als Begleiter der Tochter Gerard's, welche die Abtei besuchen wollte, in dieser Gegend. Egremont hat eben Angesichts der alten Abtei darüber gegrübelt, woran es wohl liegen möge, daß die Bevölkerung des

Ortes gerade in diesen Tagen angefangen hat, die Schober seines Bruders, Lord Marney's, anzustecken, während Heu und Korn zu der Zeit der alten katholischen Aebte von keiner solchen Gefahr bedroht wurden; das Gespräch zwischen ihm und Gerard wird dadurch natürlich veranlaßt, sich um das Regiment jener Mönche im Gegensatz zum gegenwärtigen zu drehen. Gerard lobt die Mönche: sie konnten kein privates Eigenthum besitzen, kein Geld zurücklegen oder vermachen; sie seien auch nicht wie die jetzigen englischen Grundbesitzer ganze Jahre hindurch abwesend gewesen; im Gegentheil hätten sie nie die Abtei verlassen; hätten gebaut und gepflanzt für die Nachwelt; Bibliotheken und Schulen gegründet; den Armen der Gegend Wohlthaten erwiesen. Gerard ist Katholik, aber die Frage ist ihm keine religiöse, sondern eine rechtliche; die augenscheinlichste Wirkung der Reformation war nach seiner Behauptung die, daß die Klöster erstürmt, verwüstet, nach einem unerhörten Maßstab geplündert, und all' ihre Schätze den Mönchen geraubt würden, um unter die Plündernden vertheilt zu werden und so die pecuniäre Grundlage eines neuen Adels abzugeben. Morley stimmt mit Gerard überein; aber was er bei der Zerstörung der alten Abteien am meisten beklagt, ist, daß mit ihnen der letzte englische Typus einer Gesellschaft mit Gemeinbesitz verschwand; statt Association, die das Wesen jeder Gesellschaft sei, habe England jetzt nur Isolation. „In den großen Städten," sagt er, „werden die Menschen jetzt nur durch die Gewinnsucht vereinigt, übrigens kümmert sich Niemand um seinen Nachbarn. Das Christenthum lehrte zu seiner Zeit die Menschen ihren Nach=

barn (neighbour, den Nächsten) wie sich selbst zu lieben; die moderne Gesellschaft erkennt aber keinen Nachbarn an." Sowohl Gerard's wie Morley's Worte machen einen bedeutenden Eindruck auf Egremont, und seine Gemüthsbewegung wird noch stärker, als die Tochter Gerard's, Sibyl, deren Stimme schon eine Zeit lang in die Abendröthe aus der Abtei hinausklang, wo sie ganz allein ihren Abendhymnus an die heilige Jungfrau sang, sich den Männern nähert. Sie ist, wie all' die Heldinnen Disraeli's, ein **Ideal** von Schönheit, Sanftmuth und Begeisterung; sie mit sehr individuellen Zügen auszustatten hat der Dichter nicht vermocht, **aber sie füllt als** Incarnation **der Hoff**nungen und des Seelenadels der niedrigen Volksklassen ihren Platz aus.

Egremont beschließt, theils weil er sich nach der Nähe Sibyl's sehnt, theils um das Leben und die Verhältnisse der Fabrikarbeiter zu studiren, eine Zeit lang unter einem angenommenen Namen sich in der Gegend niederzulassen, wo Gerard lebt. Wir sehen jetzt die Chartistenbewegung sich vorbereiten und anwachsen, wir lernen die Gedanken der Führer und der Massen kennen, und der Roman, der wie alle Disraeli's sich einer nicht fernen Wirklichkeit nahe anschließt, schildert die Einbringung des Nationalgesuchs im Parlament. Ich habe erzählt, **wie die Petition em**pfangen wurde. Man begreift, welchen Eindruck dieser Empfang auf die Personen des Romans ausüben muß Welche Enttäuschung für Sibyl, **die so festes Vertrauen auf** die Resultate gesetzt hatte, die jener große Tag bringen solle Zum Tode traurig öffnet **sie** am Morgen darauf die Zei-

tung, worin die Parlamentsverhandlungen des gestrigen
Tages mitgetheilt sind. Eine niederschlagende Lectüre!
Dann klärt ihr Gesicht sich plötzlich auf. „Eine Stimme
war doch da, die in jenem stolzen Parlament es gewagt
hatte, ohne Rücksicht auf Parteiredensarten unsterbliche
Wahrheit zu verkündigen, einen Adligen gab's, der, ohne
Demagoge zu sein, die Sache des Volkes aufrechthalten
und es als seine Ueberzeugung ausgesprochen hatte, daß
die Rechte der Arbeit ebenso heilig wie die des Eigenthums
seien, und daß, wenn schon eine **Ungleichheit** geduldet
werden solle, dann die Interessen des lebendigen Vermö=
gens denjenigen des todten vorzuziehen seien." Im Roman
hat Egremont die Rede gehalten; man sieht aber, daß keine
übertriebene Bescheidenheit Disraeli hier verhindert hat,
seinen eigenen selbstverfaßten Lobgesang von den schönen
Lippen seiner Heldin steigen zu lassen. Das Wort „Adeliger"
ist das einzige schwache Bollwerk, das die Verschmelzung
des Verfassers und des Helden hindert.

Den Umgebungen gegenüber **steht** Egremont als Für=
sprecher des Chartismus, in der Wirklichkeit betrachtet er
ihn aber als kopflose Agitation, und die Grundzüge seiner
Ansichten werden dem Leser in seinen Gesprächen mit Sibyl
vorgeführt. Er erinnert sie daran, daß sie ihre Meinun=
gen über die höheren Klassen durch Bücher, nicht durch Er=
fahrung gewonnen habe, und lehrt sie, daß seit jene Bücher
geschrieben worden, eine große Veränderung eingetreten
sei; die herrschende Klasse Englands sei nicht dieselbe, die
sie vor einigen Jahren gewesen. „Wenn eine Veränderung
eingetreten ist", antwortet sie stolz, „so geschah es, weil das

Volk jetzt seine Stärke kennen gelernt hat." Egremont bittet
sie sanft, diesen Wahn fahren zu lassen. „Das Volk ist nie
stark," sagt er, „das Volk kann nie stark sein. Die Versuche desselben, selbst seine Rechte zu behaupten, werden
nur mit Leiden und Verwirrung endigen. Die Civilisation
ist es, die jene Veränderung bewirkt hat und immerfort
bewirkt; sie ist es, die den Gebildeten seine socialen Pflichten lehrt. Es tagt in diesem Augenblick in der Geschichte
Englands, aber nur die, die auf den Höhen stehen, vermögen die Morgenröthe zu sehen. Die neue Generation
der Aristokraten Englands sind keine Tyrannen, keine Unter-
drücker, wie Sie, Sibyl, mit so viel Hartnäckigkeit glauben.
Ihre Intelligenz, ja mehr als dies, ihr Herz ist von der
Verantwortlichkeit ihrer Stellung durchdrungen . . . . Sie
sind die natürlichen Lenker des Volks, Sibyl; glauben Sie
mir: sie sind die einzigen, die es hat."

Diese Worte sind, wie es die Schriftstellerindividualität
Disraeli's mit sich bringt, eigentlich der Inhalt des Buchs
auf eine Formel gebracht. Sie kommen ungefähr in der
Mitte des Romans vor, und die letztere Hälfte desselben
ist darauf angelegt, den Beweis für ihre Wahrheit zu
führen. Die Arbeitervereine, die ihre Hoffnungen auf ver-
fassungsmäßige Reformen vernichtet sehen, stiften eine Art
Verschwörung über das ganze Land; die gemäßigten Führer werden von den gewaltsamen fortgerissen, und bald
brechen blutige Unruhen aus. Auch die Gruppe, in welche
Gerard gehört, wird verhaftet, und es gelingt Egremont
nur mit Mühe, Sibyl aus dem Gefängniß zu befreien.
Draußen auf dem Lande hat der „Bischof" mit seinen

Schaaren sich erhoben; die wilden Haufen schlagen den bösen Bruder Egremonts, Lord Marney, todt und verschaffen auf diese Art dem Helden den Lordstitel; sie erstürmen ein Schloß, wo die Beweise für das Recht Gerard's an große adlige Besitzthümer gefunden werden, und helfen so der Heldin zu einer ungeheuren Mitgift; all' die schlechten oder irregeleiteten Personen (darunter der socialistische Redacteur) sterben eines gewaltsamen Todes, die guten werden vereinigt. Der in einem fast irritirenden Grade conventionelle und kindische Schlußoptimismus ist nun einmal eine Zugabe zu den Büchern Disraeli's, an die man sich gewöhnen muß.

In dichterischer Hinsicht hat der Roman seine Stärke in einer Reihe wohlgelungener Charaktere: Die ganze hocharistokratische Gesellschaft, die jungen Fabrikarbeiter beider Geschlechter, die in ihrer rohen Naivetät eine sehr markige Eigenthümlichkeit haben, endlich der „Bischof" und sein Bruder, ein Londoner Rechtsanwalt, der ihn unterstützt, ohne ihn als Verwandten anerkennen zu wollen, alle diese so verschiedenartigen Personengruppen sind gut erfunden und mit Wahrheit gezeichnet. Besonders hat bei dem zuletzt genannten Paare die Aufgabe, wilde Heftigkeit neben der Weltklugheit zu schildern und beide als Contraste sich beleuchten zu lassen, Disraeli interessirt. Es ist derselbe Gegensatz, der in „Alroy" zwischen dem rücksichtslosen Fanatismus des Rabbiners Jabaster und der epikuräisch klugen Philosophie seines Bruders Honan sich findet, und es ist hier wie dort ein Gegensatz von großer dramatischer Wirkung. Vollständig mißglückt ist der Charakter des Socia-

listen Morley. Derselbe ist erstens gänzlich **der Tendenz**
des Buches geopfert; denn um zu beweisen, **wie noth=**
wendig es dem Volke sei, zur Führerschaft der Aristokratie
seine Zuflucht zu nehmen, muß der plebejische Führer sich
lasterhaft zeigen, in diesem Fall aus verliebter Eifersucht
einen Meuchelmordsversuch **auf** Egremont unternehmen.
Zweitens ist die Gestalt Morley's durch den Hang Dis=
raeli's zum Theatralischen und Pomphaften verpfuscht; in
seinem Todesaugenblick **ruft er mit** einer Kugel in der
Brust Egremont eine lange Theaterreplik **zu, die so** endigt:
„Dein Stern war mächtiger als meiner, und jetzt fühl' ich,
daß ich Leben und Ruhm geopfert habe — der Sterbende
vermag die Zukunft zu sehen — Dir allein zum Nutzen und
zur Ehre." Ein Schriftsteller, der im Begriff steht, sich zum
Parlamentsredner auszubilden, hätte besser auf seiner Hut
sein sollen all' der Rhetorik gegenüber, die in jedem Augen=
blick bereit war, selbst auf den am wenigsten passenden
Stellen, aus seiner Feder herauszusickern.

In politischer Hinsicht geht dieser Roman in „Coningss=
by's" Kielwasser, nur mit noch stärkerem Dampf. Es wird
hier noch nachdrücklicher den zwei alten Parteien gesagt,
daß ihre Zeit vorüber sei und **daß** im Wesentlichen **kein**
Unterschied zwischen ihnen existire. „Die Chartisten", heißt
es, hatten längst aufgehört, die beiden Parteien, die damals
wie jetzt um die Macht kämpften, von einander zu unter=
scheiden. **Und sie hatten Recht.** Wo findet sich wohl
das Princip, das den Unterschied **ausmacht** zwischen dem
edlen Lord, der das Portefeuille niederlegt, **und dem** „right
honourable gentleman", der es nach ihm übernimmt? Hier

wie in „Coningsby" wird der englische Parlamentarismus
mit der äußersten Gewaltsamkeit angegriffen, sein Majoritäts=
Regiment als eine Herrschaft bezeichnet, die in den Händen
der Paar Dutzend „unbekannter und anonymer Dumm=
köpfe" liege, die den Zahlenunterschied zwischen den Par=
teien ausmachen, und deren Gunst durch ein Versprechen
eines Peertitels oder durch Baronisirung oder durch eine
Einladung ihrer Frauen zu den Hofbällen gewonnen wird.
„Ein solches System kann gut genug für das Interesse
passen, das zwei rivalisirenden Oligarchien daran haben,
wechselweise am Ruder zu sein; es kann aber nur durch
die Unterwerfung des Monarchen und die Entwürdigung
der Massen bestehen, und ist mit einem Zeitalter unverein=
bar, dessen Genius bald gestehen wird, daß sowohl die
Macht wie das Volk göttlich sind."*) Immer wieder wird
auch die Weissagung ausgesprochen, daß der Toryismus sich
aus der Gruft erheben werde, in welcher er seit dem Tode
Bolingbroke's gelegen habe, um mit mächtiger Stimme der
Welt zu verkündigen, „daß die Macht nur eine einzige
Pflicht habe: die Wohlfahrt der Massen zu sichern."

Es gibt Stellen in diesem Buch, die an Lassalle erinnern.

---

*) An age, whose genius will soon confess, that power and people
are both divine. Sibyl 44, 314—16.

XVI

Die Vierziger Jahre fingen in Großbritannien stürmisch an. Eine allgemeine Unzufriedenheit und Unruhe hatte sich des Volks bemächtigt. Schlechte Ernten, **harte Winter**, das strenge Armengesetz, die chartistischen Agitationen **mit darauf** folgender Ansteckung der Getreideschober, Aufruhr und Schlägereien hielten die niedrigeren Klassen Englands in einem ununterbrochenen Fieber. Immer wieder liefen chartistische Petitionen an das Parlament ein; die, welche, **im Mai 1842** überbracht wurde, hatte sogar mehr als **3,300,000 Unter=** schriften, und da sie das Schicksal der vorigen Volksgesuche erfuhr, geschahen in drei Monaten zwei Attentate auf das Leben der Königin. Theuerung und Noth versetzten Wales in volle Empörung; eine geheime Gesellschaft, „**Rebecca und ihre Töchter**" trotzte dort mit größter Frechheit den Autoritäten und verursachte eine solche Auflösung **aller Bande**, daß der Zustand im Herbst 1843 officiös als „**vollständig gesetzlos**" bezeichnet **wurde**. **Doch der Noth** und dem empörerischen Geiste Irlands kam nichts Anderes **gleich**. Die Bevölkerung dieses industrie= und fabriklosen Landes war ausschließlich auf Ackerbau angewiesen und der Bauern=

stand der stark übervölkerten Insel durch die große Kon=
kurrenz um Land und durch das hohe Pachtgeld in das
tiefste Elend gesunken. Die Nahrung des Volkes bestand
fast ausschließlich in Kartoffeln, und seine Haupterwerbs=
quelle schien in den meisten Gegenden der Bettel zu
sein. Die Verzweiflung der verhungernden Klassen war so
groß, daß sich die Grundbesitzer fast niemals unter ihren
Zinsbauern aufzuhalten wagten, und die Abwesenheit der=
selben konnte natürlich nur all' die vorhandenen Uebel
vermehren. Zu der socialen Gährung kam dann noch die
tiefgehende politische, indem O'Connell eben in diesen Jahren
mit vollster Kraft durch Irland seinen Kreuzzug für die
Aufhebung der Union predigte und führte, Repeal=Meetings
abhielt, denen immer größere Volksmassen (ein Mal 300,000,
ein anderes Mal sogar 1,200,000 Personen) beiwohnten, und
in jeder Kapelle von begeisterten und fanatischen Priestern
Geld für Agitationszwecke einsammeln ließ. Als Verschwörer
verklagt und in den zwei ersten Instanzen mit ungerechter
Härte verurtheilt, deshalb selbstredend von der Bevölkerung
noch leidenschaftlicher gefeiert, wurde er endlich in der letzten
Instanz völlig freigesprochen, ein Ausfall, der nur wenig
geeignet war, das Ansehen der Regierung zu stärken.

Die Agitationen, die das Land unterwühlten, waren
jedoch nicht auf diese Bewegungen der staatsauflösenden
und der radikalen Partei beschränkt. Von den gebildeten
und gewerbetreibenden Mittelklassen war eine nicht weniger
heftige und politisch weit bedeutendere Agitation in Scene
gesetzt worden, die, welche Richard Cobden's energische
Beredtsamkeit gegen die Korngesetze hervorgerufen hatte und

welcher der einflußreiche Anti-Corn-Law Verein entsprungen
war. Dieser Verein, der nach einem Bestehen von wenigen
Jahren über mehr denn eine Million Pfund Sterling gebot,
suchte mit der Losung: Billiges Brod! das ganze Volk zur
Opposition gegen gesetzliche Bestimmungen zu reizen, deren
durchschnittliches Resultat von den Freihändlern als darin
bestehend geschildert wurde, der Bevölkerung jährlich das
Brod um 10 Millionen Pfund zu vertheuern, eine Summe,
die ausschließlich ungefähr 16,000 Grundbesitzern und Pächtern zu Gute komme. Die Chartisten verhielten sich anfangs der liberalen Agitation gegenüber sehr kühl, sogar
feindlich; sie ließen es offen verlauten, daß die Bewegung um „billiges Brod" in der Wirklichkeit auf eine
Bewegung um „billige Arbeit" hinauslaufe; denn das letztere
würde eine Folge des ersteren sein. Nach und nach ließen
sie aber, durch die Noth gedrängt, ihr Mißtrauen und
ihren Widerstand gegen die Liberalen fahren, und als so
wohl sie wie die Irländer sich der freihändlerischen Strömung
anschlossen, wuchs diese immer mächtiger und schien bald
unwiderstehlich zu werden.

Schon im Jahre 1841 war die Torypartei an das
Ruder gekommen. Robert Peel hatte Lord Melbourne abgelöst. Er stand damals auf der Höhe seines Ruhms; er
war nicht nur der mächtigste, sondern zugleich der populärste
Mann Englands; er galt für das, was Disraeli bei seiner
Wahl in Shrewsbury in demselben Jahre ihn genannt hatte,
„den größten Staatsmann seines Zeitalters", und der allgemeine Eindruck war, daß er die Macht, die er jetzt

übernahm, bis an seine Todesstunde in seiner Hand be=
halten würde.

Schon der Parteistandpunkt gebot Disraeli, Peel zu
stützen; er hatte schon in den Runnymede=Briefen, welche
die meisten andern englischen Politiker mit Stichelreden
überhäuften, auf Peel wie auf die Hoffnung des Landes
in pathetischen Worten hingewiesen; er sprach sich auch im
Anfange der Vierziger Jahre in seinen Reden und Schriften
über Peel mit einer Bewunderung aus, die nicht selten zur
Schmeichelei sich steigert, das heißt: er scheint anfangs
Peel als die Karte betrachtet zu haben, auf die er setze.
Wahrscheinlich hat er die Vermuthung oder die Hoffnung
gehegt, daß Robert Peel schon bei der Bildung seines
Ministeriums ihm irgend einen, wenngleich untergeord=
neten, Platz im Cabinet anbieten wolle — eine Unterstaats=
secretärstelle z. B. wie die, mit welcher Contarini Fleming
seine Laufbahn begann; es versteht sich aber, daß er allzu
klug und allzu stolz war, um Peel gegenüber Schritte zu
thun, die als ein Gesuch in dieser Richtung hätten auf=
gefaßt werden können. Peel übersah seinen feurigen An=
hänger; es war überhaupt nicht seine starke Seite, die be=
deutende Fähigkeit zu ahnen, bevor die ganze Welt sie sehen
konnte, und in diesem Fall scheint außerdem eine gewisse
Antipathie der Naturen hinzugetreten zu sein. Disraeli
verbiß seine Enttäuschung, fuhr fort mit unveränderter
Haltung und vollendeter Parteitreue in den zwei folgenden
Jahren Robert Peel zu stützen, ja er verherrlichte ihn noch
in „Coningsby“. Es war die schlechte Gewohnheit Peels,
seine Anhänger mit einer kränkenden Kälte, so zu sagen

als eroberte Unterthanen zu behandeln, und all' die Höf=
lichkeit und die gewinnenden Eigenschaften, über welche
er gebot, für seine Gegner aufzusparen: Disraeli ließ
sich einige Jahre hindurch mit vollständiger Disciplin
dieses Benehmen gefallen. Und doch ist kaum zu be=
zweifeln, daß er gleich von Anfang an auch seinerseits eine
lebhafte Antipathie gegen den Staatsmann, dem er folgte,
gefühlt hat. Nicht daß er ein Rivalitätsgefühl empfand;
denn von einer Nebenbuhlerschaft konnte zwischen einem
jungen Parlamentsmitgliede und dem ersten Mann des
Landes keine Rede sein; was er fühlte, war der Unwille
des cholerischen Temperaments gegen das phlegmatische, die
Abneigung des scharfen Charakters gegen die breite und
selten echte Bonhommie, der Haß der originalen Natur
gegen die überlegene Routine, die Geringschätzung, die der
phantasiereiche Politiker gegen den Phantasielosen hegte.
Schon 1829 hatte Disraeli in dem „Jungen Herzog" fol=
gende charakteristische Schilderung gegeben: „Mr. Peel ist
das Muster eines Ministers und macht als Redner Fort=
schritte, obwohl er, wie die meisten anderen, flüssig aber ohne
den geringsten Stil spricht. Er sollte nicht so oft in Leiden=
schaft gerathen, oder, wenn er das thut, nicht so leicht
aus der Leidenschaft wieder herauskommen. Seine süßen
Vertheidigungsreden thun des Guten zu viel. Und seine
Aufrichtigkeit! die abzulegen würde er wohl thun". Wenn
man genau dieselbe Auffassung von Peel im Jahre 1845
auf's Neue hervorbrechen sieht, kann man sich denken, daß
sie in den dazwischen liegenden Jahren keine wesentliche
Veränderung erfahren hatte.

15*

Zu einem Parteimitglied, das willig auf alle und jede
Selbständigkeit oder Kritik verzichtet, war Disraeli nicht
geschaffen, und am wenigsten zur Unterwerfung geneigt,
wenn seine Folgsamkeit mit Undank und Ausbrüchen forcirter
Ueberlegenheit belohnt wurde von dem, den er weder in all=
gemeiner Begabung noch in besonderer politischer Fähigkeit
in seinem Herzen als überlegen anerkennen konnte. Der
Respect für Robert Peel lastete damals auf seinen An=
hängern wie ein Joch; die Macht des ersten Ministers,
sein Ansehen und seine Meisterschaft in der parlamentarischen
Debatte ließen es fast undenkbar scheinen, daß Jemand
unter ihnen wagen sollte, ihn zum Gegenstand einer Kritik
zu machen. Disraeli beschloß, das Joch zu brechen. Die
Handlungsweise der Regierung war ihm in mehr als einer
Angelegenheit wenig staatsmännisch vorgekommen, und er,
der sich zum Häuptling geschaffen wußte, suchte sich nun,
wie es in alten Tagen im skandinavischen Norden geschah,
den stärksten Recken aus zum Zweikampf um die Führer=
schaft über die Schaar, die ihm folgte. Da er mit Peel
nicht vorwärts kommen konnte, mußte er es gegen ihn ver=
suchen.

Eine außerordentliche Kühnheit war erforderlich, um
diesen Kampf zu beginnen. Als Disraeli im Jahre 1843
zum ersten Mal, in der Form einer äußerst höflichen Inter=
pellation die orientalischen Anliegen betreffend, einen Angriff
auf Robert Peel richtete, war der Eindruck der Parlaments=
mitglieder gewiß nur Erstaunen; man sah einander an,
man fragte sich so zu sagen, ob man nicht unrichtig gehört
habe. Die Interpellation wurde kurz und kalt von Peel

zurückgewiesen; aber wenige Tage darauf erhob sich derselbe unverdrossene Redner, erklärte, daß die Politik, der Sir Robert jetzt Irland gegenüber folge, genau die sei, um derentwillen er das vorhergehende Ministerium so eifrig angegriffen, und genau die entgegengesetzte derjenigen, die er als Führer der Opposition empfohlen habe. Er tadelte nicht den Minister deshalb, durchaus nicht; wenn dieser meinte, daß die Politik, die er früher befürwortet habe, keine solche sei, nach welcher ein Minister sich richten könne, dann habe er nur verständig und richtig gehandelt, indem er sie aufgab, sobald er an's Ruder gelangt war. Nur ziehe er, Disraeli, daraus den Schluß, daß in Betreff irländischer Politik die, welche den geehrten Gentleman stützten und ihm folgten, sich selbst überlassen seien. — Das war der Stil, ein höflicher, still sarkastischer Stil, wohl geeignet für den Fernkampf, der gern einem kriegerischen Zusammenstoß vorausgeht. Was die Sache selbst betrifft, so ist hervorzuheben, daß Disraeli sein ganzes Leben hindurch Milde und Güte als die wirksamsten politischen Mittel, das unruhige Irland zu beschwichtigen, empfohlen und es immer als alte Torytradition nicht weniger denn als Pflicht seiner Partei es dargestellt hat, Irland „übereinstimmend mit der Politik Karl's I. und nicht im Sinne Oliver Cromwell's zu regieren."

Kurz darauf nahm Disraeli auf's Neue seine Beschwerde über die orientalische Politik der Regierung auf. Sir Robert hatte in der Frage, wer den Fürstenthron Serbiens bekleiden solle, die Türkei Rußland gegenüber vollständig in Stich gelassen, und Disraeli griff dies Ver-

fahren an. Es sei zu keinem Nutzen, sich selbst verhehlen
zu wollen, in welcher Lage sich die Türkei befinde; ihre
Macht sei gebrochen; sie sei es aber nicht so sehr wegen
des inneren Verfalls, als weil man ihr einen Dolchstoß in
den Rücken beigebracht habe. Er erinnerte das Haus
daran, daß er schon früher eine Anfrage in Betreff dieser
Sache an den Premierminister gerichtet, und, wie er glaubte,
sie in einer parlamentarischen Sprache und mit aller schul=
digen Ehrerbietung vorgebracht hatte. Auf diese Anfrage
habe der Minister „mit der ganzen Ausführlichkeit, deren er
Meister sei und mit all' der Artigkeit, die er ausschließlich
seinen Anhängern vorbehalte", geantwortet. Es war un=
möglich, eine Bitterkeit mit feinerer Ironie herauszuschleu=
dern, und der Schuß war ein Ricochetschuß, denn er
traf auf ein Mal Peel, wo er sich eine Blöße gegeben
hatte, nämlich in seiner Haltung gegen die eigene Partei,
und irritirte gleichzeitig die Tories, wo ihr Stolz ver=
letzt war.

Diese kleinen Ausfälle waren nur die einleitenden Ge=
fechte; sie eröffneten einen jahrelangen Kampf, der von
der Seite des Angreifers mit einer Hartnäckigkeit ohne
Gleichen, mit List und Kraft, mit Witz und Pathos, mit
Pfeilschüssen und Keulenschlägen, guten und schlechten,
edlen und unedlen Waffen geführt wurde — bis der mäch=
tige Gegner zusammenbrach und im Fall sowohl seine Stel=
lung wie seine Partei verlor. Was nützte es Peel, daß
35 Jahre parlamentarischer Erfahrung ihn gepanzert und
die Geheimnisse der Kunst des Parirens gelehrt hatten! Er
ahnte nie im Voraus, wann der Angriff losgehen oder gegen

welchen Punkt er sich richten werde; plötzlich hörte er das
Sausen des Pfeils durch die Luft, und wo sein Panzer
eine Fuge oder eine Blöße hatte, da drang er ein. Was
nützte es ihm, daß er im Ton der kältesten Gleichgül=
tigkeit dem Hause versicherte, er sei immer vollständig
unempfindlich für das Lob oder den Tadel des geehrten
Mitgliedes für Shrewsbury gewesen! Der Unempfindliche
sah plötzlich einen Blitz in dem Auge seines Gegners, und
wie eine Messerklinge, mit virtuoser Fähigkeit von der
sichern Hand eines morgenländischen Messerschleuderers ge=
worfen, traf ihn der schneidende Spott an der im Augenblick
empfindlichsten Stelle. Und Dank seiner langen politischen
Vergangenheit hatte er viele empfindliche Stellen. Eine solche
war vor allen sein Verhältniß zu dem längst verstorbenen
großen Staatsmann Canning. Als Canning, mit dem Peel
immer durch persönliche Freundschaft verbunden gewesen,
im Jahre 1827 nach dem Tode Liverpools die Regierung
übernahm und die frühere Metternich'sche Politik Groß=
britanniens in eine männliche und neue umwandelte,
welche die Bewunderung des aufgeklärten Europa's erweckte
und durch die Schlacht bei Navarino gekrönt wurde, ver=
ließ ihn Peel und stellte sich selbst an die Spitze der un=
edlen Opposition gegen Canning, die dessen frühen Tod
beschleunigte. Noch während Disraeli eine entschieden apo=
logetische Haltung dem Premierminister gegenüber einnahm,
hatte er ihn auf diesem Punkt nicht ganz decken wollen.
In „Coningsby" hatte er trotz seiner Vertheidigung Peel's
eingestanden, daß das Benehmen desselben gegen Can=
ning, selbst wenn es verantwortet werden könnte, doch

wohl immer einen peinlichen und zweideutigen Eindruck machen würde.*) Jetzt war eine solche Schonung nicht mehr zu erwarten.

Zu Anfang des Jahres 1845 hatte ein Mitglied des Ministeriums durch eine unedle und unpolitische Handlung die Regierung in ein häßliches Licht gestellt. Da die Aufmerksamkeit Oesterreichs auf den in England lebenden Mazzini und seine Beziehungen zu den italienischen Revolutionären, darunter besonders zwei auf Corfu wohnenden Brüdern Bandiera, gerichtet war, hatte der Minister Sir James Graham die Briefe Mazzini's öffnen lassen, hatte die österreichische Regierung über die von den Brüdern entworfenen Pläne unterrichtet und war so die Ursache geworden, daß die zwei italienischen Patrioten von einem politischen Agenten auf österreichischen Grund und Boden hinübergelockt, dort ergriffen und erschossen wurden. Die Entrüstung war in England darüber allgemein, daß sich ein britischer Minister erniedrigt hatte, einer fremden despotischen Macht Polizeidienste zu leisten. Als die Sache vor das Parlament kam, legte Sir Robert deshalb während seiner Vertheidigung eine ungewöhnliche Gemüthserregung an den Tag. In der längeren Rede, welche Disraeli gegen Graham hielt, ließ er mit Rücksicht hierauf die trockene Aeußerung fallen, daß der Premierminister eine allzu große Seele habe und eine allzu hohe Stellung bekleide, um jemals sein Gleichgewicht zu verlieren; daß es

---

*) May perhaps always leave this a painful and ambiguous passage in his career.

aber in einer Volksversammlung bisweilen nützlich sei, die
Rolle des cholerischen Gentleman zu spielen. Er wisse aus
eigener Erfahrung, daß für den Neuling im Hause diese
Vorstellungen immer ziemlich aufregend seien; er bemerke
dies ausdrücklich um der jüngeren Mitglieder willen, damit
sie nicht allzu sehr erschräcken. Sie könnten ganz ruhig
sein, der Minister würde sie nicht aufessen. Und in dieser
Tonart fuhr er fort. Man sieht, daß jener Verdacht gegen
Peel's Aufrichtigkeit (candour), der schon in dem „Jungen
Herzog" ausgesprochen war, hier mit Hohn unterstrichen
wird.

Peel antwortete mit ruhiger Ueberlegenheit. Er habe
das geehrte Mitglied versichern hören, daß die Wärme, mit
welcher er gesprochen, verstellt sei, und das, obwol er da-
gestanden habe, angeklagt, die Ursache an dem Tode
zweier unschuldiger Menschen zu sein. Es sei ganz gewiß
möglich, großen Ungestüm an den Tag zu legen und
doch keine große Leidenschaft zu fühlen. Aber auf der andern Seite sei es auch möglich, völlig kalt, gleichgültig und
gefaßt in seinem äußern Hervortreten zu erscheinen und
doch äußerst gehässige Gefühle zu hegen. Er werde nicht
seinen Gegner mit gleicher Münze bezahlen, er werde ihm
Gerechtigkeit widerfahren lassen; er glaube, daß die Bitterkeit Disraeli's nicht verstellt, sondern ganz aufrichtig sei.
Er beklage sich nie über feindliches Betragen; Jedermann
habe das Recht, aufzutreten wie er wolle; er beklage sich
aber über den Ausdruck, den Disraeli im Laufe seiner Rede
gebraucht, daß er „in einem freundschaftlichen Geiste" gesprochen habe. In der Debatte sei er bereit, den Wider-

sachern in ehrlichem Kampf mit offener Stirn zu be=
gegnen; es sei aber ganz bestimmt ungeziemend, obgleich
es unumgänglich sein könne, daß man aus den Bänken
seiner eigenen Partei ihm in den Rücken falle, wenn er es
am wenigsten erwarte, und das obendrein mit der Ver=
sicherung, daß man sich als Freund benehme. Und mit
seiner kräftigen, wohlklingenden Stimme citirte er diese dem
Hause wohlbekannten Verse, in welchen Canning das alte
Thema: Gott behüte mich vor meinen Freunden! variirt hat.

> Give me the avowed, erect and manly foe;
> Firm I can meet, perhaps can turn the blow;
> But of all plagues, good Heaven, thy wrath can send,
> Save, save, oh save me from the candid friend!

Die Antwort war scharf, sie traf den Nagel auf den
Kopf, indem sie die Animosität entblößte, die hinter der
erkünstelten Kälte Disraeli's steckte, und indem sie gegen
die Verstellung protestirte, die darin lag, von „dem freund=
schaftlichen Geiste" einer Kritik wie der seinigen zu reden.
Man vergleiche aber nur diese Parade mit der Stärke des
ironischen Angriffs, der sie durchhieb, als Disraeli eine
Woche darauf eine lange Rede auf folgende Weise schloß:

„Wenn der sehr ehrenwerthe Gentleman es bisweilen
passend findet, seine Anhänger scharf zu tadeln — wir ver=
dienen es vielleicht — dann bin ich so gut wie Jemand be=
reit, mich unter die Ruthe zu bücken; aber wenn der sehr
ehrenwerthe Gentleman, statt zu Vorwürfen seine Zuflucht
zu nehmen, nur immer Citate benutzen wollte, könnte
er sich darauf verlassen, in solchen eine noch bessere Waffe
zu haben. Es ist eine, die er immer mit Meisterhand
schwingt, und wenn er an irgend eine Autorität in Prosa

oder in Versen appellirt, ist er des Erfolges sicher, theils weil er selten einen Passus citirt, der nicht schon vorher mit dem Beifall des Parlaments belohnt worden, theils und vorzugsweise, weil seine Citate so treffend sind. Der sehr ehrenwerthe Gentleman weiß, was die Einführung eines großen Namens in die Debatte bedeutet — wie außerordentlich seine Wirkung ist und wie elektrisch er bisweilen durchschlagen kann. Er beruft sich nie auf einen Schriftsteller, der nicht groß ist, und selten auf einen, der nicht beliebt ist — wie Canning zum Beispiel. Dieser Name ist einer, von dem ich überzeugt bin, daß er nie ohne Bewegung der Gemüther im Unterhause genannt werden kann. Wir bewundern alle sein Genie; wir beklagen alle oder doch die meisten unter uns seinen zu frühen Tod, und wir sympathisiren alle mit ihm in seinem stolzen Kampfe gegen hochgestelltes Vorurtheil und erhabene Mittelmäßigkeit — gegen ingrimmige Feinde und „aufrichtige Freunde". Der sehr ehrenwerthe Gentleman kann versichert sein, daß ein Citat von einer solchen Autorität immer seinen Effect machen wird — einige Zeilen, zum Beispiel über Freundschaft, von Canning geschrieben und von dem sehr ehrenwerthen Gentleman citirt. Der Gegenstand, der Dichter, der Redner — welche glückliche Combination! Ihre Wirkung während einer Verhandlung muß nothwendigerweise überwältigend sein, und ich bin überzeugt, daß, wäre das Citat z. B. an mich gerichtet, mir Nichts übrig bleiben würde, als dem sehr ehrenwerthen Gentleman nicht allein zu seinem vorzüglichen Gedächtniß, sondern auch zu seinem muthigen Gewissen Glück zu wünschen."

Man fühlt förmlich beim Durchlesen der gedruckten Rede die Betonung, mit welcher jeder Satz gesagt worden ist, und den Eindruck, den er auf das Unterhaus gemacht hat. In den ersten Sätzen war nach Disraeli's Gewohnheit der Vortrag leise und einförmig, sein Gesicht so todt, so maskenartig ernst, daß sein Ausdruck der durchgeführten Ironie der Worte den rechten Hintergrund des Unbewußten gab. Das Haus weiß noch nicht, was er beabsichtigt. Der Anfang der Rede war in so ganz verschiedenem Stil gehalten, der frühere, wochenalte Wortwechsel mit Peel in seinen Details vergessen, wozu jetzt diese ironische Lobpreisung der Aufrechthaltung der Parteidisciplin durch Citate? Dann springt Canning's Name, nachlässig vor einem „zum Beispiel" hingeworfen, aber mit etwas zögernder Betonung gesagt, blitzartig hervor. Der Redner wird ein ganz klein wenig wärmer, und wo er seine Bewunderung ausspricht für den Kampf des großen Todten gegen „erhabene Mittelmäßigkeit" — diese Worte völlig natürlich ohne vorhergehende Pause, aber mit einem ganz flüchtigen Blick nach Peel hin ausgesprochen — geht ein Zittern angespannter Aufmerksamkeit durch das Haus. Man theilt diese Aufmerksamkeit gleichmäßig zwischen dem Premierminister, der mit ruhiger Würde, aber mit einem etwas erkünstelten und unsicheren Lächeln um die Lippen seinen Angreifer verachten zu können glaubt, ja sogar Andern einbilden will, daß er sein Ergötzen an dem unschädlichen Unfug desselben habe — und dem Redner, der mit einem Muthe, der keine Furcht vor Wiedervergeltung kennt, zugleich mit einer eisigen Kälte, die jenes Hohngelächter, das seine directen Gefühlsergüsse immer begleitet, ihm längst mitgetheilt hat, da steht, den einen Daumen im Armloch, und ohne einen Finger der Hand, die er frei hat, zu bewegen, und durch das meisterhafte stumme Spiel allein, das seine Worte begleitet, durch einen vorübergehenden Gesichtsausdruck, ein unbedeutendes Nuanciren der vollständig beherrschten Stimme die unbeschreiblichste Geringschätzung an den Tag legt, eine Geringschätzung, die guter Ton und parlamentarische Sitte es unmöglich machten in Worte zu kleiden, die aber den allmächtigen Gegner wie ein ohnmächtiges Opfer behandelt. Mit katzenartiger Zurückhaltung hatte Disraeli sich zuerst willig erklärt, sich unter die Ruthe zu bücken, mit tigerartigen Liebkosungen hatte er Peel für seine Citirkunst gepriesen, doch aus der mephistophelischen Betonung rief es überlaut: „Mittelmäßiger Mann, falscher Freund, Du, der Du den großen Canning in den Tod hetztest, wie wagst Du es, seine Worte über Freunde in den Mund zu nehmen, wie kannst Du so dumm und stumpf sein, daß Du nicht fühltst, wie Du mit seinem eigenen Brenneisen in Deiner Hand dastehst und es mit lächerlicher Präcision direct gegen Deine eigene Stirn drückst!" Und das Haus, das statt dessen die Worte hörte: „Der Gegenstand, der Dichter, der Redner — welche glückliche Combination!" vermochte trotz der nervösen Zuckungen um Peel's Mund nicht sein Lächeln zurückzuhalten; es stieg zum lauten Lachen durch den komischen Anblick der vergeblichen Versuche Peel's, seinen Verdruß über die kränkende Heiterkeit seiner Anhänger zu unterdrücken, und das Gelächter bekam neue Nahrung durch den unverwüstlichen

Ernst des Redners und seine scheinbare Ahnungslosigkeit
über die Wirkung, die er hervorbrachte, endlich durch die
gemischten Gefühle der Lachenden selbst: durch den sonder=
bar kitzelnden Aerger darüber, daß sie ihren eigenen ge=
strengen Führer verlachten; durch die Erleichterung, ihn zur
Veränderung einmal gründlich auszulachen; durch die
allgemein menschliche Schadenfreude und durch das Ver=
gnügen, einmal etwas boshaft Witziges zu hören. Doch
eben so bald, wie das Gelächter schwieg, hörte man wieder
dieselbe ruhige und einförmige, aber deutliche Stimme, die
ihre Sätze mit der kalten Ruhe einer Maschine hersagte,
als sei der Redner über die gewöhnlichen menschlichen Lei=
denschaften und Triebe allzu erhaben, um im geringsten
Maße von dem, was um ihn her vor sich gehe, beeinflußt
zu werden. Die Andern mußten lachen; er verzog keine
Miene, wenn er es nicht wollte; sie vermochten weder ihre
Stimmung, noch ihre Gesichter zu beherrschen, während er
dort ganz nachlässig und überlegen, den Oberkörper leise vor=
wärts und zurück schaukelnd, seine Sarkasmen hinausschleu=
derte; er geißelte den Leiter des Unterhauses und den ersten
Mann der Regierung, und er unternahm diese Execution
unter dem obligaten Gelächter der eigenen Parteigenossen
desselben — o er kannte dies Gelächter! Er hatte seine
Revanche genommen, diese lachlustigen Herren waren nicht
Männer von seiner Stärke.

Das größte Interesse, welches in jenen Jahren Eng=
land theilte, das Parlament beschäftigte und die Leiden=
schaften der Bevölkerung aufregte, war die Frage über Frei=
handel oder Schutzzoll, besonders über die Beibehaltung, Ein=

schränkung oder Abschaffung der Getreidezölle. Die Tories, die Robert Peel zur Macht erhoben hatten, waren Schutz= zöllner, und Peel hatte die Majorität in beiden Häusern. Peel war nach dem fast einstimmigen Urtheil derer, die ihm nahe gestanden haben, ein nicht nur bedeutender und ge= wandter, sondern durch und durch wahrheits= und gerech= tigkeitsliebender Staatsmann. Er hatte eine gleich große Erfahrung in der Behandlung englischer Souveräne und englischer Parlamente erworben, und er verstand es meister= haft, einer politischen Versammlung die Stimmung und die Töne, die er wollte, zu entlocken; sie war unter seiner Führerschaft wie eine Geige in den Händen eines Meisters. Es fehlte ihm aber als Politiker sowohl an Principien wie an Voraussehungsgabe. Es gehörte zu seinen Eigenthüm= lichkeiten, jeder neuen Maßregel zuerst mit einem hart= näckigen Widerstand entgegenzutreten, um darauf, wenn sie trotz des Widerstandes populär geworden war, sich dieselbe anzueignen und sie bis in ihre äußersten Consequenzen durchzuführen. So hatte er es 1826 mit den Vorschlägen gemacht, die der berühmte Romilly zur Milderung der barbarischen englischen Strafgesetzgebung seit Jahren ver= geblich eingebracht, und die Peel als Führer des conserva= tiven Mitglieder des Parlaments immer als philosophisch= sentimentale Neuerungen verworfen hatte.*) So hatte er sich wieder 1829 benommen, als er die Emancipation der Katholiken, deren eifrigster Gegner er gewesen war, selbst in seine Hände nahm und durchsetzte. So handelte er

---

*) Man vergleiche G. Brandes: Die Hauptströmungen in der Literatur des 19. Jahrhunderts IV. 49.

auch) jetzt. Nachdem er persönlich den Widerstand gegen den Anti=Corn=Law Verein geleitet und seine Stütze in einer Torypartei gesucht und gefunden hatte, die ihn aus= drücklich emporbrachte, damit er diesen Widerstand bis zum Aeußersten fortführen solle, ließ er im Jahre 1845 plötzlich seine Anhänger im Stich, trat als überzeugter Für= sprecher des von ihm selbst so heftig angegriffenen Princips auf und knüpfte seinen Namen an die nothwendige und populäre Reform. Daß die Aufhebung der Korngesetze zu jenem Zeitpunkt eine nicht aufzuschiebende Nothwendigkeit geworden war, ist wohl heutzutage die fast übereinstimmende Meinung der Sachkundigen. und das gegenwärtige euro= päische Urtheil ist, insofern ich es beurtheilen kann, Robert Peel unbedingt günstig. Durch seinen Uebertritt auf die Seite Cobden's sprengte er auf ein Mal den ganzen von den Schutz= zöllnern organisirten Widerstand und machte den Triumph des Freihandelsprincips unumgänglich. Aber man kann ohne Schwierigkeit verstehen, daß die, deren Sache zu führen er übernommen hatte, ihn in keinem vortheilhaften Lichte sehen konnten. Er hatte die Sache des Schutzzolls eine heilige Sache genannt (the sacred cause of protection); er hatte erklärt, daß er lieber der Führer der englischen Land= eigenthümer (leader of the country gentlemen of Eng= land) sein wolle, als das Vertrauen von Königen be= sitzen; die Männer, deren Vertrauen er über das der Sou= veräne Europa's gestellt hatte und die er wenige Jahre später täuschte, konnten ihn unmöglich mit den milden Augen der modernen Staatsökonomen betrachten. Doch, auch wenn man von dem Standpunkte des bloßen Partei=

Interesses wegsieht, scheint mir die Handlungsweise Robert Peels ideell betrachtet nicht vollständig berechtigt. Daß unter einer parlamentarischen Verfassung ein Parteiführer an's Ruder kommt, bedeutet vernünftigerweise nichts Anderes, als daß das Volk, besonders der Theil desselben, der ihn stützt, ihm Gelegenheit verschaffen will, seinen Principien die Form von Machthandlungen oder Gesetzen zu geben; fühlt er als Haupt der Regierung die Nothwendigkeit, seine Principien fallen zu lassen, dann ist es seine Pflicht, sein Amt niederzulegen; denn die Macht sollte der Lohn politischen Scharfblicks, Vorhersehens und Glücks sein, und der, welcher diese Eigenschaften besessen hat, sollte auch die Süßigkeit der Macht genießen.

Wenn in diesem Fall nur politische und nicht zugleich und besonders pecuniäre Interessen der Tories auf dem Spiel gestanden hätten, wäre es Peel bei seinem großen parlamentarischen Einfluß gewiß möglich gewesen, seine Anhänger nach und nach für seine veränderte Ueberzeugung zu gewinnen; wie die Sachen standen, hatte er keine Hoffnung, die an Erhaltung der Getreidezölle persönlich interessirten Schutzzöllner umzustimmen, und er versuchte es nicht einmal, sie durch private Mittheilungen auf seinen Umschlag vorzubereiten, denn ebenso überlegen und beredt, wie er in der öffentlichen Debatte war, ebenso scheu und blöde, befangen und wortkarg war er in dem persönlichen Verkehr mit seinen Parteigenossen.

Seine Regierung war mit einigen Modificationen in den Schutzzollgesetzen, darunter mit einigen, freilich sehr unbedeutenden Veränderungen in denen, die den Ackerbau

betrafen, eingeleitet worden. Obwol Disraeli auf die Korn=
gesetze hielt, machte er denn doch auch als treuer Anhänger
Peel's im Anfang der Vierziger Jahre geltend, daß die
Freihandelsprincipien kein Privilegium der Whigs und
nichts von den Whigs Erfundenes, sondern gute alte
Pitt'sche Toryprincipien seien. Freilich gab er dem Worte
„Freihandel" eine so weite Erklärung, daß auch Schutz=
zöllner Freihändler wurden und zugleich eine so enge, daß
die absoluten Freihändler nur Auswüchse des Princips re=
präsentirten. Man dürfe nicht vergessen, fügte er hinzu,
daß der Ausdruck „Freihandel" vormals als Gegensatz zum
alten Colonialsystem gebraucht, während er jetzt von Cobden
und seiner Partei in dem ganz verschiedenen Sinne benutzt
und gedeutet wurde, daß man mit „offenem Hafen gegen
die feindlichen Zolltarife anderer Länder kämpfen solle".
Unter dem Freihandel, den er behauptete, scheint er damals
einen gemäßigten Schutz gemeint zu haben, oder richtiger
er lavirte, noch nicht völlig klar darüber, was Robert Peel
im Schilde führe, doch fest entschlossen, die Sache, für
die er sich bei seiner Wahl erklärt und die er zu führen
versprochen hatte, nicht zu verrathen. Doch von dem Augen=
blick ab, da es Disraeli unzweifelhaft wurde, was Peel in
Wirklichkeit beabsichtigte — und er ahnte dies zu einem
Zeitpunkt, wo noch Niemand unter den Parteigenossen
seinen drohenden Weissagungen Glauben schenken wollte —
markirte er durch seine ersten oppositionellen Parlamentsreden
gegen Peel seinen Verdacht und nahm in der Freihandels=
debatte die Sache der ultraconservativen Schutzzöllner in
seine Hand.

Die Torypartei gerieth nämlich bald in völlige Verwir=
rung über das, was vor sich ging; sie fiel auseinander in
Gruppen, von welchen die eine theils aus Ueberzeugung,
theils aus alter Gewohnheit Peel zu folgen fortfuhr, wäh=
rend die andere, die eigentliche Landpartei, sich nach einem
neuen und zuverlässigeren Führer umsah. Disraeli, der früh
begonnen hatte, seine Fähigkeiten den Landwirthen zur Ver=
fügung zu stellen und der in ihrer Sache weit mehr eine
Waffe, als eine Sache sah, warf sich jetzt zum factischen
Chef der Landpartei auf.

Jetzt erst war die Zeit gekommen, wo er eine ent=
schiedene parlamentarische Bedeutung gewinnen konnte; eine
stumme, betäubte, enttäuschte, entrüstete Schaar bedurfte ein
Organ für ihre Leidenschaft, einen Vertheidiger ihrer Inter=
essen, ein Gehirn, das für sie denken und Pläne entwerfen
konnte; und da war kein Anderer als er, er bot sich ohne
sich anzubieten von selbst dar als Mund der Stummen
und Verstummten, als Haupt derer, die den Kopf verloren
hatten. Er hatte bisher nur einen kleinen aristokratischen
Stab gehabt. Das junge England war ein trefflicher An=
fang, aber es war nur ein Anfang; die Bedeutung desselben
war erstens nicht sehr groß, zweitens aber weit mehr eine ge=
sellschaftliche und zum Theil literarische, als eine, die politisch
in's Gewicht fiel. Das Junge England bildete so zu sagen
einen kleinen Hof um Disraeli; trotz dieses Hofes stand er
bis jetzt als ein „König ohne Land" da. Die Partei der
Gutsbesitzer und Landeigenthümer brachte ihm zu seiner
Kronprätendentenwürde das „Land". Es war, wie schon
angedeutet, keine sehr intelligente Gruppe, die sich ihm an=

schloß: es waren aber Mitglieder einer zahl= und einfluß=
reichen Klasse. Die Männer der grundbesitzenden Gentry
übertreffen noch heutzutage in der Anzahl bei Weitem jede
andere Klasse im Unterhause; erstens entsendet die Land=
bevölkerung Englands eine Anzahl Parlamentsmitglieder
für die Grafschaften; zweitens wurde und wird, so sonder=
bar es auch klingen mag, noch in unseren Tagen die Hälfte
der Flecken durch angesehene Grundbesitzer vertreten, weil
nämlich der Grundbesitz den britischen Vorurtheilen zufolge
eine weit höhere gesellschaftliche Stellung als der Handel
oder die Industrie oder die Gelehrsamkeit verleiht. Das
Interesse des Grundbesitzes zu vertreten heißt also, ein sehr
mächtiges Interesse, eine politische Großmacht zu repräsen=
tiren. Eines von außen hinzutretenden Führers ist aber
diese Großmacht nicht selten bedürftig, weil der Grundbesitz,
wie Bagehot vorzüglich auseinandergesetzt hat, einen po=
litischen Wahlspruch angenommen hat, der ihn verdummt.
„Die Grafschaften", sagt er, „wählen nicht allein Grund=
eigenthümer, was natürlich und vielleicht sogar klug ist,
sondern sie wählen nur Grundeigenthümer aus ihrer eigenen
Grafschaft, und das ist thöricht. Für den Gedankenaus=
tausch der Ackerbauer giebt es keinen Freihandel; jede Graf=
schaft hat ein förmliches Prohibitiv=System gegen den Import
tüchtiger Männer aus andern Grafschaften. Aus diesem
Grunde haben auch beredte Skeptiker, wie Bolingbroke und
Disraeli, so leicht die gläubigen Tories leiten können. Sie
wollen Leute haben, die ein großes Grundstück in einer
bestimmten Gegend besitzen; natürlich können diese Männer
gewöhnlich nicht reden, oft nicht einmal denken, und so

gelingt es denn beredten Männern, welche über die Partei spotten, leicht, dieselbe zu führen".*)

Beim ersten Blick nimmt sich die Stellung Disraeli's an der Spitze der Ackerbauer paradox und drollig aus. Er, der nie ein ererbtes Landgut besessen hatte; er, dessen Vorfahren die Erwerbung von Grundbesitz gesetzlich versagt war; er, der nicht einmal eine Grafschaft repräsentirte; er, der vormalige Dandy und jetzige Salonheld, der großstädtische Romanschriftsteller — als Bauernfreund costumirt, den dicken Pächtern Schutz versprechend! Aber eben dies Drollige war, näher betrachtet, sehr vernünftig, und dies Paradoxe, von Disraeli's Standpunkt aus gesehen, absolut logisch. Er hatte vom Anfang an darunter gelitten, daß er halbwegs fremd und fremdartig in England war; er mußte vor Allem gründlich englisch werden, möglichst tiefe Wurzel in Englands Grund und Boden schlagen. Deswegen sehen wir ihn hier wie immer in seinem politischen Leben den autochthonen englischen Standpunkt vertreten. Nach der landläufigen Auffassung waren die Städter den an der Scholle klebenden Ackerbauern gegenüber fast als Weltbürger zu betrachten; schon darin lag für Disraeli ein Sporn, in jedem Conflikt zwischen Stadt und Land die Partei des Landes zu ergreifen. Wir hörten ihn ja schon vor Jahren betonen, daß die Fabrikanten und Industriellen, wenn sie Lust dazu hätten, nach Aegypten auswandern könnten, während die Ackerbauer die eigentlichen und geborenen Patrioten seien, ohne welche kein

*) Bagehot: The English Constitution. Cap. VI.

Volk sich helfen könne. Da es nun einmal Disraeli, so zu sagen um den Makel seiner Geburt zu vertilgen, eine politische Regel geworden, überall und zu jeder Zeit der nationalen (selbst ultranationalen und beschränktnationalen) Auffassung das Wort zu reden, lag es ihm schon im Voraus nahe, gegen die kosmopolitische Schule der Freihändler die Sache zu der seinigen zu machen, die eine nationale Etiquette trug, und deren Verfechter jedenfalls nur von nationalem Egoismus, von keiner Schwärmerei für die Verbrüderung der Völker, von keiner Lehre von den Gesammtinteressen der Menschheit irgend Etwas wissen oder hören wollten. Wie persönlich auch die Interessen der Schutzzöllner an den Getreidezöllen waren, nur von Schutz der nationalen Production war ja die Rede, und Disraeli, der einer fremden Race entstammte, setzte bei dieser Gelegenheit, wie später immer, seine Ehre darein, wo möglich englischer als die Engländer selbst zu sein.

Die Freihändler gingen in ihrem Eifer für ein Princip, das für sie bald ein unbedingtes wurde und fast die Glorie einer religiösen Weihe bekam, so weit, daß sie über das Ziel bisweilen hinausschossen. Da z. B. die Sclaverei mit großen Kosten abgeschafft worden war, konnte es nur als vernünftig betrachtet werden, durch einen Zoll auf den Zucker der Sclavenstaaten den englischen Pflanzern in Westindien einigen Schutz zu bieten. Cobden brachte aber aus principiellen Gründen im Jahre 1843 einen auf Aufhebung dieses Zolls ausgehenden Vorschlag ein. Es lag daher Disraeli nahe, Protest dagegen niederzulegen, daß man die Interessen der englischen Colonien denen der sclavenhaltenden Staaten opfern wollte, und überhaupt in der ganzen Frage zu betonen, daß für britische Staatsmänner britische Interessen allen andern vorzuziehen seien.

So wurde er Führer der Protectionistenpartei, doch ohne noch persönlich und nominell den ledigen Häuptlingssitz einnehmen zu können. Diesen Platz auszufüllen, wurde ein Adliger erfordert, und ein solcher wurde bald in Lord George Bentinck, einem energischen und nicht unbegabten Landjunker, dem ersten Sportsman und eifrigsten Jäger der damaligen Zeit gefunden, der, von der Vorzüglichkeit des Schutzsystemes persönlich überzeugt und über den Abfall Peel's persönlich entrüstet, seine ritterlichen Neigungen dem opferte, was er für seine Pflicht hielt. Er verkaufte seine Gestüte, warf mit Wehmuth einen letzten Blick auf seine nie verlierenden Wettrenner und übernahm ohne irgend einen ehrgeizigen Beweggrund, mit Disraeli als Stabschef, den Posten als General des gesprengten Toryheeres.

Der Standpunkt des jetzigen Lord Beaconsfield scheint mir in jenem Augenblick dieser gewesen zu sein: Er fand es unpolitisch und ungerecht, mit einem Schlage die Getreidezölle aufzuheben, obwohl er völlig ihre Schädlichkeit einsah; er hegte keinen Glauben an die nützlichen Wirkungen des unbedingten Freihandels; er fühlte sich den „philosophischen", wissenschaftlichen Freihändlern gegenüber als Repräsentant jener historischen Schule in der Politik, als deren Anhänger er von Anfang an aufgetreten war; er übersah nicht den Egoismus auf der Seite der Ackerbaupartei, aber er fand vielen verkappten Egoismus hinter der

humanitären Losung der großen Fabrikanten und Indu=
striellen, die um des armen Volkes willen sich für Ab=
schaffung der Kornzölle heiser schrien, während sie ihre
eigenen Arbeiter möglichst aussogen; er haßte endlich Robert
Peel und hegte große Geringschätzung gegen ihn. Sollten die
Getreidezölle schon aufgehoben werden, dann komme es
Cobden zu, es zu thun, und nicht einem Minister wie Peel,
der durch frühere Zusagen gebunden sei. Daß Peel doch nur
die niedrigere Pflicht gegen seine Partei der höheren gegen
das englische Volk opferte, das wollte oder konnte Disraeli
nicht sehen, weil er Peel überhaupt von dem eitlen Beweg=
grunde geleitet glaubte, seinen Namen mit der populären öko=
nomischen Umwälzung verknüpfen zu wollen. Es giebt keine
Wendung in Disraeli's Leben, die so stark wie diese an=
gegriffen und getadelt worden ist; ich will seine wenig
beneidenswerthe Stellung als Chef der durch breite Rücken
und fette Aecker ausgezeichneten Garde der Korngesetze nicht
vertheidigen, ich habe nur andeuten wollen, in welchem
Lichte er selbst seine Opposition gegen Peel als den Für=
sprecher der Abschaffung jener Gesetze sah.

Man wird es auch verfolgen können, daß er in der
langen Reihe der Reden, die er von dieser Zeit an gegen
Peel hält, immer nur den formellen Standpunkt einnimmt,
den Umschlag desselben lächerlich zu machen, aber so zu sagen
nie den rein sachlichen, den Korngesetzen eine heilbringende
Wirkung beizulegen. An einer Stelle heißt es: „Der sehr
ehrenwerthe Gentleman überrumpelte die Whigs, während sie
badeten, und lief mit ihren Kleidern davon. Er hat sie
ruhig im Vollgenuß ihrer freien und liberalen Position ge=

lassen und ist selbst ein strenger Conservativer, ein treuer Bewahrer — ihrer Kleider". An einer andern Stelle nicht weniger sarkastisch: „Er ist der politische Petrucchio, der die böse Sieben, den Liberalismus, durch Anwendung ihrer eigenen Taktik gezähmt hat". Anderswo macht Disraeli in demselben Geist den Schutzzöllnern ironische Vorwürfe darüber, daß sie sich über Peel's Benehmen beklagen. „Es findet sich", sagt er, „ganz gewiß ein Unterschied zwischen dem Betragen des sehr ehrenwerthen Gentleman als Führer der Opposition und als Minister der Krone. Das ist aber die alte Geschichte; man darf nicht den Contrast zwischen den Tagen der Bewerbung und den Jahren des Besitzes allzu übel aufnehmen." Und mit der dichterischen Fähigkeit anschaulicher Illustration, die er als Redner zu verwerthen weiß, umschreibt er in einer seiner Hauptreden die Lage Peel's in einer durchgeführten Parabel: „Es ist schwer in der ganzen Weltgeschichte eine Parallele zu der Situation des sehr ehrenwerthen Gentlemans zu finden. Die einzige, deren ich mich entsinne, ist eine Begebenheit, die während des letzten orientalischen Krieges sich ereignete. Ich erinnere mich, daß, als dieser große Kampf beginnen sollte und die Existenz der Türkei auf dem Spiele stand, der vorige Sultan, ein Mann von großer Energie und seltener Begabung, dazu entschlossen war, eine ungeheure Flotte zum Schutz seines Reiches zu rüsten. Eine solche, in welcher sich einige der schönsten Schiffe, die man jemals baute, befanden, wurde also gesammelt; die Mannschaft bestand aus ausgesuchten Leuten, und sowohl Officiere wie Mannschaft bekamen reichlichen Lohn, bevor sie ausgeschickt wurden. Seit den Tagen Soliman's I. war keine solche Flotte durch die Dardanellen gesegelt. Der Sultan war persön- lich Zeuge der Abfahrt; alle Mufti's beteten um Glück für die Expedition, wie alle unsere Mufti's bei der letzten Wahl für einen glücklichen Ausgang beteten. Die Flotte segelte ab, aber man denke sich den Schrecken des Sultans, als der Großadmiral sie gerade in den Hafen des Feindes hineinsteuerte. Nun ist die Sache die, daß das Betragen des Großadmirals bei dieser Gelegenheit in ein sehr un- gerechtes Licht gestellt worden ist. Auch er wurde ein Ver- räther genannt, auch er vertheidigte sich mit Kraft. ,Wahr ist es', sagte er, ,daß ich mich an die Spitze dieser tapfern Armada stellte; wahr ist es, daß mein Kaiser mich um- armte und alle Mufti's des Reiches Gebete für mein Unter- nehmen gen Himmel sandten; ich habe aber eine Antipathie gegen Krieg, ich sehe den Nutzen nicht ein, den Streit in's Unendliche fortzuführen, und der einzige Grund, weswegen ich das Commando übernahm, war der, daß ich am leich- testen dadurch dem Krieg ein Ende machen konnte!' Und diese Gründe, die von einem Mann, der nicht weniger Ueberzeugungsgabe als Geschmeidigkeit besaß, angeführt wurden, haben ihre Wirkung gehabt; denn, so überraschend es vielleicht lauten mag, es ist ein Factum, das z. B. der ausgezeichnete Seeofficier, der mir gegenüber sitzt, bezeugen kann, daß jener Großadmiral in diesem Augenblick unter der neuen Regierung Chef der Admiralität in Constanti- nopel ist."

Wie man sieht, halten sich alle diese beißenden und witzigen Ausfälle innerhalb desselben Kreises. Was ver-

spottet wird, das ist die Leidenschaft Peel's, sich die Ge=
danken Anderer anzueignen, sein Mangel an Originalität
und Princip, seine Treulosigkeit gegen die Partei, die ihm
die Macht gegeben hatte, und der er zum Ersatz sein Wort
gab, aber von dem Kern der Sache, von der wirklichen
Frage, dem Recht des Landadels, ganz England zum Besten
der Getreideverkäufer theuer zu besteuern, kommt Wenig oder
Nichts vor. Es ist mehr als wahrscheinlich, daß Disraeli
mit seinem fernsichtigen Blick die heutzutage so stark her=
vortretenden Gefahren, die dem englischen Ackerbau von
dem Wettstreit mit dem nordamerikanischen drohten, schon
in der Mitte der Vierziger Jahre voraussah, er hielt sich
aber in der parlamentarischen Debatte immer nur an die
rein formelle Seite der Sachlage, das Renegatenthum
Robert Peel's.

Unterdessen klopfte die Realität jener Frage stets ge=
waltsamer an die Thür des Unterhauses. Gleichzeitig mit dem
Fehlschlagen der Ernte von 1845 in England und Schottland
brach die fürchterlich verheerende Kartoffelkrankheit in Irland
aus, die der unglücklichen und verarmten Bevölkerung der
Insel mit dem Hungertod drohte. Unter diesen Umständen
war die erst beabsichtigte Maßregel, die Korneinfuhr von
den Kolonien freizugeben, unzulänglich, und als der Anti=
Cornlaw=Verein jetzt die heftigste Agitation entfaltete, als
die Whigführer, die bisher einen mäßigen Getreidezoll ver=
theidigt hatten, sich öffentlich für unverzügliches und voll=
ständiges Aufheben der Korngesetze erklärten, als eine große
Versammlung in Dublin den Anschluß der Irländer an
das Freihandelsprogramm erklärte, als endlich der Bürger=

krieg vor der Thür stand, legte Robert Peel im Januar 1846 einen auf völlige Abschaffung der Getreidezölle lautenden Gesetzesvorschlag im Unterhause vor, der nach monatelangen heftigen Debatten in beiden Kammern durchging.

Peel hielt sich noch, aber seine Macht war erschüttert. Man kann in Lord Beaconsfield's „Life of Lord George Bentinck" die ausführliche Darstellung seiner Position und derjenigen seiner Gegner lesen. Die letzteren hatten bis zur äußersten Frist gehofft, daß das Gesetz im Oberhause durchfallen würde; da diese Hoffnung besonders durch den Uebertritt des Herzogs von Wellington vereitelt wurde, folgte, wie Lord Beaconsfield mit Contarini Fleming'scher Offenherzigkeit gesteht, die Rachsucht auf die sanguinische Stimmung: „Die Schlacht selbst war verloren, aber der, welcher durch seinen Verrath die Niederlage verursacht hatte, sollte jedenfalls dafür büßen." Eine ganze Parlamentsferie wurde, wie die Biographie Bentinck's sagt, dazu angewandt, einen Kriegsplan, der Peel stürzen sollte, zu entwerfen und durchzudenken, und man kann in jener Lebensbeschreibung deutlich verfolgen, durch welches Spiel tollkühner Intrigue der endgültige Fall Robert Peel's von dem Verfasser „Vivian Grey's" vermittelst des fanatischen und rücksichtslosen Lord George Bentinck, auf den er als Werkzeug vertrauen konnte, zuletzt herbeigeführt ward. Das letzte Mittel, das benutzt wurde, war eben so grob als wirksam; es bestand darin, Lord George Bentinck als Führer der Tories und Lord John Russell als Führer der Whigs zu bewegen, gemeinsam bei der zweiten Behandlung

den Peel'schen Gesetzesvorschlag im Interesse der gestörten
öffentlichen Sicherheit in Irland zu verwerfen, einen Vor=
schlag, dem beide Lords bei der ersten Behandlung ihre
„aufrichtige und herzliche Unterstützung" zugesagt hatten.
Das verzweifelte Mittel wurde angewandt. Im Juni 1846
kam Robert Peel in die Minorität und legte sogleich sein
Portefeuille nieder.

Ein Mann, der, wie Lord Bentinck nur widerstrebend
und nur gelegentlich die Führerschaft der Tories übernom=
men hatte, war nicht der Mann, der ihn bei seinen frü=
heren Anhängern ersetzen konnte. Er war von Anfang
an durch Geburt und Familienverbindungen (als Schwager
Canning's) nicht weniger als durch freisinnige religiöse
Ueberzeugungen ein Whig und hatte sich nur aus Inter=
esse für die Getreidezölle mit den Tories verbunden. Er
war ferner von Jugend auf vor Allem ein Sportsman
gewesen, der, wenn er spät Abends in's Unterhaus trat,
nachlässig sein rothes Fuchsjäger=Habit unter dem leichten
grauen Ueberzieher verbarg. Er war endlich nur ein stocken=
der und mühsamer Redner. Durch ihn und so zu sagen
als sein Sprechminister leitete Disraeli von jetzt an un=
gefähr ein Jahr hindurch die Torypartei, bis Lord Bentinck
im Jahre 1847 sich von der Führerschaft zurückzog, wie es
scheint, aus Unzufriedenheit mit Disraeli's Argumentation
bei der Judenemancipations=Bill; dieser argumentirte näm=
lich, wie gewöhnlich, für den Semitismus, anstatt, wie Ben=
tinck es wünschte, für die principielle Religionsfreiheit. —
Eine kurze Zeit stand nun die Gruppe der mit Peel zer=
fallenen toristischen Schutzzöllner ohne ernannten Führer,

denn man sträubte sich noch), den unadligen, jüdisch ge=
borenen, anfangs radicalen, zweideutig berühmten Nächst=
commandirenden als Chef der Gruppe anzuerkennen, bis
durch den plötzlichen Tod Lord George Bentinck's im
Jahre 1848 Disraeli als factischer Fürsprecher der Partei
auch ausdrücklich zum Führer derselben gewählt wurde,
und solcherweise endlich das erste mühevolle Stadium auf
dem Wege zur Macht hinter sich hatte.

Bis jetzt hatte er, obschon Führer der Landpartei, im
Parlament eine Stadt, den Flecken Shrewsbury, vertreten.
Es war nothwendig, dieser absurden Position ein Ende zu
machen. Er stellte sich, von zahlreichen Wählern aufge=
fordert, als Candidat für die Grafschaft Buckingham, wo
er durch den Erwerb des Gutes Hughenden Manor Land=
eigenthümer geworden war, und wurde im Jahre 1847
zum ersten Male mit großer Stimmenzahl zum Repräsen=
tanten jener Grafschaft gewählt, die er von 1847 bis 1876,
als er sich aus dem Unterhause zurückzog, ununterbrochen
vertreten hat.

XVII.

In seinem Buch über Bentinck hat Lord Beaconsfield einige Worte mit Rücksicht auf Peel geschrieben, bei welchen er augenscheinlich an sich selbst gedacht hat: „Eine Aristokratie zaudert lange, bevor sie ihr Vertrauen giebt, aber sie giebt es nie kärglich; sie ist vielmehr geneigt, die Eigenschaften eines plebejischen Führers, den sie sich wählte, zu überschätzen und seine Bedeutung zu übertreiben." Enthielten diese Worte eine Thatsache oder einen Wunsch und einen Wink? Man folgte augenscheinlich dem neuen Führer nur widerstrebend, ohne Begeisterung, bisweilen fast mit Widerwillen. Seine Herkunft stand ihm am allermeisten im Wege; sie war bei jedem Zusammenstoß mit den Umgebungen regelmäßig gegen ihn geltend gemacht worden; sie wäre in der Zukunft bei jeder Gelegenheit ebenso regelmäßig hervorgezogen worden. Es galt also ein für alle Mal dem Vorurtheil gegen die jüdische Race die Spitze zu bieten und es so gründlich zu brechen, daß es wenigstens als christliches Vorurtheil für alle Zeiten in absurdissimum geführt sei.

Ein kräftiger Angriff darauf war schon in „Coningsby" unternommen. Sidonia hatte den arabischen Stämmen als

Culturvölkern gleichen Rang mit dem angelsächsischen und dem griechischen Stamm zuerkannt, und ferner den Vorrang geltend gemacht, der unter den Arabern der hebräischen Race zukäme als dem ältesten, unvermischten Blute entsprungen, das sich in einem städtebewohnenden Volke fände; er hatte den Satz ausgesprochen: „Eine ungemischte Race mit einer Organisation ersten Ranges ist die wahre Aristokratie der Natur." Und selbst in „Sibyl" hatte der Disraeli immerfort beschäftigende Grundgedanke sich geltend gemacht. Hier wird durch den Mund eines katholischen Geistlichen folgende eigenthümliche Erklärung der frühen Sympathien des Verfassers mit dem Katholicismus gegeben: „Die römische Kirche muß respectirt werden als die einzige noch existirende hebräisch-christliche Kirche; alle andern Kirchen, die von den hebräischen Aposteln errichtet wurden, sind verschwunden, aber die Römerkirche steht noch da, und man darf nicht über die allzu anspruchsvolle Stellung, die sie im Mittelalter einnahm, ihren frühesten Charakter vergessen, als sie frisch von Palästina, so zu sagen vom Paradiese duftend, herkam".*) Es ist also nicht um Roms, sondern um Palästina's willen, daß Disraeli die römische Kirche verherrlicht hat, und dieser Umstand erklärt, daß er zuletzt in „Lothair" fast eine Parodie seiner eigenen Romane geben konnte, indem die katholische Geistlichkeit und die Religiosität die in ihre Arme führt, hier mit eindringlicher Menschenkenntniß und schneidender Satire entblößt wird. Es war der „Duft von

---

*) Coningsby 219, Sibyl 129.

Der Verfasser „Alroy's" konnte diese Begebenheiten nicht ohne starke Gemüthserregung erleben, und man muß bei dem Roman, den er jetzt über den Orient und die jüdische Race schrieb, nicht die Folie vergessen, die jene Gräuel ihm gaben. Wie „Coningsby" das politische Problem und „Sibyl" das sociale behandelten, so wurde das letzte Glied der Trilogie „Tancred oder Der neue Kreuzzug" zur Behandlung des religiösen Problems bestimmt.

„Tancred" ist ohne Frage eins der interessantesten und originellsten Werke Lord Beaconsfield's, ein schnurrig-pathetisches, ironisch-mystisches Buch, das bei dem ersten Durchlesen Einem allzu drollig vorkommt, um einer ernsten Discussion unterworfen zu werden, zu welchem man aber zurückkehrt, und das, obwohl es in zwei große Bruchstücke auseinanderfällt, durch seinen reichen Witz und seine vielen glänzenden orientalischen Gespräche und Scenen sich in dem Gedächtniß des Lesers lebendig erhält. Es umspannt außerdem den ganzen Gesichtskreis Disraeli's, bewegt sich von den äußerlichsten Frivolitäten des vornehmen Lebens, von einer amüsanten Exposition mit ausschließlich culinarischem und gastronomischem Gepräge zu dem höchsten religiösen Pathos, über welches der Verfasser gebietet, und zu den weitestgehenden unter seinen großpolitischen Plänen, die er hier 1847 in eine burleske Form niederlegte, mit jener verwandt, in welcher ein Hamlet oder Brutus die seine verräth und verhehlt, die er aber seit 1874 dieser Hülle entkleidet und immer mehr zu verwirklichen gestrebt hat. Es ist ein Buch mit zwei Gesichtern, janusartig; das eine Gesicht hat einen Ausdruck undurchdringlicher Ironie, das

andere den eines fast einfältigen Mysticismus, und der
Widerspruch wird nicht durch diversus respectus auf=
gehoben, denn die Ironie schwebt immer gerade über dem
Mysticismus, um welchen das Werk sich dreht, ja findet
sich im Grunde in der Mystik selbst und trifft durch sie
die christlich=religiöse Kreuzzugsschwärmerei, deren Sache
hier anscheinend geführt wird. Es ist Gebrauch, von dem
Sphinxartigen bei Lord Beaconsfield zu reden, und ein
Roman wie „Tancred" giebt einem solchen Ausdruck mehr
Sinn und Berechtigung, als er in der Regel hat; doch
würde sich auch hier nur die Denkfaulheit hinter einer
Proclamation der Sphinxwürde verstecken; denn horcht
man scharf auf den Sinn des Werks, so sagt der Verfasser
ohne Zweideutigkeit den Orthodoxen: „Wenn ihr conse=
quent wäret, im Ernste das glaubtet, woran ihr immer
zu glauben versichert, dann handeltet ihr in Masse so
begeistert, so naiv, so gläubig, so verrückt wie mein Held.
Und wäret ihr wahrhaft, dann räumtet ihr wie er ein,
daß ihr den Juden und dem Judenthume all' eure kost=
barsten Kleinodien verdankt, und würdet, wie er, statt sie
gering zu schätzen und zu verfolgen, sie hochachten. Ihr seid
aber weder consequent, noch wahrhaft, weder gläubig noch
begeistert; ihr seid Alle sammt und sonders philiströse
Rationalisten, und da ihr es nicht zu gestehen wagt, so
prüft eure Zähne an meinem Buch!"

In der Burg einer herzoglichen Familie wächst als
einziger Erbe des Reichthums und der Ehre des ganzen
Geschlechts, von liebevollen, weltfremden Eltern auf den
Händen getragen, der junge Lord Tancred von Montacute

Palästina" allein, der **noch an dem Mantel** der ersten römischen Bischöfe hing, welcher die Römerkirche für ihn so lange anziehend machte, bis jener Duft von dem Weihrauchgeruch verdrängt wurde.

Nach Palästina fühlte **er jetzt wie** zuvor Verlangen. Es war lange her, daß sein körperliches Auge das Land gesehen hatte, aber seine Phantasie pilgerte noch immer in's Morgenland. Seit er als Jüngling **jene Gegenden** besucht, hatte der große Krieg zwischen Mehemed Ali und der Pforte im Jahre 1840 die Großmächte **in die Verhältnisse** des Orients einzugreifen veranlaßt und die Aufmerksamkeit Europas auf sie gerichtet, und ungefähr gleichzeitig hatte sich am selben Orte eine Reihe von Begebenheiten zugetragen, die jeden, der wie Disraeli jüdisches Blut in seinen Adern hatte, ergreifen mußten: die fürchterlichen, schlimmer als mittelalterlichen Judenverfolgungen in Damaskus und auf Rhodos. In Damaskus hatte das plötzliche Verschwinden eines italienischen Priesters das **Gerücht** veranlaßt, daß er von den Juden ermordet sei, und da ein jüdischer Barbier, dessen sich der christliche **Pöbel** bemächtigt hatte, und der vom Pascha, weil er nicht bekennen wollte, mit 500 Stockschlägen auf die Fußsohlen bestraft wurde, unter der Tortur gestand, daß die Juden zur **Bereitung** ihrer Osterfladen sich Christenbluts bedienten und ihn **zu dem Ende** beauftragt hätten, den Priester **todt zu** schlagen, wurden sechs angesehene Juden als des Mordes verdächtig verhaftet. Sie wurden gepeitscht; sie wurden **gezwungen,** drei Tage hindurch aufrecht zu stehen, und wenn sie vor Ermüdung **umfielen,** mit Bajonetstößen emporgetrieben; man zündete ihren Bart an, hielt Lichter unter ihre Nasen, bis die Gesichter versengt waren; selbst ihre Kinder wurden bei Wasser und Brot eingesperrt. Vergeblich wiesen die Juden auf ihre heiligen Schriften hin, die das Blutvergießen verboten; als einer von ihnen kühn genug war, zu sagen, daß die Christen vermuthlich selbst den Priester todtgeschlagen hätten, bekam er die Bastonade, bis er den Geist aufgab. In diesem Stil wurden die Gräuel in Damaskus fortgesetzt und in demselben Stil brachen sie gleichzeitig auf Rhodos aus, als ein griechischer Knabe dort auf ebenso räthselhafte Weise verschwand und die Juden beschuldigt wurden, ihn getödtet und aus dem Wege geräumt zu haben; der ganze Unterschied lag darin, daß hier nicht die eingeborenen Christen allein, sondern die europäischen Consuln, der britische mit einbegriffen, ihren Fanatismus gegen die, wie der Ausfall zeigte, völlig unschuldigen Juden ausließen.[*])

Bekanntlich verursachten die Nachrichten über diese Schreckensthaten die erste Reise des edlen Sir Moses Montefiore nach dem Morgenlande, wo er mit hartnäckiger Ausdauer die Loslassung der verhafteten Juden und den merkwürdigen Firman des Sultan auswirkte, in welchem dieser sich von der Unschuld der Juden an den Missethaten, deren sie angeklagt worden und deren Opfer sie gewesen waren, vollständig überzeugt erklärte. Der Sultan zeigte sich humaner und verständiger als der englische Consul, der die Juden auf Rhodos angab, und als der französische Consul, der sie in Damaskus verfolgte.

---

[*]) Picciotto: Sketches of Anglo-Jewish History 347 ff.

nicht? warum sollten nicht himmlische Boten ausgesandt werden, wenn man ihrer am meisten bedarf?" — „Wir haben himmlische Botschaft erhalten von Einem, der größer ist als die Engel; die Engel hörten auf, die Erde zu besuchen, von der Zeit an, wo der Mächtigere kam." — „Warum", fragt Tancred, „zeigten sich denn Engel vor Maria und ihren Begleitern am heiligen Grabe?" — Der Bischof verläßt ihn unverrichteter Sache und mit geringer Meinung von der Intelligenz seines Beichtkindes.

Es gelingt, die Abreise Tancred's eine Zeit lang zu verzögern. Es sind tausend Vorbereitungen zu treffen; eine Yacht muß gekauft werden, die Wahl ist schwierig und die Verkäufer unzuverlässig. Es kommt ferner Verschiedenes dazwischen: die Einführung des jungen Lords in die vornehme Londoner Welt und eine unschuldige Liebelei mit einer Weltdame, die das größte Interesse für das Jerusalemproject affectirt, die aber in Wirklichkeit am Meisten von Actienspeculationen erfüllt ist und in einer Schäferstunde den romantischen Tancred mit dem Stoßseufzer erschreckt: „Hätten wir nur eine Eisenbahn nach Jerusalem!" Eine Eisenbahn nach Jerusalem! Der Gedanke empört und entrüstet Tancred. Wie ganz anders entrüstet würde er sich gefühlt haben, wenn er gewußt hätte, daß die Verwirklichung jenes Gedankens 30 Jahre später von keinem geringeren als Lord Beaconsfield gefördert werden würde. Allen Hindernissen zum Trotz hält er hartnäckig seinen Plan fest, und kommt denn auch zuletzt richtig fort, mit Empfehlungsbriefen und Creditiven von Sidonia ausgestattet, dem einzigen, der es versteht, was er in dem heiligen Lande will, und der sympathisch sein Verlangen, in „das asiatische Mysterium" einzudringen, begreift. Von einem jüdischen Bedienten begleitet, den ihm Sidonia verschafft, und der diesem auf seinen Reisen im Orient gefolgt ist, außerdem mit einem förmlichen Gefolge von der väterlichen Burg aus versehen, kommt Tancred in Jerusalem an.

Das erste Abenteuer, das ihm hier begegnet, ist das Zusammentreffen mit einer jungen Dame in ihrem Garten bei Jerusalem, einer Dame, deren vollendete orientalische Schönheit ihn blendet und entzückt, und deren Rede ihm so weise und wahr vorkommt, daß sie ihn mit einem Schlage überzeugt, er habe seine Jugend in einer Reihe von Irrthümern über die höchsten Dinge verbracht. Es zeigt sich, daß die junge, türkisch gekleidete, von Juwelen strahlende Schönheit eine Jüdin ist, die Rose Sarons genannt, mit Namen Eva, die Tochter des Kösus von Syrien, des edlen und reichen Besso, und die Enkelin eines mächtigen Beduinenhäuptlings, des Scheikhs der Scheikhs, Amalek.

„Ihr Franken liebt Bethanien?"

„Natürlich; es ist ein Ort, der uns im hohen Grade werth sein muß."

„Verzeiht, seid Ihr einer der Franken, die eine Jüdin anbeten, oder gehört Ihr zu denen, die sie als Abgöttin betrachten und ihre Bilder niederreißen?"

„Ich verehre die Mutter Gottes, aber ich bete sie nicht an."

„Ah! die Mutter Jesu. Er ist also Euer Gott. Er

auf. Es ist ein adliger Jüngling von dem Typus des
Jungen England's, ernst, gewissenhaft, romantisch=religiös.
Am Anfang der Handlung tritt er eben in das Alter der
Volljährigkeit; sein Vater wünscht, daß er seinen Sitz im
Oberhause einnehme, und leitet zu diesem Zweck ein
Gespräch mit ihm ein, da er zu seinem Erstaunen von
Tancred die Antwort erhält, er sei fest entschlossen,
diesen seinen Platz nicht eher einzunehmen, als bis er sich
darüber klar sei, nach welchen Principien England jetzt
regiert werde und regiert werden müsse; denn er sehe in
der ganzen Staatsordnung kein Princip irgendwelcher Art,
weder ein monarchisches noch ein aristokratisches, noch ein
volksthümliches; alles Alte werde zerstört, und das mit der
Zustimmung derer, die zu den Hütern desselben gesetzt seien;
und er vermöge nicht zu sehen, wohin das Neue führe,
noch auf welchem Princip es ruhe. Er wolle sich deswegen
nicht mit der Politik einlassen, er wolle reisen. Nach Paris?
Nein, nicht nach Paris. Nach Rom? Auch nicht nach
Rom. Wohin denn? Er wünscht, nach dem Beispiel seiner
großen Väter, eine Pilgerfahrt nach Jerusalem zu unternehmen. Der Herzog, der den Gedanken nicht ertragen
kann, seinen Sohn selbst für kurze Zeit entbehren zu
müssen, und weiß, welchen Schmerz diese Reise seiner Frau
bereiten werde, ist ebenso erschrocken wie überrascht. Er
begreift nicht, was Tancred in Jerusalem will. Aber Lord
Montacute erklärt seinem Vater ganz gelassen: er fühle sich
überzeugt, daß das einzige Land, in welchem Gott gewür=
digt habe, sich den Menschen zu offenbaren, das Land, in
welchem er menschliche Form angenommen und einen

menschlichen Tod erlitten habe, unmöglich ein Land wie
alle anderen, wie die Normandie oder wie Lancashire sein
könne; es müsse gewisse wundervolle und besondere Eigenschaften besitzen; diese Eigenschaften seien es, die im Mittelalter so viele Male halb Europa nach Asien, nach dem heiligen Grab hinüber gelockt hätten; sie könnten vielleicht eine
Zeit lang verborgen bleiben; er glaube aber an die inspirirende Kraft der heiligen Erde; er hoffe, daß ihm in dem
heiligen Lande ein Licht über alles ihm noch Unklare
aufgehen werde, hoffe, dort einzusehen, was der Glaube
werth und was in der Kirche wahr sei, was die Pflicht
gebiete und worauf ihre bindende Fähigkeit beruhe, was
politisches Recht und sociales Eigenthumsrecht bedeute und
welche Grenzen sie haben. Die erschreckten Eltern bewegen
ihren Hausfreund, den Bischof, einen Versuch zu machen,
den jungen Lord zur Vernunft zu bringen, aber jener, ein
unbedeutender, ehrgeiziger Mann, dessen ganzes Verlangen
und ganze Schlauheit immer darauf gerichtet gewesen,
Carrière zu machen, vermag gegen Tancred's Zweifel und
Argumente Nichts vorzubringen. Dieser wundert sich darüber,
daß es eine Zeit gab, wo die menschliche Gesellschaft direct
von Gott gelenkt wurde, und daß jene Zeit jetzt vorüber sei.
Der Bischof antwortet, daß jetzt die Kirche Gott repräsentire;
der Jüngling wendet aber dagegen ein, daß die Kirche
nicht mehr das Menschenleben lenke. Der Bischof spricht
von den Fortschritten der Kirche in unsern Tagen: „Wir
werden noch einen Bischof in Manchester zu sehen bekommen." — „Ich möchte aber einen Engel in Manchester
sehen," antwortet Tancred. — „Einen Engel?" — „Warum

jener Zeit über die damals bekannte Welt verhältnißmäßig ebenso zerstreut gewesen, wie jetzt über die civilisirte Erde. Es lebten damals mehrere Juden, und das in großem Ansehen und Wohlstand, in Alexandria wie in Jerusalem. Nicht zwei Monate nachdem die Kreuzigung stattgefunden hatte, kamen in Jerusalem, wie es ausdrücklich heißt, Juden von allerwärts her zusammen, „gottesfürchtige Männer aus allen Völkern unter dem Himmel", Parther, Meder, Perser, Juden aus Mesopotamien und Syrien, von Klein= und Groß=Asien und sogar von Rom. Was hätten alle diese mit der Kreuzigung zu thun? Außerdem seien die Juden, wie wohl bekannt, ursprünglich ein Volk von zwölf Stämmen gewesen; die zehn unter diesen seien lange vor Jesu Geburt in die Gefangenschaft entführt und über das Morgenland und die Mittelmeerländer zerstreut worden; nach aller Wahrscheinlichkeit stammten von ihnen die jetzt lebenden Juden ab. Welche Schuld hätten sie an Jesu Tod? Jerusalem sei nicht öfter als Athen erobert worden, noch schlimmer behandelt; aber sein Volk erhöbe sich allzu oft und kämpfte allzu tapfer; deswegen sei es expatriirt worden. Entführung und Expatriirung seien ja eine besondere und dauernde morgenländische Sitte. „Doch laßt uns, fährt Eva fort, nur annehmen, daß alle Juden in allen Städten der Welt Nachkommen jenes Pöbelhaufens wären, der bei der Kreuzigung mit seinem Geschrei den Fluch erflehte, was dann? Mein Großvater ist ein Beduinenscheikh, Häuptling eines der mächtigsten Stämme der Wüste. Er ist ein Jude — sein ganzer Stamm sind Juden — sie lesen die fünf Bücher und gehorchen ihnen, leben in Zelten, haben Tausende

von Kameelen, reiten Pferde von Nedjed's Geschlecht und
kümmern sich um nichts Anderes als Jehovah, Moses und
ihre Pferde. Waren sie in Jerusalem bei der Kreuzigung
und gilt ihnen, was der Pöbel damals brüllte? Meine
Mutter verheirathete sich mit einem Hebräer aus den
Städten, einem Mann, der dazu geschaffen scheint, König
Salomo's Scepter zu tragen: und jetzt zu denken, daß ein
kleiner christlicher Knirps mit einem runden Hut, der Feigen
verkauft in Smyrna, quer über die Straße läuft, wenn er
sie sieht, aus Furcht durch die Nähe einer der Mörderinnen
seines Erlösers befleckt zu werden, von welchem Erlöser er
selbst behauptet, daß er einer der Prinzen unseres Königs-
hauses war! Nein, ich will nie Christin werden, wenn ich
solchen Sand essen soll!" Das Gespräch wird mit kurzen
Fragen und Antworten fortgesetzt, aus welchen hervorgeht, erstens daß die Armenier, die keinen Erlöser gekreuzigt
haben, noch gründlicher expatriirt sind als die Juden;
zweitens daß der angebliche Fluch nicht besonders wirksam
gewesen sein kann, da die Stammesgenossen Eva's in
Europa, wo Nichts so gesucht und geehrt ist wie Geld, in
allen Ländern die reichsten Männer unter sich haben.

Somit ist das Gespräch bis zu dem Punkte angelangt,
wo Disraeli Gelegenheit hat, durch Eva's Mund seinen
zweiten Einspruch gegen die Straftheorie zu erheben, den,
daß sie dogmatisch ungesund sei. Der Kürze willen trage
ich seine Aussage so vor, wie er selbst sie zu formuliren
pflegt: Es kann keineswegs mit Wahrheit gesagt werden,
daß auch nur der kleine Theil der jüdischen Race, der in
jenen fernen Tagen Palästina bewohnte, Jesus verwarf.

lebte lange in diesem Dorfe; er war ein großer Mann, jedoch ein Jude, und Ihr betet ihn an?"

„Und betet Ihr ihn nicht an?" sagt Tancred mit fragendem Blick und erröthenden Wangen.

„Es kommt mir bisweilen so vor, als solle ich es thun; denn ich bin von seiner Race, und man sollte mit seiner eigenen Race sympathisiren."

„Ihr seid also eine Jüdin?"

„Ich bin von demselben Blut wie Maria, die Ihr verehrt, aber nicht anbeten wollt."

Eva hat von dem englischen Bischof ein Neues Testament zum Lesen bekommen; sie findet aber nicht, daß das Christenthum darin mit dem übereinstimmt, das im Leben gilt. Tancred macht geltend, daß sie bei der christlichen Kirche Anleitung suchen solle. „Bei welcher?" antwortet sie, „es gibt so viele in Jerusalem", und sie nennt die englische, die lateinische, die armenische, die abyssinische, die griechische, die maronitische und die koptische Kirche. „Ich will dann lieber," sagt sie, „zu einer Kirche meine Zuflucht nehmen, die älter ist als sie alle, zu der, in welcher Jesus geboren wurde und die er nie verließ; denn er wurde als Jude geboren, lebte als Jude und starb als Jude, wie es sich für einen Prinzen aus David's Haus, wofür ja auch Ihr ihn haltet, geziemte." Eva ahnt, daß Tancred die jetzige Lage ihrer Race für die Wirkung eines Strafurtheils ansehe. Er räumt es ein. „Es ist", sagt er, „die Strafe für die Verwerfung und Kreuzigung Jesu." — „Wo ist sie auferlegt worden?" — Er citirt die Worte: „Ueber uns und unsere Kinder komme sein Blut!" —

„Die Verbrecher sagten so“, antwortet sie, „nicht der Richter. Ist es Euer Rechtsprincip, die Schuldigen selbst ihre
Strafe bestimmen zu lassen? Jene hatten vielleicht eine
noch härtere verdient; warum sollten sie aber ihren Nachkommen sie auferlegen können? Und welche Wahrscheinlichkeit gibt es dafür, daß die Allmacht jenes Anerbieten annahm? Darüber steht Nichts in Euren Büchern.
Gerade umgekehrt, Er, den Ihr für allmächtig haltet, bat
Jehovah, ihnen wegen ihrer Unwissenheit zu vergeben.
Aber gesetzt auch, daß das Anerbieten angenommen wurde,
was in meinen Gedanken Gotteslästerung ist, kann denn
das Geschrei eines Pöbelhaufens bei einer öffentlichen Hin-
richtung für ein ganzes Volk verbindend sein?“

Die theologisch-historische Vertheidigung des jüdischen
Volks, die der Verfasser nun seiner Heldin in den Mund
legt, ist genau die, welche er in seinem eigenen Namen
wenige Jahre später in seiner Lebensbeschreibung Bentinck's
fast mit denselben Worten, nur noch sorgfältiger und um-
ständlicher, seinen Lesern einzuprägen sich bemüht hat. Da
Lord Beaconsfield's eigenes Gesicht hier so deutlich hinter
der schönen Maske Eva's erscheint, verlohnt es sich, einige
Augenblicke bei diesem Punkt zu verweilen. Seine und
Eva's für geistig fortgeschrittene Leser überflüssige, doch in
seinem Vaterlande und besonders vor mehr als dreißig
Jahren nicht unnütze Behauptung ist die, daß die über-
lieferte Lehre von der Zerstreuung der Juden über die
Welt als Strafe für die Kreuzigung Jesu weder historisch
wahr noch dogmatisch gesund sei.

Nicht historisch wahr. Denn die Juden seien schon zu

kenden Jünglings Eindruck zu machen. Was das Ver=
hältniß des Verfassers zum Inhalt desselben betrifft, sieht
man, wie mir scheint, hier recht deutlich, wie Disraeli
seiner Losung aus „Vivian Grey" treu geblieben ist: „Wir
müssen uns in den Haufen mischen; wir müssen auf seine
Gefühle eingehen; wir müssen uns seinen Schwächen anbe=
quemen." Um die einzelnen Aeußerungsformen der Ortho=
dorie, die ihm im Wege stehen, zu bekämpfen, geht er ohne
Sträuben auf all' die übrigen orthodoxen Voraussetzungen
ein; und hiermit stimmt es, daß, wo er Eva von diesen
Dingen reden läßt, die Discussion derselben frisch, wahr=
heitsliebend, ohne falsches Pathos oder dickaufgetragene Sal=
bung ist, während er, sobald er (wie in der Lebensbeschrei=
bung Bentinck's) in seinem eigenen Namen spricht, sich
gezwungen fühlt, allerlei Rücksicht auf seine Stellung als
Toryführer zu nehmen, und dasselbe nochmals mit thrä=
nenden Augen und kopfhängerischer Haltung sagt. Wer
sich lebhaft erinnert, wie groß die leitenden Staatsmänner
des 18. Jahrhunderts dachten und wie frei sie redeten über
die scholastischen Probleme, die hier in einem so unfreien
Geiste behandelt werden, kann wohl nicht umhin, ein gewisses
Bedauern über den Rückschritt zu fühlen; wenn man aber
bedenkt, daß Disraeli zu England redete, wie es vor dem
Jahre 1848 war, und wenn man sich entsinnt, daß sein
liberaler Gegner Gladstone noch in seiner freisinnigsten
Phase (Juventus mundi 1869) sich in theologischer Hinsicht
ganz anders befangen zeigte und in vollem Ernst die christ=
liche Dreieinigkeit in den homerischen Göttern, ja in dem
Dreizack Poseidons angedeutet fand, so fällt ein anderes Licht

über die Versöhnungs= und Vorausbestimmungslehre Dis=
raeli's, und man sieht, daß er, innerhalb der gegebenen
Grenzen, für einen Tory fast als Fürsprecher eines religiösen
Radicalismus zu betrachten ist.

Eine gewisse Ironie verfolgt den armen Tancred.
Sein theologischer Wortstreit mit Eva führt nur dazu, daß
er sich bald mindestens ebenso verliebt wie überzeugt fühlt;
seine Reise von Jerusalem nach dem Sinai hat unmittelbar
nur das Resultat, daß er von der Beduinenhorde ihres
Großvaters überfallen wird, die ihn für „den Bruder der
Königin von England" hält und eine ungeheure Summe
als Lösegeld für ihn fordert. Nach einem tapferen Wider=
stande wird er überwältigt und gefangen genommen. In
dem Lager lernt er arabisches Leben und arabische Denk=
weise, Scheikhs und Emire kennen, gewinnt das Herz
des jungen Emirs Fakredin, und dadurch schnell seine
Freiheit. Er hat jetzt den Eindruck von der Ueberlegen=
heit des arabischen Stammes erhalten, er hat von den
Beduinenhäuptlingen sagen und wiederholen hören: „Mögen
Männer an Einhörnern zweifeln; an Einer Sache kann nicht
gezweifelt werden: daß Gott nie mit einem Mann, der
nicht Araber war, geredet hat." Er hat sich schon daran
gewöhnt, mit Wehmuth sich nur der Religion, nicht zu=
gleich der Race nach als Araber zu bezeichnen; er hat mit
Scham und Reue sich erinnert, daß er von Kind an dazu
erzogen worden, es für die edelste Herkunft anzusehen, von
einer Bande Ostseepiraten abzustammen, die nie eine Offen=
barung empfingen; damit ist er für seine Sinai=Pilgerfahrt
reif. Bei der Cypresse, die sich halbwegs auf dem Berge

Ohne die Juden Palästina's würden noch heutzutage die nördlichen und westlichen Racen Nichts von dem Evangelium wissen. Die ersten Apostel waren Juden, ausschließlich Juden; die ersten Evangelisten Juden, einzig und allein Juden. Fast ein Jahrhundert hindurch glaubten nur Juden an Jesu Lehre. Es war kein römischer Senator und kein atheniensischer Philosoph, sondern ein Jude aus Tarsus, der Asiens sieben Kirchen gründete, und jene berühmtere Kirche, welche die Eroberung Jerusalems rächte, indem sie Rom bezwang und alle griechischen und römischen Tempel in Altäre für den Gott Sinai's und des Calvarienberges verwandelte, war von einem Juden aus Galiläa gegründet. Es war kein Unterschied zwischen der Moral der neuen Lehre und derjenigen der alten. „Die Männer, die heutzutage in den gedankenleeren Ergüssen, die mit dem Namen der Theologie beehrt werden, von der Moral des Evangeliums als von einer besonderen, durch neue Offenbarung entstandenen Sittenlehre sprechen, würden wohl daran thun, zu begreifen, welche gefährlichen Irrthümer sie verbreiten. Es können nicht zwei Sittenlehren existiren, und die Behauptung, daß die zweite Person der heiligen Dreieinigkeit eine Moral hätte lehren können, die von der verschieden war, die schon von der ersten Person derselben offenbart geworden, ist ein so entsetzliches Dogma, daß man es vielleicht als die unaussprechlichste Sünde gegen den heiligen Geist betrachten kann. Als der Schriftgelehrte Jesus in Versuchung führte und ihn fragte, was er thun solle, um das ewige Leben zu gewinnen, verwies der große Meister Galiläa's ihn auf die Bücher Moses; da würde er Aufklärung über all seine Pflichten finden."

Besteht das Wesen des Christenthums also nicht in einer neuen Moral, so kann es nur in dem von Ewigkeit an vorausbestimmten Opfer= und Versöhnungstode Christi bestehen. Auf diesem Punkt greift Eva Tancred an: Ge= setzt, daß die Juden Jesus nicht gekreuzigt hätten, was wäre dann aus dem göttlichen Plan geworden? Worin be= steht das ungeheure Verbrechen, das nur die Absicht des Schöpfers verwirklichte? Die heilige Race stellte sowohl das Opfer wie die Vollzieher des Opfers. Insofern sie das verstehen könne, was die Christen sagen, sei der Sinn der, daß das Menschengeschlecht errettet worden und es nicht anders hätte werden können als durch das Leben und den Tod eines hebräischen Prinzen. Und auf dieser Grund= lage wagen die Christen sich auf die verächtliche Verfolgung einer einzelnen Race einzulassen: „Verfolgt uns! wenn ihr aber an das, was ihr bekennt, wirklich glaubtet, solltet ihr vor uns knien! Ihr richtet den Helden, die ein Land gerettet haben, Statuen auf. Wir haben das Menschen= geschlecht errettet, und ihr verfolgt uns — weil wir es thaten!"

In einer Darstellung, der, um den Gehalt der Ideen der Prüfung des Lesers darzubieten, die Kunstform zer= bricht, kann dieses Hauptgespräch des Romans etwas hyper= theologisch erscheinen, aber im Zusammenhang des Werkes wirkt es durchaus nicht unkünstlerisch; es harmonirt mit den Umgebungen, worin sich die Redenden befinden, und es ist wohl geeignet, auf das Gemüth des theologisch den=

befindet, und die nach der Sage den Ort der Offenbarung angibt, kniet und betet der einsame Tancred um Mitternacht zu Jehova. Da dünkt es ihm, als sehe er eine mächtige, strahlende Gestalt; sie nennt sich selbst den Engel Arabiens und sagt ihm tröstende und entflammende Worte.

Diese Engel=Offenbarung, die sich als Reminiscenz einer ähnlichen in dem phantastischen „Alroy" ausnimmt, ist, obwol rein subjectiv gehalten, dem Verfasser vollständig mißlungen. Das lange Geschwätz des Engels ist nur eine gedrängte Inhaltsangabe alles dessen, was die Hauptpersonen in „Tancred" zu sagen pflegen, und jeglicher Stil hört auf, wo der Engel Worte wie „das sociale Problem" in seinen Mund nimmt. Der Engel Arabiens gehört zu der Klasse von Souveränen, die nichts gelernt und nichts vergessen haben. Denn er verkündigt die reine Theokratie: die Gleichheit der Menschen unter der Herrschaft Gottes; aber dieser geographische Engel ist gleichzeitig ein besonders Disraelitischer Potentat, denn er endigt mit der Aufforderung an Tancred, das Schlagwort seines Urhebers sich anzueignen, indem er schließt: „Fürchte nicht, tappe nicht umher und falle nicht! Gehorche den Eingebungen deines eigenen Geistes und finde ein williges Werkzeug in jedem Menschen, dem du begegnest!"

Der Leser erfährt leider nicht, inwiefern die Zusage des Engels in Erfüllung geht; denn der Roman endigt in dem Augenblick, wo die schöne Eva Tancred ihre Hand reicht, und England und der Orient in ihren Personen eine ähnliche symbolische Verbindung eingehen, wie die, welche die Aristokratie und die Industrie durch die Hochzeit Co-

ningsby's und Edith Millbank's, oder die Torypartei und
das Volk durch die Verheirathung Charles Egremont's mit
Sibyl Gerard in den früheren Werken des Verfassers schon
eingegangen waren.

Die Stärke des Romans beruht auf der Meisterschaft,
womit das orientalische Leben in unseren Tagen hier dar=
gestellt ist, besonders wo das Zusammentreffen der ein=
gewanderten europäischen Anschauungen und Gebräuche
mit den orientalischen hervortritt. Der Dialog der Ein=
geborenen entspricht vorzüglich der Scenerie der Wüste
und der einsamen Burgen unter den Bergen Syriens;
Disraeli hat mit der Intuition, welche die geistige Ver=
wandtschaft giebt, die Denkweise der Orientalen gefühlt und
errathen, und er vermag es, ihre Ausdrucksweise haarscharf
nachzuahmen. Wie die Narren in den englischen und spa=
nischen Schauspielen wirken außerdem in diesen seltsamen
Umgebungen zwei englische Bedienten, die Tancred mit
sich führt. Sie erheitern das Pathos des Werkes durch ihre
Komik. Technisch hat Disraeli kaum jemals Höheres er=
reicht als in den Contrastwirkungen, die der naive englische
Hochmuth und die heimischen Bedürfnisse dieser Bedienten
veranlassen. Man höre sie z. B. nur als Gefangene im Be=
duinenlager sich beklagen, daß die „Wilden" alle Schwärze,
womit sie Mylord's Stiefel wichsen sollten, ausgetrunken
haben, oder man bemerke, wie all' ihre Wünsche während
der schmerzlichen Entfernung von der Heimath in den Stoß=
seufzer nach ein wenig Zucker zum Caffee gipfeln!

Unter den Morgenländern zeichnet sich, wie schon oben
angedeutet, der an glänzenden und widerspruchsvollen Eigen=

schaften reiche Charakter des Emirs Fakredin aus. Diese Gestalt ist gewiß die originellste, die Lord Beaconsfield je gezeichnet hat. Fakredin ist ein politisches Genie, dem Kenntnisse und Willensfestigkeit fehlen, der aber einige Brocken europäischer Bildung aufgefangen hat; er diente in 1847 hauptsächlich dem Verfasser dazu, in burlesken Umrissen einige der Pläne, die ihn selbst beschäftigten und quälten, hinzuwerfen. Fakredin, der in seiner frühen Jugend nur einer Art syrischer Königsmacht nachstrebte, sehnt sich immer nach einem größeren Schauplatz für politische Action. „Er wünschte Europa statt des Libanon in Erstaunen zu setzen und mit seiner Geisteskraft den Thronen und Mächten der großen Welt statt den simpeln Scheikhs und Emiren seiner Berge Schach zu bieten.“ Die langen morgenländischen Tage hindurch sitzt er mit seiner türkischen Pfeife im Munde auf Tancred's Divan und füllt die Ohren seines Freundes mit den wildesten politischen Phantasien.

Es findet sich unter seinen flüchtigen Projecten eins, das so lautet:

„Ihr Engländer müßt in großem Stil den alten Plan Portugals ausführen. Ihr müßt ein kleines und erschöpftes Land für ein großes, weit ausgedehntes Reich verlassen. Laßt die Königin von England ihre Flotte sammeln, laßt sie ihre Schätze, ihr baares Geld, ihr Goldgeschirr und ihre kostbaren Waffen darin stauen; laßt sie, von ihrem ganzen Hof und ihren ersten Männern begleitet, den Sitz ihrer Regierung von London nach Delhi verlegen. Da wird sie ein ungeheures Kaiserreich fertig vorfinden, ein Heer ersten Ranges und große Einnahmen .... Ich will

für Syrien und Kleinasien Sorge tragen. Die einzige
Weise, wie man die Afghanen regieren kann, ist durch
Persien und durch die Araber. Wir wollen dann die Kaiserin von Indien als unsere Oberlehnsherrin anerkennen
und ihr die Küste der Levante sichern. Wenn sie will,
soll sie Alexandria haben, wie sie jetzt Malta besitzt; das
ließe sich machen. Eure Königin ist jung; sie hat ein
Avenir. Aberdeen und Sir Peel werden ihr niemals diesen
Rath geben; ihre Gewohnheiten sind ein für alle Mal ge-
formt; sie sind zu alt, zu rusés. Aber Ihr seht selbst!
das größte Reich, das jemals existirte! und hat sie das,
ist sie außerdem die Verlegenheiten mit ihren beiden Kammern los! Und Alles völlig ausführbar, da der einzige
schwierige Theil der Sache, die Eroberung Indiens, woran
Alexander scheiterte, schon ausgeführt ist."

Es ist unmöglich, diesen Passus zu lesen ohne die Ent-
deckung zu machen, daß jedem Satz desselben eine spätere
Aeußerung oder Handlung Lord Beaconsfield's entspricht.
Er hat seit damals England als eine asiatische Macht
definirt. Er hat zwar nicht den Sitz der Regierung nach
Indien verlegt, er hat aber betont, daß in jener Colonie
der Schwerpunkt der englischen Macht liege. Er hat zwar
nicht die Königin nach Indien zu reisen aufgefordert,
aber er hat sie zur Kaiserin von Indien ernennen lassen,
und den Prinzen von Wales, „mit Schätzen, baarem
Geld und kostbaren Waffen" reich ausgestattet, „von seinen
ersten Männern begleitet", dort hinüber gesandt. Er hat,
um England zu unterstützen, Truppen des indischen Heeres
nach Europa gerufen. Er hat, in buchstäblicher Ueberein-

stimmung mit dem Plane Fakredin's, Kleinasien die Ober=
herrschaft der Kaiserin von Indien anerkennen lassen. Er
hat durch Erwerbung der Actien des Suezcanals gestrebt,
sich den Weg nach Indien zu sichern, und wenn er sich
der Stadt Alexandria, deren Erwerbung übrigens einmal
geplant war, nicht bemächtigt hat, dann ist dies nur unter=
blieben, um Frankreich nicht von sich zu stoßen, und statt
Alexandria hat er Cypern in Besitz genommen. Er ist,
während diese Zeilen geschrieben werden, damit beschäf=
tigt, die Afghanen fügsam zu machen, und er hat end=
lich — um auch das letzte Glied in jenem langen Passus
mitzunehmen — eine starke Neigung gezeigt, kurzen Proceß
mit den beiden Häusern des Parlaments zu machen, als
es für ihn galt, durch Entschlossenheit und Ueberraschung
einem mächtigen Gegner den Rang abzulaufen, der keine
Verpflichtung hatte, irgend einer Volksversammlung seine
Pläne im Voraus zu verkünden.

„Tancred“ ist in seinem Verhältniß zur orientalischen
Politik Lord Beaconsfield's ein wahrer Palimpsest; unter
einer Schicht poetisch=burlesker Phantastereien verbarg das
Buch dreißig Jahre hindurch das ernstgemeinte Programm
dieser Politik, und erst nachdem die Zeit, dieser größte
Kritiker von allen, in den letzten vier Jahren nach und
nach den Ueberzug weggeätzt hat, vermögen jetzt andere
Kritiker die verborgene und lehrreiche Urschrift zu lesen.

Mit „Tancred" hörte die dichterische Wirksamkeit Dis=
raeli's für volle drei und zwanzig Jahre auf. Die ein=
zige Schrift, die in diesem langen Zeitraum folgte, die
Biographie Lord George Bentinck's (1851) ist politischer
Natur, eine Darstellung der ersten parlamentarischen Kämpfe,
an welchen der Verfasser theilnahm, und was das Werk dar=
über hinaus enthält, die ausführliche Eingabe für die Eman=
cipation der Juden, ist nur Umschreibung der in „Tancred"
ausgesprochenen Gedanken. Wenn aber die literarische Pro=
ductivität Lord Beaconsfield's also schon mit dem Jahre
1847 stockte, so hing dies gewiß mit keinem Gefühl der
Erschöpfung seinerseits zusammen. Er gehört nicht zu
denen, die frühzeitig müde oder leer werden. Es beruhte
darauf, daß er von dem Augenblick an, wo er als Führer
der Tories dastand, keine Zeit für literarische Production
mehr übrig hatte. Er hatte ja seit seiner frühesten Jugend
(wie der Vater Contarini Fleming's) das Handeln über
das Dichten gestellt. Er war — wie er es von seinem
Ideal Lord Bolingbroke schrieb — lange fest entschlossen
gewesen, „sich seiner Partei absolut zu opfern, alle

Energie seines proteusartigen Gemüths in ihren Dienst aufgehen zu lassen". Er machte also keinen Versuch, zween Herren zu dienen. Er ließ seine literarischen Fähigkeiten ausschließlich in den Dienst der politischen Wirksamkeit treten.

Der plötzliche Tod Bentinck's im Jahre 1848 hinter= ließ Disraeli als einzigen Leiter der schutzöllnerischen Partei; der ebenso plötzliche Tod Peel's (durch einen Fall vom Pferde) ließ ihn als den hervorragendsten Mann der beiden conservativen Gruppen zurück. Der Führer der Tories im Oberhause, Lord Stanley (der spätere Lord Derby), erkannte ihn als politischen Bundesgenossen gleichen Ranges an. Es dauerte sogar nicht lange, bis der edle Lord, wie früher Lord Bentinck, sich seine ganze politische Inspiration von Disraeli holte, und indem er sich damit begnügte, der nominelle Häuptling der Partei zu sein, dem Emporkömm= ling das letzte Stück seines steinigen Weges zur Macht ebnete.

Und doch — von eigentlicher, wirklicher Macht war noch lange nicht die Rede; die Partei, die der Toryführer hinter sich hatte, war in der entschiedensten Minorität; die Fahne, die er geerbt hatte, jene weiße Fahne der Getreide= zölle, war so unpopulär, daß es am klügsten schien, sie zusammenzufalten und in die Tasche zu stecken; die Zukunft bot ihm keine anderen Rollen dar, als die des aufmerksam aufpassenden, aber vorläufig ganz ohnmächtigen Kritikers dem Whigministerium Lord John Russell's gegenüber und die des ermuthigenden und Ungeduld beschwichtigenden Führers einer total geschlagenen und erbitterten Partei, deren Illusionen über die Möglichkeit einer finanzpolitischen Umkehr er mit seinem staatsmännischen Blick keinen Augenblick theilte.

Fast von dem Tage an, wo die Getreidezölle aufgehoben wurden, ließ Disraeli daher offen verlauten, daß an ein Wiederaufnehmen dieser abgemachten Frage, an ein Wiedereinführen der abgeschafften Gesetze nicht zu denken sei; die Stimmung Englands hätte sich unzweideutig gegen Schutzzölle erklärt und kein Staatsmann könne eine so mächtige Volksstimmung unbeachtet lassen, wie überzeugt er auch sein möge, daß sie durch künstliche, ja selbst schlechte Mittel erzeugt sei. Alle Reden, die er in den Jahren 1848—1852 zu Gunsten der Landpartei hält, lassen also durchgängig die alten Losungsworte „Schutzzoll gegen Freihandel" fallen, und drehen sich ausschließlich um die anderweitigen Mittel, wodurch man die Wunden heilen könne, die nach dem eigenen Geständniß der Whigs die plötzliche Aufhebung der Kornzölle den Landeigenthümern und Pächtern geschlagen hatte. Wie ein großer Schauspieler auch in einer kleinen und undankbaren Rolle glänzen kann, wenn die Meisterschaft, womit die Aufgabe gelöst wird, die Geringfügigkeit derselben vergessen macht, so glänzt in dieser Periode Lord Beaconsfield durch die Sorgfalt und Klugheit, womit er jede Einräumung eines Unrechts, das man den Ackerbauern zugefügt habe und zu vergüten verpflichtet sei, hervorzuheben und zu verwenden weiß, und nicht weniger durch die Klarheit und Kraft in der Darstellung der Mittel und Wege, durch welche man die schwierige Lage des britischen Ackerbauers lindern könne, ohne auf die einmal entschiedene Zollfrage zurückzukommen. Er zeigte, daß die Summe von zehn Millionen Pfund, die jährlich für „locale Zwecke" gefordert würde, fast ausschließlich vom Landbesitz aufgebracht wurde, obwohl jene Zwecke die ganze Nation und nicht blos das Land interessirten. Es sei unbillig, solche Lasten wie die Pflege der Armen, die Erhaltung der Wege und Brücken, die Ausgaben für die Schutzmannschaft, als locale statt als nationale Lasten zu betrachten und sie dem Grundbesitz aufzubürden. Die Unnatur des jetzigen Systems sei so groß, daß neulich ein Londoner Quäker, der in Buckinghamshire einen Mord begangen habe, auf Kosten dieser Gegend rechtlich verfolgt worden sei; ebenso gut, ja besser hätte man von den Kaufleuten in Liverpool fordern können, daß sie die Kosten für Englands Einschreiten gegen La Plata allein trügen, denn ihnen allein käme dies Einschreiten zu Nutz. Er benutzte mit Feinheit den Satz Cobden's, daß keine Steuer auf Rohmaterial geduldet werden sollte, indem er den Erd= boden als das Rohmaterial der Lebensmittel definirte und Cobden's Zustimmung zu dieser Definition erhielt. „Be= hauptet nicht", rief er eines Tages im Parlamente aus, „daß ihr Fürsprecher eines großen staatsökonomischen Systems seid, das keine Steuer auf Rohstoffe dulden will, wenn ihr zu gleicher Zeit die ganze sociale Existenz Eng= lands auf ein System gründet, das Morgen, Mittag und Abend, bei jeder Gelegenheit, die in das Leben eines Eng= länders eintrifft, den wichtigsten Rohstoff für die Betrieb= samkeit des Volkes besteuert." Sein Streben war vergeb=

lich), sein Vorschlag wurde überstimmt. Er schlug dann
vor, die den Ackerbauer drückende Malzsteuer zu beseitigen;
er berief sich darauf, daß vor zwei Jahren kein Gerin-
gerer als Richard Cobden selbst die Aufhebung dieser
Steuer versprochen hatte, und zwar mit dem Geständniß: „Wir sind den Pächtern etwas schuldig und werden uns bestreben, unsere Schuld zu zahlen." Umsonst.
Mit überwältigender Majorität beschloß das Unterhaus,
die Malzsteuer aufrecht zu halten. Er zeigte, daß der berühmte Freihändler Mc. Culloch in seinem Aufsatz über das
Steuerwesen den englischen Farmer, um mit den fremden
Producenten gleichgestellt zu werden, zu einem Schutzzoll
von sechs bis sieben Shilling per Malter berechtigt erklärte, und das Zugeständniß machte, daß die Aufhebung
der Korngesetze durch „falsche Angaben und falsche Dar-
stellungen jeglicher Art" erlangt sei.*) Alles vergeblich; die
siegreichen Freihändler hielten das taube Ohr zu; die alten
Aeußerungen und Versprechen waren längst vergessen, und
Niemand glaubte außerdem recht an das Klagegeschrei der
Landbesitzer und Pächter; sie hatten so vielerlei schweres Mißgeschick als Folge der Aufhebung des Korngesetzes voraus-
gesagt, das alles nicht eingetroffen war, und die Schatzkammer
verrieth umgekehrt einen ausnahmsweise blühenden Zustand
des Landes. Es ging der Landpartei wie dem Hirtenknaben
in der Fabel, sie hatte zu oft ohne Ursache um Hülfe gegen
den Freihandelswolf geschrieen; man wollte ihnen jetzt nicht
mehr glauben, selbst wenn sie wirklich bedroht wären. Dis-

---

*) Mc. Culloch: A Treatise on the principles and practical in-
fluence of Taxation and the Funding System. 2. Ed. 195—202.

raeli blieb folglich nichts mehr übrig, als im Allgemeinen
die Freihändler vor Uebermuth und Uebergriffen zu warnen
und ihnen mit der Nemesis zu drohen. Sie hatten gesagt,
daß es gleichgültig sei, ob es einen einzigen Morgen be-
bauten Landes in England gäbe; England solle den Welt-
handel monopolisiren und die Werkstatt der Welt sein. Er
wies auf das Schicksal Venedigs und Tyrus' hin, das hinlänglich zeige, was aus großen Handelsmächten werde,
wenn ihnen die Festigkeit und Beständigkeit des territorialen Princips fehle. Den kaltblütigen Freihändlern
kam die Parallele wol etwas fernliegend vor.

Mit wahrerer Ueberlegenheit, wenn auch nicht mit
größerem Erfolg trat Disraeli in dieser Periode als un-
erbittlicher Kritiker der auswärtigen Politik des liberalen
Ministeriums auf. Es war jene Politik, die unter dem Namen „meddle and muddle policy" berüchtigt geworden ist.
England trat, seit den welterschütternden Bewegungen des
Jahres 1848, unter den Auspicien Lord Russell's in allen
Ländern als Freund der Unterdrückten, als Bundesgenosse
der liberalen Parteien, als Mahner und Warner der
reactionären Regierungen auf, und ließ, sobald diese den
unbequemen Rathgeber abwiesen, seine Schützlinge vollständig im Stich. Ohne besonderes Studium der localen
Verhältnisse schienen die englischen Minister davon aus-
zugehen, daß es für jedes Land das Heil sein müsse, ein
Oberhaus, ein Unterhaus, einen Handelstractat u. s. w.
nach englischem Muster zu haben; sie gaben darauf bezüg-
liche Rathschläge, und ließen, wenn dieselben nicht befolgt
wurden, die Sache der Mißvergnügten in den verschiedenen

Ländern wieder fallen. Rein ästhetisch betrachtet hat der
rücksichtslose Ausdruck, den diese Whigminister ihren Sym=
pathien für den europäischen Liberalismus gaben, etwas
Wohlthuendes und Wohlanstehendes. Nichts kam dem eng=
lischen Stolz und dem flotten Wesen Lord Palmerston's
gleich, wenn er, nach Kossuth's schmeichelhaftem Empfang in
England, als Minister des auswärtigen Amtes britische
Adressen, die ihm für Alles dankten, was er zu Gunsten
des berühmten Exilirten gethan hatte, und zugleich die Kaiser
von Rußland und Oesterreich „abscheuliche und widerliche
Mörder, schonungslose Tyrannen und Despoten" nannte,
holdselig empfing und sich für „äußerst geschmeichelt und
höchst befriedigt" über diese Aeußerungen erklärte, seine Stel=
lung den befreundeten Mächten Rußlands und Oesterreichs
gegenüber nur mit der gewiß nicht weitgehenden Einschrän=
kung wahrend, „daß man von ihm keine Uebereinstimmung
mit alle einzelnen der gebrauchten Ausdrücke erwarten dürfe."

Gewiß nimmt Dergleichen sich liebenswürdiger, kühner
und freisinniger aus als Disraeli's ungefähr gleichzeitige
Denunciationen des Bündnisses zwischen dem englischen
Ministerium und dem unenglischen, continentalen Jacobinis=
mus, der sogar daran denke, „die legitimen Souveräne
Italiens" zu beseitigen; wenn man aber auf die Resultate
der lauten aber schwachherzigen ministeriellen Politik hin=
blickt, muß man wenigstens die volle Berechtigung der
Disraeli'schen Polemik gegen die ewigen Einmischungsver=
suche zugestehen. Im Jahre 1848 hatte die spanische Regie=
rung einen unverständigen Ermahnungsbrief Lord Palmer=
ston's dadurch beantwortet, daß man den englischen Gesandten

aus Madrid auswies und die diplomatische Verbindung mit England abbrach). Im folgenden Jahre mußte das englische Ministerium, das sechs vertraute Agenten nach einander vergeblich nach La Plata gesandt hatte, sich's gefallen lassen, daß jener Staat, eine aufrührerische spanische Colonie zweiten Ranges, dem Mutterlande nachahmte und dem englischen Minister den Laufpaß gab. Die Einmischung in die Angelegenheiten des Königs beider Sicilien hatte keine besseren Folgen. Die ersten Zeichen der Mißachtung ließen sich schon spüren, in welche England als Großmacht durch seine schwache auswärtige Politik im Laufe der folgenden dreißig Jahre eines fast unausgebrochenen Whigregimentes sinken sollte. Die Minister waren schon in jenen Tagen gezwungen, der Opposition zu sagen, daß England seinen Einfluß nicht überschätzen dürfe. Disraeli ließ diese Aeußerung nicht ohne Antwort. Durch den Schluß einer Parlamentsrede, die er damals hielt, klingt schon wie eine Weissagung des ganz andern Geistes, worin er sich die auswärtige Politik des Landes geleitet dachte: „Jedenfalls wollte ich lieber, daß meine Zunge gelähmt wäre, ehe ich dem englischen Volke rathen möchte, seinen Ton herabzustimmen. Ja, ich wollte lieber dieses Haus für immer verlassen, als dem englischen Volke sagen, daß es seine Lage überschätzt. Ich überlasse diese zarten Andeutungen dem glühenden Patriotismus der Herren von der neuen Schule. Ich für meinen Theil verklage ihre Politik und trotze ihren Voraussagungen, aber ich thue es, weil ich Vertrauen habe zu dem Volke von England, zu seinem Genius und seiner Bestimmung."

Das Maß des Russell'schen Ministeriums war voll; geschwächt war es längst durch die Intriguen des Premierministers gegen Lord Palmerston, die den letzteren aus dem auswärtigen Amte vertrieben; eine mißlungene Reformbill und ein nicht weniger mißlungenes Heergesetz Lord Russell's gaben den Ausschlag. Die mißvergnügten Whigs, die Peeliten unter der Leitung Palmerston's und die Tories unter der Führerschaft Disraeli's brachten im Februar 1852 das Ministerium zu Fall. Die Königin übertrug Lord Derby die Bildung des neuen Cabinets, und nachdem das Schatzkanzleramt von diesem vergeblich Lord Palmerston angeboten worden, trat Benjamin Disraeli als Schatzkanzler in das Derby'sche Ministerium ein, und so zu sagen in seinem Gefolge und als Repräsentant des fast vergessenen Jungen Englands übernahm sein Schüler Lord John Manners, der auch in allen folgenden Disraeli'schen Ministerien einen Platz gefunden hat, den Posten als „First Commissioner of Works and Public Buildings". So wurde Disraeli zum ersten Male Mitglied einer Regierung; aus dem einst so vereinsamten parlamentarischen Gladiator war ein englischer Minister geworden.

XIX.

Er war als solcher nicht auf Rosen gebettet. Die Tory=
partei war im Unterhause in der Minderzahl und selbst
im Oberhause nicht stark. Da in der zweiten Kammer die
Tories und die verbundenen Whigs und Radikalen sich un=
gefähr in gleicher Anzahl befanden, war es die Gruppe
der alten Anhänger Peel's, die den Ausschlag gab, und
es bedarf keiner weitläufigen Erklärung, daß Disraeli keine
gehässigeren Gegner hatte. Kaum war das Ministerium zu=
sammengetreten, als über das ganze Land die Wiedererlebung
des Anti=Cornlaw Vereins geplant ward und alle Leiden=
schaften gegen die gefürchtete schutzzöllnerische Reaction an=
gefacht wurden. Ich habe schon gesagt, wie weit entfernt
der neue Schatzkanzler war, eine solche Reaction in seinem
Schild zu führen, aber seine eigenen Anhänger hofften ganz
unzweifelhaft, sie sogleich eröffnet zu sehen, und zu allem
Unglück herrschte selbst im Cabinet eine solche Ueberein=
stimmung in diesem Punkt, daß, während Disraeli in
einem Programmbrief an seine Wähler vorsichtig das
Wort „Protection" vermied und nur im Allgemeinen von
„heilenden Maßregeln" sprach, wozu die Producenten ein

Recht hätten, nahm Lord Derby in seiner ersten Oberhaus-
rede eine so unvorsichtig herausfordernde Haltung an, daß
in Folge derselben bei einer Versammlung in Manchester
im Verlauf von zehn Minuten 27,000 Pfund für den Verein
gegen Kornzölle gezeichnet wurden. Selten hat sich ein
Witzwort so vollständig bestätigt, wie bei dieser Gelegenheit
Disraeli's zwei Jahre alte Bezeichnung Lord Derby's als
des „Prinz Ruprecht" der parlamentarischen Debatte, dessen
Angriff immer unwiderstehlich sei, der aber stets bei seiner
Rückkehr von der Verfolgung sein Lager in den Händen
des Feindes finde. Wie viel Geschicklichkeit war hier dem
neuen Schatzkanzler nöthig, um nicht gleich auf der Schwelle
zu straucheln!

Den Posten eines Finanzministers, der Disraeli gegeben
worden war, hat er sich kaum selbst gewählt; es ist gesagt
worden, daß er ihn nur deswegen erhielt, weil die Königin
ihm damals — vermuthlich durch den Einfluß des Prinzen
Albert — sehr ungünstig war und er in dieser Stellung
nicht mit ihr persönlich zu verhandeln hatte. Wie dem
auch sei, er hat es später wie kein Anderer verstanden, die
volle Gunst der Königin zu gewinnen, und er löste jedenfalls 1852 mit einer merkwürdigen geistigen Geschmeidigkeit die ihm gestellte Aufgabe so, daß selbst Gegner ihm
ihre Anerkennung nicht versagten. Sein erstes Budget,
das sich nothwendigerweise nicht wesentlich von dem seiner
Vorgänger entfernte, wurde mit Beifall aufgenommen. In
einem Briefe Lord Palmerston's an seinen Bruder vom
30. April 1852 heißt es: „Disraeli hat heute Abend einen
sehr guten finanziellen Ueberschlag gemacht. Seine zwei-

stündige Rede war vorzüglich, wohlgeordnet, klar und gut gehalten .... er hat vollständig den Gedanken an einen Einfuhrzoll auf Korn oder in andern Worten das schutz= zöllnerische Princip über Bord geworfen." In Wirklichkeit hatte Disraeli schon am ersten Tage seines Ministeriums eine die brennende Frage über Kornzoll betreffende Inter= pellation dahin beantwortet, daß, nachdem es den Frei= händlern gelungen, eine solche Masse von Vorurtheil und Haß sogar gegen die rein fiscalische Maßregel eines bestimmten niedrigen Zolls zu sammeln, er es als eine der unverstän= digsten und vergeblichsten Unternehmungen einer Regierung betrachte, dieser Volksmeinung trotzen zu wollen, und in seiner Budgetrede drückte er sich übereinstimmend aus. Mehr als irgend einen Andern scheint er aber seinen Chef, Lord Derby, durch dieses Auftreten gereizt zu haben. Nur eine Woche später ließ dieser, um den Eindruck des von dem Schatzkanzler Gesagten zu verwischen, mit seinem gewöhn= lichen Ungestüm in einer Tischrede Andeutungen über die Nothwendigkeit von „Compromissen" zwischen der das Ge= treide producirenden und den consumirenden Klassen fallen. Die Folge war, daß die Regierung schon in der ersten Unterhaussitzung, die nach jener Rede stattfand, sich in einer Minorität von nicht weniger als 86 befand. Das arme Toryministerium lebte also nur allzu augenscheinlich von der Gnade seiner Gegner, und mehr als jemals war Vor= sicht in der Freihandelsfrage nöthig. Auf's Neue trat Dis= raeli deswegen mit der Versicherung auf, daß die Regierung die Korngesetze für todt und begraben halte. Er sprach sogar mit einem gewissen Hohn von dem Schutzzoll als

Brandes, Lord Beaconsfield.   19

von „einem explodirten System". „Der Geist des Zeit=
alters", sagte er, „strebt nach der freien Concurrenz, und
kein Staatsmann kann ungestraft den Genius der Epoche,
in der er lebt, geringschätzen". So energisch hatte er
sich noch niemals von den Schutzzöllnern losgesagt. Er
wies, um die Landinteressen schadlos zu halten, auf eine
Revision des Steuerwesens hin, wie er sie schon als
Führer der Opposition angedeutet hatte. Doch die Schwie=
rigkeiten, die ein Toryministerium unter diesen Verhältnissen
zu überwinden hatte, waren zu groß. Die nothwendige
Parlamentsauflösung brachte dem Cabinet keine Majori=
tät, kaum eine vortheilhaftere Lage. In einer mehr als
fünfstündigen glänzenden Rede legte der Schatzkanzler
sein zweites Budget vor, ein wohl durchdachtes, kühnes,
im großen Stil reformatorisches Budget, dessen Princip es
war, durch Umordnung des Steuerwesens den durch die
Gesetzesveränderung der späteren Jahre geschädigten Klassen
eine Erleichterung zu verschaffen, in welchem mir jedoch
der Zug der interessanteste zu sein scheint, daß Disraeli
schon hier die starke Verminderung der Theesteuer vor=
schlug, durch deren Durchführung Gladstone mehrere Jahre
später so vielen Ruhm erntete. Von allen Seiten warf
sich aber die Kritik mit Leidenschaft auf das Budget; die
Schutzzöllner machten ihrer Enttäuschung über Disraeli's
Adoptiren der Freihandelsprincipien Luft, die Peeliten gaben
ihren persönlichen Abscheu vor dem Feinde und jetzigen Nach=
folger Peel's einen wortreichen Ausdruck, Whigs und Ra=
dicale bewiesen, daß alle vorgeschlagenen Veränderungen
im Steuerwesen vom Uebel seien — und bei der Abstim=

mung wurde durch eine Majorität von 19 Stimmen gegen das Budget dieses und damit das Ministerium Derby aus der Welt geschafft. Nur zehn Monate, vom Februar bis December 1852, hatte die Toryregierung gedauert.

Unter den Peelitischen Vorkämpfern gegen das Budget spielt eine Persönlichkeit die Hauptrolle, deren Schatten von jetzt an über Disraeli's Leben fallen sollte, und deren Name als der seines lange glücklichen Rivalen zwanzig Jahre hindurch mit dem seinen zusammen genannt worden ist, William Ewart Gladstone. Es war der Gegner, der ihm für seine Lebenszeit vom Schicksal ausersehen war. Wenn es sich wirklich so verhält, wie die „Schlüssel“ zu „Coningsby“ behaupten, daß der Verfasser bei der Gestalt des von den jungen Tory=Aristokraten so ganz bezauberten Fabrikantensohnes Oswald Millbank an Gladstone gedacht hat, dann hat dieser, den Macaulay nicht viele Jahre früher als „die aufgehende Hoffnung der starren und unbeugsamen Tories“ bezeichnet hatte, nicht minder Disraeli's als Macaulay's Ahnungen beschämt. Er hat damit geendet, die Hoffnung der direct entgegengesetzten Partei zu sein. Während die Laufbahn Disraeli's ihn von einem fast radicalen Ausgangspunkt zur Führerschaft über die Tories gebracht hat, ist Gladstone umgekehrt langsam vom äußersten Toryismus zu einer fast radicalen Politik übergegangen. Und wie die Laufbahn der zwei Gegner symmetrisch contrastirt, bilden auch ihre Talente und Charaktere so ausgeprägte Gegensätze, daß es hier, wo sie zum ersten Male einander feindlich gegenüberstehen, angemessen scheint, mit einigen Worten das Wesen und die Begabung Gladstone's die

19*

Eigenthümlichkeiten Lord Beaconsfield's beleuchten zu lassen. Es findet zwischen den beiden Rivalen die abstracte Aehnlichkeit statt, die erforderlich ist, um die Gegensätze zum scharfen Hervortreten zu bringen. Sie sind alle beide praktische Politiker, hervorragende Parlamentsredner und haben sich beide außerhalb der Politik als Schriftsteller einen Namen erworben. Sie gehören zur selben Generation (Gladstone ist 1809 geboren), haben in ihrer Jugendzeit die große politisch religiöse Reaction erlebt und innerlich mit durchgemacht, und in jedem der beiden Staatsmänner steckt als Folge dessen noch immer ein Stück von einem Theologen. Gladstone wurde Puseyist zur selben Zeit, wo Disraeli mit den Ritualisten schwärmte, und beide sind als speculative Theologen gleich unwissenschaftlich; Gladstone hat seine eigenthümliche Präformationstheorie über die Dreieinigkeit und Homer, wie Disraeli seine eigenartige Prädestinationstheorie über die Kreuzigung und die jüdische Race. Weiter geht selbst innerhalb dieses beschränkten Kreises die Aehnlichkeit nicht; denn Disraeli's theologische Bornirtheit scheint immer mehr als zur Hälfte vorsätzlich, Gladstone's ist naiv.

Gladstone ist überhaupt der Mann der Ueberzeugung, was nicht ausschließt, daß er der Mann der wechselnden Ueberzeugungen ist; er hat stückweise sein politisches Glaubensbekenntniß total geändert, aber in jedem Augenblick glaubte er voll und fest an die absolute Wahrheit des Credo, das er bekannte. Lord Beaconsfield hat sich umgekehrt seine politische Unveränderlichkeit zur Ehre gerechnet und ist auch in allem Wesentlichen mit sich selbst in

Uebereinstimmung geblieben; wenn er trotzdem sehr verschiedenartige Standpunkte vertreten hat, scheinen die Modificationen, die man in seiner politischen Haltung nachweisen kann, doch nie durch eine veränderte Ueberzeugung, immer nur durch verständige Rücksichten auf die Umgebungen bestimmt zu sein. Gladstone ist ein Charakter, ein entwickelungsfähiger und in stetiger Entwickelung begriffener Mensch von außerordentlicher Begabung, besonders von großem praktischem Verstande; er hat den Kopf eines Finanzministers und das Herz eines Philanthropen; er ist der Mann der Zahlen mit Gefühl für die Leiden der Menschheit; aber er ist eine uninteressante, unoriginelle Natur. Lord Beaconsfield dagegen ist ein absolut originelles Naturell; es liegt etwas Dämonisches in seinem Wesen. Er ist ein metallischer, wie Gladstone ein flüssiger Geist. Er war sogleich er selbst und konnte sich kaum ändern; er dressirte sich äußerlich, lernte sich beherrschen, erwarb eine reiche Menschenkenntniß und eine Geschmeidigkeit und Behendigkeit, die bisweilen an die eines Taschenspielers erinnert, aber im tieferen, eigentlichen Sinne entwickelte er sich nicht; er rieb nur seine Ecken an der Umwelt ab. Während das Geständniß, sich geirrt zu haben, Gladstone nicht viel kostet, hat Disraeli nie einen Irrthum zu gestehen, und das mit einem gewissen Recht, denn sein Wesen steht als ein Ganzes vor ihm, über welches die Zeit keine Macht hat; er ist eben der, welcher sich nicht irrt, wie er der ist, welcher nicht altert. Hier ist ein Punkt, wo das Wahre und das Schauspielerische in seinem Wesen zusammenfließen; er gesteht keinen politischen Fehlgriff ein, wie er kein graues

Haar bekennt. Nimmt man aber das Wort Entwickelung in dem weniger genauen Sinn als Selbsterziehung und Selbstbezwingung, dann steht Disraeli Gladstone gegenüber als der weit Entwickelungsfähigere da. Während Gladstone bis zum Alter, ja mit den Jahren in immer höherem Grade, sich von Heftigkeit, Launen hinreißen ließ, sich empfindlich und ungeduldig zeigte, ist sein Rival mit den Jahren immer ruhiger, immer kälter geworden. Aus ihm, in dessen Jugendwerken der Superlativ Alleinherrscher war, in dessen „Contarini Fleming" z. B. das heiße Fieber nur aufhörte, um dem kalten Platz zu machen, ist der Parteiführer geworden, der nie seine Fassung verliert, der wie kein Anderer zu schweigen versteht und am liebsten schweigt, der unempfindliche, der undurchdringliche, die parlamentarische Sphinx, die das Warten und die Geduld personificirt. Gladstone warf in mißmuthiger Stunde die Führerschaft über seine Partei hinweg, und zog sich nach dem Fall seines Ministeriums grollend in sein Zelt zurück; Lord Beaconsfield hat sich nach jeder Niederlage kaltblütiger wieder erhoben.

Schon als Redner verrathen die zwei Rivalen die tiefe Verschiedenheit ihrer Anlagen. Gladstone beruft sich, um zu überzeugen, auf die ewigen Ideen der Gerechtigkeit und Wahrheit; er redet im Namen der Menschlichkeit und des Christenthums; er erkennt philosophische, philanthropische und kosmopolitische Ideen auch in der Politik als die höchsten an. Für Lord Beaconsfield dagegen sind die großen Staatsmänner Englands die entscheidenden Autoritäten in der Politik, er beruft sich nicht auf Ideen, son-

dern auf Präcedenzfälle; nicht auf Principien, sondern auf
Bolingbroke oder Shelburne; er citirt nicht Shakspeare,
sondern Hansard (die Sammlung der Parlamentsberichte).
Er will vor Allem national und historisch sein. Und wie
der Gehalt seiner Reden von dem der Gladstone'schen ab-
weicht, so die Form. Gladstone ist ein klarer und energischer, aber allzu weitschweifiger Redner; in dem Schwall
seiner Beredtsamkeit glänzt nie ein einzelnes Wort oder ein
einzelner schlagender Satz der Art, die einmal gehört nie
vergessen wird. Er hat selbst einmal das Verhältniß
des Redners zu seinen Zuhörern so definirt, daß jener
diesen in der Form eines Stromes das wiedergibt, was
er von ihnen als Dampf empfängt. Er selbst ist der so
definirte Redner; und auf die hier bezeichnete innige Beziehung zu der Zuhörerschaar beruht die mächtige Wirkung
seiner Worte; gelesen nehmen sie sich selten gut aus. Lord
Beaconsfield's Reden sind dagegen im eminenten Sinne
Monologen, Hervorbringungen eines ursprünglichen, paradoxen und deswegen vereinsamten Geistes, das Werk eines
geborenen Schriftstellers, prickelnd und glänzend, stückweise
vorzüglich, lange Strecken hindurch trivial, ein paillettirtes
Gewebe.

Es ist jedoch nicht als Parlamentarier, sondern als
Leiter der auswärtigen Politik, daß die zwei großen englischen Staatsmänner den augenfälligsten Gegensatz bilden.
Gladstone's Ehrgeiz hat vor Allem darin bestanden, durch
ausgezeichnete Finanzmaßregeln die englische Staatsschuld
systematisch zu vermindern; dies gelang ihm, und um
den erreichten Erfolg nicht zu stören, versank er als

oberster Leiter der Geschicke Englands in eine beispiellose
Friedensseligkeit und Gleichgültigkeit mit Rücksicht auf
die auswärtige Politik und trieb das Princip der Nicht=
intervention so weit, daß er in allen Welttheilen England
um sein Ansehen brachte, ja nahezu der Lächerlichkeit preis=
gab. Die Hauptstärke seines Gegners, der ihm ganz gewiß
als Finanzmann nicht gleich kommt, hat darin bestanden,
die gerade entgegengesetzten Tendenzen in der auswärtigen
Politik zu vertreten, und sein Hauptverdienst beruht darauf,
die Scharten, die Gladstone Englands Weltmacht zugefügt
hatte, ausgewetzt zu haben. Er, den Gladstone noch
kürzlich „einen Fremden ohne einen Tropfen englischen
Blutes in seinen Adern" schalt, hat die Colonien, deren
Losreißung oder Verbleiben beim Mutterlande Gladstone
als fast gleichgültige Sache behandelte, so eng wie möglich
an die britische Herrschaft geknüpft, und hat durch eine
energische Politik den Feinden Englands gegenüber dem
Namen seines Vaterlandes den verlorenen Glanz zurück=
gegeben.

XX.

Der Fall des Ministeriums Derby im December 1852 führte auf's Neue Disraeli in die Lage der thatlosen Opposition zurück. Der Uebersicht willen gebe ich gleich das Schema seiner politischen Stellung von damals bis jetzt. Von den nun folgenden 21 Jahren brachte er kaum 4 am Ruder zu. Er war in diesem Zeitraum nur zwei Mal Minister; er wurde Schatzkanzler unter Derby vom März 1858 bis Juni 1859, und in derselben Eigenschaft trat er im Juli 1866 in das Derby'sche Ministerium ein, dessen Chef er ward, als Derby im Februar 1868 wegen geschwächter Gesundheit sich zurückziehen mußte; er hielt sich aber nur mit Schwierigkeit als Premier bis zum December desselben Jahres. Erst seit Februar 1874, d. h. seit seinem 70. Jahre, hat Lord Beaconsfield einen entscheidenden Einfluß als englischer Staatsmann erreicht, und um ihn in den zwischenliegenden Jahren gerecht zu beurtheilen, darf man nicht vergessen, daß er mit dem kurzen und sporadischen Besitz der Macht, der ihm zufiel, nicht im Stande war, lange Vorbereitetes oder Großangelegtes zu leisten. Hauptsächlich war er in allen diesen Jahren auf die Rolle des Kritikers angewiesen.

Das Coalitionsministerium Lord Aberdeen's vereinigte in sich nach der selbstbewußten Definition Lord Palmerston's „alle Männer von Talent und Erfahrung, die sich im Unterhause fanden, mit Ausnahme Disraeli's"; es wurde deswegen von dem letztgenannten sogleich satyrisch mit dem Spitznamen „das Ministerium aller Talente" getauft, und fing mit einer Reihe von Taktlosigkeiten und Fehlgriffen an. Zu einem Zeitpunkt, wo die Allianz mit Frankreich eine Nothwendigkeit für England geworden war, machten sich Mitglieder des Cabinets in öffentlichen Reden der gröbsten Beleidigungen gegen den Kaiser schuldig, um dessen Vertrauen und Freundschaft die Regierung fast unmittelbar danach sich bewerben mußte. Sir Charles Wood erzählte seinen Zuhörern, daß „ein Despotismus wie der jetzige nicht einmal zur Zeit Napoleons I. in Frankreich geherrscht habe", äußerte in einer andern Rede die Ueberzeugung, daß Napoleon III., ohne einen regelmäßigen Krieg mit England zu führen, vermuthlich „verschiedene Truppencorps von 5000 Mann plötzlich auf der Küste an's Land setzen wolle" und forderte die Versammlung auf, sich zu fragen: „wie dann ihre Frauen und Töchter behandelt werden würden". Ein anderes Mitglied der Regierung, Sir James Graham, erster Lord der Admiralität, stempelte öffentlich Napoleon als „einen Despoten, der die Freiheit von 40 Millionen Menschen unter die Füße trat". Ein Führer der Opposition hatte hier leichtes Spiel, und Disraeli schloß eine von Witz und Satyre übersprudelnde Rede mit der Frage: „Sind diese Aeußerungen Unbesonnenheiten? können Unbesonnenheiten von „allen Talenten" herrühren? Unmöglich".

Man weiß, wie das Ministerium Aberdeen ohne Ent=
schlossenheit und ohne Voraussehen in den Krieg mit
Rußland hineinglitt; das schlaffe Wort des Premier=
ministers: „We drift into a war" ist ja historisch gewor=
den. Palmerston, der den Plan hatte, energisch und schnell
vorzugehen, wurde gezwungen, sein Entlassungsgesuch ein=
zureichen, und gerade in dem Augenblick, wo der russisch=tür=
kische Krieg mit der Niederlage bei Sinope anfing, legte das
ungeschickteste Regierungsmitglied unter „allen Talenten",
Lord John Russell, eine Reformbill vor, so zu sagen die
Pause benutzend, in welcher Lord Palmerston, der einen aus=
geprägten Widerwillen gegen alle Reformvorschläge hegte,
aus dem Ministerium hinausgedrängt war. Die entschieden
kriegerische Stimmung des Landes bewog doch Palmerston,
seine Demission zurückzuziehen, und Disraeli hatte, ohne
sich gegen Reform im Allgemeinen auszusprechen, Gelegen=
heit, dem Ministerium eine bedeutende Niederlage beizu=
bringen, indem er den Unverstand geißelte, daß Russell einen
Augenblick wie diesen, wo das Volk seine ganze Kraft zum
bevorstehenden Kampf zu sammeln habe, dazu wähle, die
schwierige innere Frage der Parlamentsreform zu stellen.

Er griff demnächst mit Erfolg sowohl die Haltung der
Regierung gegen die Türkei wie die erbärmliche Heeres=
verwaltung an. Es ist oft mit Spott von Disraeli's
besonderer Zärtlichkeit für die Türkei gesprochen worden,
aber sicherlich wird kein Unparteiischer das vom englischen
Standpunkt Richtige in seiner Sorgfalt, die Türkei so
lange wie möglich aufrecht zu erhalten, verkennen. Und
die Mitglieder des Coalitionsministeriums waren jetzt ebenso

vorlaut in ihren Aeußerungen über diesen Alliirten Eng=
lands, wie sie es über den französischen Bundesgenossen
gewesen waren. Einer von ihnen erklärte, „daß der Sultan
durch seine eigene unverständige Politik und seine sorglose
Mißregierung selbst an seinem Unglück die Hauptschuld
trage"; ein anderer Minister, Gladstone, hielt in Manchester
eine Rede, worin er dem Lande zu verstehen gab, daß die
Lage der Türkei hoffnungslos sei; und mit solchen Ge=
ständnissen forderte man das Volk zum Krieg für die In=
tegrität des türkischen Reiches auf. Die Anfänge des Krim=
krieges entsprachen bekanntlich nur allzu sehr der schwanken=
den Politik, die der Expedition vorausgegangen war. Der
Führer der Opposition resumirte im December 1854 die
ministerielle Fürsorge für die ersten Monate des Feldzuges
so: „Ihr habt einen Winterfeldzug angefangen in einem
Lande, wo ein solcher am meisten vermieden werden sollte
— ein großer Fehler —, und das ohne die Schwierigkeiten
vorherzusehen — wieder ein großer Fehler. Ihr gabt im
November Befehl, Hütten zu bauen. Die Hütten werden
im Januar anlangen und die Pelze vermuthlich mit der
Maisonne eintreffen. Das sind eure Vorbereitungen!"

Man brauchte nicht ein bedeutender Politiker zu sein,
um die begangenen groben Fehler der Regierung scharf zu
rügen, und dies wird Niemand Disraeli als besonderes
Verdienst anrechnen; was aber dem Führer der Opposition
mehr Ehre macht als der scharfe Tadel, den er über das
Ministerium aussprach, ist die Weise, wie er hier, wie
immer später in kritischer Zeit, es verstand, die Interessen
des Landes unbedingt über die seiner Partei zu stellen,

der echte Patriotismus, womit er von dem Augenblick an, wo es mit dem Krieg und den Anstrengungen des Vaterlandes Ernst wurde, der Regierung seine Stütze anbot. Schon vor dem Ausbruch des Krieges, als er noch für eine friedliche Lösung sprach, hatte er am Schluß einer Rede die Worte an die Minister gerichtet: „Wenn aber Krieg unvermeidlich ist, will die Opposition herzlich und aufrichtig ihre Königin unterstützen und die Ehre und Würde ihres Landes behaupten. So viel kann ich versprechen — ich kann für mich selbst und meine Freunde bürgen, daß kein zukünftiger Wellesley an den Ufern der Donau schmerzliche Nachrichten erhalten wird von seine Anstrengungen verkennenden oder seine Fähigkeiten in's Lächerliche ziehenden Aeußerungen einer englischen Opposition. Wir werden uns dessen erinnern, was wir als unsere Pflicht gegen unser Land betrachten; und wie sehr sich auch der Krieg in die Länge ziehen möge, und als wie unglücklich sich eure Pläne auch erweisen, wir werden nie am Vaterland verzweifeln". Man wird diesen rückwärts schauenden Angriff auf das Betragen der Whigs gegen Wellington nicht unnatürlich finden, wenn man sich der englischen Demonstrationen gegen die Türkei während des letzten russisch-türkischen Krieges entsinnt. Die Whigs, welche damals gegen Lord Beaconsfield agitirten, hatten weder seine Selbstbeherrschung, noch den Patriotismus, der seine Haltung vor dem Krimkriege bestimmte. Und als nach dem Rücktritt Aberdeen's, nach den vergeblichen Versuchen Lord Derby's und Lord Russell's, eine neue Regierung zu bilden, Palmerston als Premierminister die Leitung des Krieges in festere Hand nahm, erklärte Disraeli auf's Neue: „Ihre Majestät kann in einem erneuerten Kampf fest auf ihr Parlament vertrauen; es gibt keine Summe, die das Parlament nicht mit Freuden bewilligen und das Volk mit Freuden auftreiben wird, um ihre Ehre und die Interessen des Reiches zu behaupten". Man denke an Gladstone's lärmende Demonstrationen und fanatische Denunciationen der Orientpolitik Lord Beacons= field's im Laufe des Jahres 1877 und man vergleiche!

Der Friedensschluß mit Rußland brachte eine Ent= täuschung. Ein Gefühl durchzog das Volk, daß die ge= wonnenen Resultate in keinem Verhältniß zu den gebrachten Opfern standen, und Palmerston selbst erwartete, wie Lord John Russell in seinen „Recollections and Suggestions" mittheilt, nicht einmal, daß der Tractat von 1856 die vier= zehn Jahre, die er dauerte, aushalten würde. Und doch war der Krieg mit Rußland kaum beendet, als Lord Palmer= ston's unruhige auswärtige Politik England schon in eine Reihe neuer Kriege verwickelt hatte. Der ungerechte und widerwärtige Krieg mit China, ein kleiner Krieg mit Persien, Spannungen in den Verhältnissen zu dem Königreich Neapel und den Vereinigten Staaten folgten Schlag auf Schlag. Nach einer beißenden Rede Disraeli's über den chinesischen Krieg befand sich Lord Palmerston in der Minderzahl im Unterhause, und eine Parlamentsauflösung erfolgte. Als aber die Neuwahlen seine ungeschwächte Popularität durch eine bedeutende Majorität für die Regierung bestätigten und als der fürchterliche indische Aufstand gleichzeitig ausbrach, gab Disraeli auf's Neue seine oppositionelle Haltung auf. Er gab im Unterhause die Versicherung ab, „den Souverän

und die Regierung in allen Maßregeln stützen zu wollen,
die ein so ernstes und kritisches Ereigniß erfordern möchte".
Dieses loyale Betragen schloß jedoch natürlich nicht eine
von der ministeriellen sehr abweichende Auffassung der
indischen Empörung aus. Mit einem Vorschlag über die
Niedersetzung eines Ausschusses, um die Ursachen zu untersuchen, welche die Eingeborenen zum Aufstand bewogen,
hatte er keinen Erfolg; aber lange bevor die Regierung
die drohenden Zeichen verstand oder wenigstens die Gefahr
eingestehen wollte, sah Disraeli das kommende Gewitter
am Horizonte. Auf seine ersten Fragen in der indischen
Angelegenheit wurde ihm vom Ministertisch die Antwort,
daß die ganze Sache geringfügig sei: die Unzufriedenheit
beschränke sich fast ausschließlich auf das Bengalische Heer
und jeder Aufstandsversuch werde gewiß von Lord Canning
im Keim unterdrückt werden. Disraeli replicirte, daß die
Bewegung in Indien ihm durchaus nicht wie eine Soldaten-
meuterei, sondern wie eine Volkserhebung vorkomme. Er
ließ sich nicht mit der bekannten Darstellung des Ursprungs
der Empörung, als ausschließlich durch die Einführung
der Enfieldbüchse und deren mit Rindertalg und Schweine-
schmalz bestrichenen Patronen verursacht, abfertigen; er
räumte wohl ein, daß eine einzelne unkluge Verletzung
der religiösen Vorurtheile der Hindu und Muhamedaner
die Veranlassung habe geben können, aber er führte den
Aufstand auf allgemeinere Ursachen zurück. Er zeigte,
daß alle großen indischen Staatsmänner Englands dem
Princip gehuldigt hätten, die Rechte und Privilegien,
Gesetze und Gewohnheiten, das Eigenthum und die Re-

ligion der zu regierenden Völker ungekränkt zu lassen, und wies durch Beispiele nach), wie man in all diesen Hinsichten sich versündigt habe. Ein Hauptsatz seiner Rede, der ein Licht über Lord Beaconsfield's spätere indische Politik wirft, war dieser: „Ihr müßt, gleichviel ob ihr Nachrichten über Sieg oder Niederlage erfährt, dem Volke Indiens verkündigen, daß das Verhältniß zwischen ihm und seiner wirklichen Herrin, der Königin Victoria, enger gezogen werden wird. Ihr müßt in Betreff dieser Sache sogleich auf die öffentliche Meinung in Indien einwirken, und ihr könnt auf die öffentliche Meinung der östlichen Nationen nur durch ihre Einbildungskraft wirken". Disraeli begriff besser als die Staatsmänner im Amt die Nothwendigkeit, asiatische Vorurtheile unverletzt zu lassen, wenn man asiatischer Regent sein wollte, und er verstand wie kein Anderer, welche Mittel zur Befestigung der Herrschaft die Phantasie der Orientalen einer britischen Regierung darbot.

Zu den fünf Jahren, die zwischen Disraeli's erstem und zweitem Ministerium vergingen, bildete er sich zu einem zuverlässigen und wachsamen Parteiführer ersten Ranges aus; er verstand musterhaft, seine Anhänger zusammen zu halten, die jüngeren zu ermuthigen und die älteren durch Anerkennung zu gewinnen; er zeigte sich vor Allem in Besitz der Gabe, Niemandes Eitelkeit zu verwunden; er drängte als Führer der Opposition keinen emporstrebenden Parteigenossen in den Schatten, wie er später als Premierminister immer seine Collegen ihre Ansichten und Handlungen selbst vertheidigen ließ; auch hierin bildet er einen Gegensatz zu Gladstone, der in der vielleicht an

und für sich nicht unrichtigen Ueberzeugung, daß **er perſönlich
die Anſichten des Geſammtminiſteriums am beſten zu vertreten wiſſe, ſeinen Collegen manche** überflüſſige Demüthi-
gung bereitet hat. Und während Disraeli durch dieſe **Fähig-**
keiten in immer höherem Maße **ſich** die Ergebung **und
das** Vertrauen der conſervativen Partei erwarb, wurde er
gleichzeitig einer der zwei oder drei Parlamentsredner, an
deren Lippen alle Parteien hingen. Es **war** bald Niemand, deſſen Worte mit größerer Spannung **erwartet**
wurden; Niemand, den man mit bereitwilligerem Beifall
begrüßte. Selten iſt die Kunſt, **eine Verſammlung zum**
Horchen auf jedes Wort des Redners zu zwingen, **bis zu**
ſolcher Vollkommenheit gebracht worden.

Lord Palmerſton gegenüber nahm Disraeli **weder die**
höhniſche Haltung an, die **er** gegen **Peel** eingenommen
hatte, noch den ſatiriſchen Stil, der ſein gewöhnlicher
in der Oppoſition gegen Aberdeen **und Ruſſell war; er**
pflegte Palmerſton, den er einmal neckend **als den** „Tory-
chef eines radicalen Cabinets" bezeichnete, halb **ironiſch** als
einen entfernten Bundesgenoſſen **in** Schutz zu nehmen. Als
aber nach Orſini's Attentat auf Napoleon III. im Anfang
des Jahres 1858 die beleidigende Note Walewski's, die
England als Beſchützer von Mördern ſtempelte, und **die**
im Moniteur abgedruckte Adreſſe der franzöſiſchen Oberſten
an den Kaiſer, die um Erlaubniß baten, England, „jenes
Land der Unreinigkeit, jenes infame Neſt", zur Rechen-
ſchaft ziehen zu dürfen, von Lord Palmerſton mit ſolcher
Unmännlichkeit aufgenommen wurde, daß er dem Unterhaus das von Napoleon gewünſchte neue Geſetz gegen

Verſchwörer gefügig vorlegte, trug Disraeli dazu bei, das Miniſterium zu ſtürzen, und die Regierung fiel noch ein= mal Lord Derby zu.

Das neue Cabinet gebot wie das erſte Mal zu ſeinem Unglück nur über eine Minderheit des Unterhauſes. Es verſuchte durch Geſchick zu erſetzen, was ihm an Macht abging. Zuerſt gelang es Disraeli's Takt, die franzöſiſche Regierung ohne irgend ein erniedrigendes Eingeſtändniß zu befriedigen. Er ſprach ſich mit einer augenſcheinlich aufrichtigen Wärme über das Bündniß mit Frankreich aus. „Die Allianz zwiſchen England und Frankreich", ſagte er, „ruht auf einem Princip, das von Formen der Regierung, ja ſelbſt von dem perſönlichen Charakter der Regenten vollſtändig unabhängig iſt". Dann zu dem alten Jugendbekannten aus Lady Bleſſington's Salon übergehend, lobte er den franzöſiſchen Kaiſer als einen eminent begabten Mann: „Der Kaiſer Napoleon iſt nicht allein ein Fürſt, ſondern ein Staatsmann. Er beſitzt nicht allein eine große Kenntniß der menſchlichen Natur im Allgemeinen, ſondern im Beſonderen der menſchlichen Natur des Engländers u. ſ. w." Mit ähnlicher Geſchicklichkeit ordnete er eine andere peinliche Angelegenheit, deren Löſung das vorige Regiment vergeb= lich angeſtrebt hatte, die Freigebung zweier von der neapo= litaniſchen Regierung auf dem Dampfſchiff Cagliari aufge= fangenen Engländer, die unſchuldig Monate lang in fürchter= lichen Gefängniſſen geſchmachtet hatten und nicht befreit werden konnten, weil Palmerſton, um den König der beiden Sicilien zu beſtrafen, die nichtsſagende Maßregel angewandt hatte, die engliſche Geſandtſchaft von Neapel zurückzuziehen.

Dann wurden zwei bedeutendere Angelegenheiten auf gesetzgeberischem Wege entschieden. Durch ein Compromiß zwischen Russell und Disraeli wurde Ostindien unmittelbar unter die englische Krone gebracht, eine centralisirende Veranstaltung, die durch die Umstände geboten war und völlig mit dem Geiste der später sogenannten imperialen Politik Disraeli's übereinstimmt. Ferner wurde nach dem Vorschlage Lord Russell's unter dem Derby-Disraeli'schen Ministerium endlich den jüdischen Abgeordneten das Unterhaus eröffnet, und an der Hand Disraeli's trat der erste Jude, der zum Parlamente Zutritt erhielt, der Baron Lionel de Rothschild, über die Schwelle des Unterhauses. Schon 1831 hatte Macaulay seinen berühmten Essay über die Emancipation der Juden geschrieben, 1833 ging das dahin lautende Gesetz durch, und 1847 wurden zum ersten Male zwei jüdische Parlamentsmitglieder ernannt; aber das Gesetz war unwirksam und die Wahlen unnütz, so lange die Worte „upon the true faith of a Christian" in dem Eidesformular noch immer im Wege standen. Erst jetzt wurde es erlaubt, sie wegzulassen, und so fiel durch einen Zufall, der einem Symbol gleicht, dem Dichter Sidonia's das Loos zu, als Repräsentant der literarischen und politischen Intelligenz der jüdischen Race und als Chef der früher so intoleranten Torypartei, den Repräsentanten jüdischen Handelsgeistes und Reichthums zur Ausübung politischer Bürgerrechte einzuführen.

Obwol Disraeli's Budget im April 1858 gut aufgenommen wurde, war die Stellung der Regierung äußerst schwach. Als einzige Möglichkeit, aus der Minderzahl her-

auszukommen, bot sich ihr die Vorlegung eines Reform=
gesetzes dar; es war Disraeli's steter Gedanke gewesen,
diese Karte den Händen der Whigs zu entreißen, und er
machte jetzt den ersten, mit Schwierigkeiten aller Art ver=
bundenen Versuch. Die Tories betrachteten jede Neuerung in
Betreff der Volksvertretung mit dem äußersten Mißtrauen,
und es war Disraeli, um nicht von der eigenen Partei im
Stich gelassen zu werden, nothwendig, die Vorlage so ein=
zurichten, daß die Conservativen durch starke Vermehrung
der ländlichen Wähler auf eine Zunahme ihrer Stimmen=
zahl hoffen konnten; auf der andern Seite war es voraus=
zusehen, daß die Liberalen jeden Vorschlag, der von den
Toryführern herrührte, unzulänglich finden würden, selbst
wenn er völlig so aufrichtig gemeint und völlig so weit=
gehend wäre, als die Bills, die sie selbst in petto hatten.
Welchen Eiertanz Disraeli hier aufführen mußte, bewies
am klarsten die Thatsache, daß, sobald sein Reformentwurf
seinen Collegen vorgelegt worden, zwei derselben aus dem
Ministerium austraten, der eine, Henley, hauptsächlich weil
er das Wahlrecht einem weit größeren Theil der arbeiten=
den Klassen zugetheilt zu sehen wünschte, der andere,
Walpole, weil er über die den unbemittelten Klassen 1832
gemachten Zugeständnisse nicht hinausgehen wollte. Der
Empfang, der dem Gesetzesvorschlag im Cabinet zu Theil
geworden war, gab ein richtiges Omen ab für das weitere
Schicksal desselben. Von allen Seiten regneten bitterböse
Kritiken über ihn herab. Die ganze Presse war der Bill
höchst feindlich; die Toryblätter, weil sie keine Ursache
sahen, aus Disraeli's Hand eine Reform zu empfangen, der

sie heftigen Widerstand entgegengesetzt hätten, wenn Lord Russell deren Urheber gewesen wäre; die liberalen Organe, weil sie erstens keine Ursache hatten, dem Toryministerium einen Triumph zu gönnen wie den, die große Reformfrage zu lösen, weil sie ferner seit Jahren in der Darstellung Disraeli's als eines überzeugungslosen politischen Taschenspielers übereinstimmten, und in seiner Reformbill nur ein neues Zeugniß dafür fanden, wie wenig er als homme sérieux zu betrachten sei. Im Parlamente selbst wurde der Gesetzesvorschlag von Lord Russell und den Radicalen als Scheinreform mit Leidenschaft und Hohn bekämpft. Demokratisch war der Vorschlag gewiß nicht, obwohl weitergehend als die nächstfolgende Reformbill der Whigs; doch ist es sicher, daß der Schatzkanzler schon damals eine ganz anders radicale Umänderung des Wahlgesetzes wünschte, schlug er ja im Cabinet sogar das Haushalterwahlrecht vor; er war aber gezwungen, den Plan fallen zu lassen, weil er sich über die Unmöglichkeit, ihn gerade jetzt durchzuführen, sehr schnell überzeugte. So wie das Gesetz nun dem Unterhause vorgelegt wurde, d. h. in einer Gestalt, die weder Vogel noch Fisch war, unterlag es bald den Angriffen der Gegner; die Regierung, die sich schon allzu oft in der Minorität befunden hatte, erhielt in dieser hochwichtigen Sache eine Mehrheit von 39 gegen sich. Daß die liberale Presse jubilirte, versteht sich von selbst; aber interessant ist es, unter den vielen nur verspottenden Aeußerungen derselben eine zu finden, die mit wirklicher Feinheit und Schärfe die Eigenthümlichkeit Lord Beaconsfield's trifft: „Für immer“, schrieb Bright's Organ, Mor-

ning Star, „für immer ist die Gelegenheit entschlüpft, nach
welcher Mr. Disraeli, seit er zum ersten Mal Mitglied
einer Regierung wurde, geseufzt zu haben scheint, die Gelegenheit, sich selbst dem Volke dieses Landes als dessen
Herzensfreund zu entpuppen, der in politischen Sympathien
und Zwecken mit dem Volke eins ist, und einer aristokratischen Partei deswegen gedient hat, um sie zuletzt um
so vollständiger zu beherrschen." Nur in einem Punkte irrte
sich der scharfblickende journalistische Spötter; für immer
war jene Gelegenheit durchaus nicht entschlüpft.

Disraeli acceptirte seine Niederlage nicht; er wollte,
wie er es immer in solchen Fällen gethan, zuerst den Appell
an die Wähler versuchen; das Parlament wurde aufgelöst,
und die Wahlen unter großer Aufregung der Gemüther
betrieben. Sie geschahen eben zu der Zeit, da der fran-
zösisch-österreichische Krieg im Ausbruch war, und merkwürdig genug fielen bei der Entscheidung die auswärtigen
Sympathien des englischen Volkes noch mehr in's Gewicht
als die Interessen der inneren Politik. Das Volk wünschte
Italien befreit und geeinigt zu sehen; die Whigführer
hatten bei Zeiten und zur Unzeit ihre warmen Gefühle
für Sardinien und ihren Abscheu gegen die österreichische
und päpstliche Herrschaft ausgedrückt und gewannen dadurch an Popularität; das Derby'sche Ministerium dagegen
that Alles, um den Streit zwischen Frankreich und Oesterreich beizulegen, gab bis zuletzt nicht die Hoffnung auf,
den Frieden zu erhalten, und kam, während es nur um
der englischen Interessen willen die Kriegslust Kaiser Napoleon's zu beschwichtigen versuchte, in Verdacht, dem

reactionären Oesterreich zu dienen. Wenn man die in jenen Tagen gehaltenen Reden Disraeli's über auswärtige Politik aufmerksam liest, wird man nicht bezweifeln, daß seine Sympathien ihn weit mehr zu dem alten französischen Alliirten als zu Oesterreich hinzogen, man wird aber auch den Eindruck bekommen, daß er von dem Genie und dem ernsten Willen Cavour's, der den Krieg erzwingen mußte, keine genaue Vorstellung besaß; in einer ähnlichen Unklarheit befand er sich augenscheinlich mit Rücksicht auf Bismarck kurz vor dem Ausbruch des deutsch-französischen Krieges; er sprach auch damals immer von der Möglichkeit, durch klug vermittelnde Politik den Frieden zu erhalten; die großartig einfache, auswärtige Politik der genannten Staatsmänner war seinem Wesen so fremd, daß seine gewöhnliche Divinationsgabe ihnen gegenüber ihn verließ. Er hat, bis Italiens Einheit als eine Wirklichkeit dastand, mit äußerster Kälte alle Einheitsbestrebungen desselben unpraktische Schwärmereien genannt, die an der österreichischen Gewalt und dem Interesse der katholischen Mächte, dem Papst seine weltliche Herrschaft zu sichern, scheitern würden. Das englische Wählervolk, das Oesterreich in jenem General Haynau personificirte, über den Londoner Brauergesellen für die grausame Unterdrückung der lombardischen und ungarischen Empörungen Lynchjustiz gehalten hatten, versetzte die vermeintlich österreichisch gesinnte Regierung auf's Neue in die Minorität; bei der ersten Unterhausabstimmung befand sich das Cabinet in einer Minderzahl von 13 Stimmen, und damit war das Urtheil des zweiten Derby-Disraelischen Ministeriums besiegelt.

XXI

Der neuen Regierung (Palmerston = Russell = Gladstone)
war keine glorreiche Herrschaft beschieden; unter ihr begann
das starke Sinken des englischen Ansehens in der ganzen
Welt, dem erst vor wenig Jahren Halt geboten ward, und
die Fehlgriffe in der auswärtigen Politik derselben wurden
noch dazu von zwei verfehlten Versuchen, die verwickelte
Reformfrage zu lösen, umrahmt.

Der erste Versuch im Jahre 1860 war so schlaff und
nichtssagend, daß sein Fiasco Niemand Wunder nehmen
konnte. Als der Vorschlag, der in noch geringerem Maße
als die conservative Bill vom vorigen Jahre das Wahlrecht
erweitert haben würde, dem Unterhause vorgelegt war,
wurde er von beiden Lagern als reines Schaubrod betrach=
tet; man wußte eben, daß Lord Palmerston jeglicher Wahl=
reform feind war, und daß selbst Lord Russell das Gesetz nur
aus conventionellen Rücksichten einbrachte. Er sah in Wirk=
lichkeit das Schicksal desselben mit so gleichgültigen Augen
an, daß er auf keine bessere Weise es empfehlen zu können
glaubte, als durch den Nachweis, von wie äußerst geringer
Wirkung es sein würde. Die Times schrieb wegwerfend

und witzig: „Etwas mußte gesagt werden; sein Versprechen muß man ja halten; das geronnene Blut der heiligen Reform muß ein Mal im Jahre flüssig werden. Begeisterung für die Sache, ja sogar der Glaube an sie ist längst verraucht, und wir sehen jetzt einen vorsichtigen Mann, der einer vorsichtigen Versammlung eine vorsichtige Maßregel vor= schlägt." Unter dem Druck der öffentlichen Meinung im Volk und Parlament zog Lord Russell, der Aufforderung Disraeli's folgend, seinen Vorschlag zurück.

Der auswärtigen Politik des Ministeriums gegenüber behauptete in den folgenden Jahren der Führer der Oppo= sition mehr als jemals seinen Ruf als scharfblickender und überlegener Kritiker; und er hatte als solcher reichlichen Stoff; denn jene Politik zerfällt hauptsächlich in drei große Grup= pen von Fehlgriffen, die, welche auf den großen nord= amerikanischen Krieg, die, welche auf die Colonien Eng= lands, und die, welche auf Polen und Dänemark Bezug haben.

Bekanntlich bewiesen die englischen Minister nicht die staatsmännische Vorsicht, eine unzweideutige Neutralität während des nordamerikanischen Bürgerkriegs inne zu halten. Man überstürzte sich mit der Anerkennung der Südstaaten als kriegsführender Macht, man verhehlte nicht seine Sympathien für die „ritterlichen" Conföderirten, man legte seiner nationalen Eifersucht gegen die große, jetzt ge= fährdete Republik keinen Zaum an, ja Gladstone ging im October 1862 so weit, in einer öffentlichen Rede über Jefferson Davis zu sagen, daß es ihm gelungen sei, aus den Südstaaten „eine unabhängige Nation" zu machen.

Es verdient um so mehr bemerkt zu werden, daß Disraeli, dessen eigene Partei fast einstimmig den Sklavenstaaten ihre Sympathien schenkte, während des ganzen Krieges die strengste Neutralität bewahrte, sich, um die Verlegenheit der Regierung nicht zu vermehren, in der Regel schweigsam verhielt und nur ein paar Mal das Wort ergriff, theils um die schwankende Haltung des Ministeriums und die unpolitischen Aeußerungen Gladstone's scharf zu tadeln, theils um in versöhnlichem Geist mit einigen Worten das Benehmen des Washingtoner Cabinets in der Trent-Angelegenheit als „ehrenhaft" anzuerkennen.

Die Gleichgültigkeit der Whigminister in Betreff der Colonien fand zu dieser Zeit einen schlagenden Ausdruck in der öffentlichen Aeußerung des Herzogs von Newcastle als Colonialsecretär, „daß er eine Auflösung der Bande zwischen dem Mutterlande und Canada mit dem größten Vergnügen sehen würde", Worte, die von Disraeli in einer Rede auf's Heftigste gerügt wurden, und zu denen die von ihm sechzehn Jahr später bewerkstelligte Ernennung des Schwiegersohnes der Königin, des Marquis of Lorne, zum Generalgouverneur von Canada ein auffälliges Gegenstück bietet. Mit noch größerem Eifer protestirte der Führer der Torypartei in einer verwandten Angelegenheit gegen die in Veranlassung der Thronbesteigung König Georg's vorgeschlagene Abtretung der ionischen Inseln an Griechenland. Daß man durch Aufhebung des englischen Protectorats nur dem wiederholt geäußerten Wunsch der Bevölkerung entgegenkam, war eine Seite der Sache, welche der Imperialpolitiker durchaus keiner Beachtung werth hielt;

was er hervorhob, war der Bruch, den die Kette der Mittelmeer = Garnisonen Englands auf dem Wege nach Indien dadurch leiden würde, und der Widerspruch in der Politik Lord Palmerston's, die zu Gunsten der **Türkei** der Ausführung des Suezcanals mit größtem Ungestüm Hindernisse in den Weg gelegt hatte und jetzt durch Vergrößerung Griechenlands selbst die Türkei noch mehr schwächen wolle. Bedeutungsvoll durch ihre rücksichtslose britische Energie und zu gleicher Zeit psychologisch interessant ist der folgende gegen die humanitären Rücksichten gerichtete Passus seiner Rede: „Professoren und Rhetoren erfinden für jedes Ereigniß ein System und für jeden einzelnen Fall ein Princip; ihr wollt aber, hoff' ich, nicht die Schicksale des britischen Reichs Knaben und Pedanten überlassen. Die Staatsmänner, die Pläne entwerfen, und die Krieger, die sie ausführen, sind nur **von dem Instinct der Macht und der Liebe zum Vaterlande** beseelt. Das sind die Gefühle und das sind die Methoden, die große Reiche bilden."[*]) Es läßt sich nicht leugnen, **daß die Erwerbung** des Protectorats über Cypern im Jahre 1878 ein lehrreiches Gegenstück zu der 1863 stattgefundenen Aufgebung des Protectorats über die ionischen **Inseln** abgiebt.

Nicht ohne Muth setzte sich Disraeli **in demselben** Jahr einer entschiedenen Unpopularität **aus**, indem er es wagte, die politische **Sentimentalität** der Regierung in

---

[*]) The statesmen who construct, and the warriors who achieve, are only influenced by the instinct of power and animated by the love of country. Those are the feelings and those the methods which form empires.

Sachen Polens auf's Bestimmteste zu tadeln. Jetzt ist alle Welt darüber einverstanden, daß die ohnmächtige und schwatzhafte Einmischung Englands in die inneren russischen Angelegenheiten dem unglücklichen Polen nur schädlich war, indem sie die russische Empfindlichkeit auf's Tiefste verletzte und dadurch die Gewalthaber zu noch größerer Grausamkeit aufstachelte; damals aber sah die öffentliche Meinung in der Depeschenschreiberei Lord Russell's nur ein Zeugniß der Hochherzigkeit und in Disraeli's Kritik nur einen Beweis serviler Gefühle.

Mit dem Betragen des Ministeriums in Bezug auf Polen hing dessen noch verächtlichere Haltung in der dänischen Frage eng zusammen. Lord Russell kränkte zuerst den französischen Kaiser durch die nicht allein abschlägige, sondern unhöfliche Antwort auf seine Einladung zu einem europäischen Congreß, der den Wiener Tractat einer Revision unterwerfen solle, und erntete dadurch nur die Schadenfreude Frankreichs über all' seine eigenen tappenden und mißlungenen Versuche, die dänisch-deutsche Streitfrage zu ordnen. Er forderte ferner in einer Depesche von 1862 Dänemark auf, den deutschen Forderungen nachzugeben, und wurde nach der dänischen Weigerung, diesem Rath zu folgen, von dem Premierminister vollständig desavouirt, indem Lord Palmerston, wie es schien, von dem Recht der dänischen Regierung überzeugt, sich nicht bedachte, im Unterhause die feierliche Erklärung abzugeben, daß Dänemark, falls man seine Grenze überschreite, „finden werde, daß es in dem Streite nicht allein stehe". Die Grenze wurde überschritten und Dänemark fand — daß das

Wort eines englischen Premierministers Wind gewesen war. In einer glänzenden Rede entblößte Disraeli diese Widersprüche, wies „dieselbe Schwäche, Verwirrung und Ungereimtheit" in der dänischen Angelegenheit, wie in dem ganzen übrigen diplomatischen Benehmen des Ministeriums, nach **und** brachte im Unterhause ein Mißtrauensvotum des Inhalts ein, **daß** „das von Ihrer Majestät Regierung befolgte Verfahren den berechtigten Einfluß Englands in Europas Rath und dadurch die Bürgschaften für den Frieden **vermindert habe"**. Dies Votum, das im Oberhause angenommen **wurde, fiel** im Unterhause, von Gladstone bekämpft, gegen eine Mehrzahl von 18 Stimmen durch; es war aber **diesmal die** reine Wahrheit, die durch Majoritätsentschluß unterlag.

Der Tod Lord Palmerston's brachte 1865 Lord John Russell und mit ihm die Reformbestrebungen auf's Neue an's Ruder. Die Weiterführung jener Parlamentsreform, die Russell mit einem bald bereuten und oft verspotteten Wort eine definitive genannt hatte (daher der Spitzname Finality=Jack) war zuletzt der Lieblingsgedanke seines Lebens geworden. Da er aber weit mehr **von der** Ueberzeugung ihrer Nothwendigkeit als von **einer** Leidenschaft für ihre Gerechtigkeit durchdrungen war, trugen alle seine späteren Reformvorschläge das Gepräge der Unentschiedenheit; sie wurden **weit** mehr als Mittel dargeboten, den ewigen **Re**formbeschwerden ein Ende zu machen und den Radicalen den Mund zu stopfen, denn als Erzeugnisse eines politischen Pflichtbewußtseins. Das Reformgesetz des Jahres 1866 war weit liberaler als das vom Jahre 1860, es würde etwa 400,000 neue Wähler geschaffen haben, wovon un=

gefähr die Hälfte den arbeitenden Klassen angehörte; es wurde aber ungeschickt vorgelegt und befriedigte wie gewöhnlich weder die Conservativen noch die Liberalen; von den letzteren sonderte sogar eine vor den Folgen eines so demokratischen Wahlrechts zurückschreckende Fraktion sich aus, um gegen den Vorschlag zu stimmen. Disraeli's Opposition wurde auf seinen principiellen Widerstand gegen die von ihm schon in der „Vertheidigung der englischen Verfassung" und später so oft denuncirte Amerikanisirung der Constitution und außerdem durch das Stückwerkartige des Vorschlags begründet. Daß er in dieser Opposition doch noch weit mehr von Partei-Abneigung als von Principien inspirirt wurde, ward nichtsdestoweniger in der nächstfolgenden Session sehr deutlich. Das Ministerium Russell-Gladstone fiel mit dem Reformgesetz.

Zum dritten Male war Disraeli Schatzkanzler in einem Derby'schen Cabinet, zum dritten Mal, ohne über die Mehrzahl im Unterhause gebieten zu können, und ebenfalls zum dritten Mal wurde die Toryregierung von einer entschieden ungünstigen Volksmeinung empfangen. Nach und nach, wie die große Reform-Agitation im Lande um sich zu greifen anfing, steigerte sich diese Ungunst der öffentlichen Meinung sogar bis zu einem förmlichen Haß, der sich besonders, ja fast ausschließlich gegen Disraeli als den Hauptbekämpfer des letzten ministeriellen Reformgesetzes wandte.

Es verstand sich von selbst, daß die Regierung jetzt sogleich die Reformsache in ihre Hand nehmen und sie so energisch wie möglich betreiben mußte. 1852, 1854, 1858, 1859, 1860 und 1866 waren Reformgesetze vor-

gelegt worden und gescheitert; Lord Russell, Lord Aberdeen,
Lord Palmerston, Lord Derby, und wieder zwei Mal
Lord Russell hatten vergeblich den gordischen Knoten zu
lösen versucht; Disraeli hatte von den Fehlgriffen der
Vorgänger gelernt und war entschlossen, seine ganze Geschicklichkeit und Ausdauer daran zu setzen, ein bleibendes
Resultat zu erreichen. Er fing darum als Schatzkanzler
mit der, stürmische Heiterkeit erweckenden, Erklärung an, daß
nach der Ansicht des Ministeriums die Reformfrage nicht
mehr eine solche sein solle, die das Schicksal einer Regierung
bestimme; er begründete, ohne sich durch das Lachen stören
zu lassen, diese Ansicht damit, daß alle Parteien eine Reform durchzuführen versucht hätten und alle vergeblich; er
versagte sich ferner nicht, wie vorsichtig und rücksichtsvoll
er auch im Ganzen sprach, die Befriedigung, seine alte Lehre
zu betonen, daß die Reformbill der Whigs vom Jahre 1832
die Regierung des Landes in die Hände der Mittelklassen
gelegt und bei dieser Gelegenheit das Wahlrecht der Arbeiterklasse, wie es vor 1832 existirte, abgeschafft hatte — ein
Verfahren, fügte er nicht ohne Feinheit hinzu, „daß einer
Partei, die eher auf liberale Meinungen als auf volksthümliche Rechte ihre Politik gegründet hatte, vielleicht
natürlich war." Er theilte endlich mit, daß die Regierung,
um den früheren Mißgeschicken der Reformbill zu entgehen,
die Absicht habe, durch Vorlegung von Resolutionen sich über
die im Hause herrschenden Anschauungen zu unterrichten.
Das war die Methode, die Disraeli in seinem vorigen Ministerium auf das Gesetz über Indien angewandt hatte, und
sie führte, wenn auch für seine Eitelkeit nichts Befriedigendes,

doch) den großen Vortheil mit sich), daß die Regierung durch
sie der Schwierigkeit, ein fertiges Gesetz vorlegen und mit
ihm fallen zu müssen, entging. Die vorgelegten Resolutionen,
die dem Unterhause den Puls fühlen sollten, wurden un=
günstig aufgenommen. Sie gingen, wie Lord Russell's Bill,
darauf aus, im Ganzen ungefähr 400,000 neue Wähler zu
schaffen, suchten aber durch verschiedene einschränkende
Bestimmungen, darunter Doppel=Stimmrecht für gewisse
Wählerkategorien, die Conservativen für die Neuerung zu ge=
winnen. Man forderte von der Regierung eine wirkliche Bill,
und im März 1867 wurde diese von Disraeli dem Hause
unterbreitet. Das Resultat derselben würde nach der ein=
leitenden Rede des Schatzkanzlers durchaus keine Volks=
tyrannei werden: ein Viertel der Wähler würde der Aristo=
kratie, ein anderes Viertel der Arbeiterklasse und die
übrige Hälfte den Mittelklassen angehören; gleichzeitig
hatte er aber freilich dem Hause die peinliche Mittheilung
zu machen, daß drei der wichtigsten Regierungsmitglieder
Lord Carnarvon, General Peel und Lord Cranborne (der
jetzige Lord Salisbury), die vorgeschlagene Erweiterung des
Stimmrechts als unpolitisch betrachtend, ihre Portefeuilles
niedergelegt hätten. Die Spaltung im Cabinet kam in
einem unbequemen Augenblick zum Vorschein, war aber an
und für sich nur zu erwarten, denn das vorgelegte Gesetz
war weit radicaler als das der Whigs, das radicalste,
welches das Haus noch gesehen hatte; seine Grundlage war
das sogenannte Household-suffrage, d. h. das Wahlrecht
jedes Miethers eines Hauses ohne Rücksicht auf den von
ihm gezahlten Miethszins; und die conservativen Garantien,

die die großen Einräumungen einigermaßen erſetzen ſollten, be=
ſtanden hauptſächlich in der Beſchränkung des Wahlrechts auf
die Selbſtſteuerzahler, in der ſchon genannten Einräumung
von zwei Stimmen an gewiſſe Wähler, die in zwei Eigen=
ſchaften Stimmrecht hatten, und in der Bedingung, daß nur
die Hausmiether ſtimmberechtigt ſein ſollten, welche ein Haus
zwei Jahre lang inne gehabt hätten. — Die in pſycho=
logiſcher Hinſicht intereſſanteſte Aeußerung des Schatzkanzlers,
welche während der Vertheidigung dieſes Vorſchlags gegen
die Angriffe der Ultraconſervativen fiel, iſt die Antwort, die er
ſeinem damaligen leidenſchaftlichen Gegner und jetzt gründ=
lich gezähmten Collegen Lord Salisbury gab, als dieſer auf
die Unübereinſtimmung zwiſchen der zurückhaltenden Stellung
Disraeli's zur Parlamentsreform 1858 und ſeinem jetzigen
revolutionären Geſetz mit Heftigkeit aufmerkſam machte:
er appellirte an das Zeugniß noch lebender Männer dafür,
daß er ſchon im damaligen Derby'ſchen Cabinet das Princip
des Haushalterſtimmrechts als die einzige zuverläſſige Grund=
lage der Reform vorgeſchlagen habe.*)

Die gefährlichſten Angriffe hatte das Geſetz indeſſen nicht
von den ertremen Tories, ſondern von liberaler Seite aus=
zuhalten. Gladſtone unterwarf es Punkt für Punkt einer
gewaltſamen und im Ganzen überlegenen Kritik. Stück für

---

*) Man vergleiche die Rede „Representation of the people" in
„Speeches on the conservative policy" 156. Die intereſſante Sammlung
von Reden „On parliamentary Reform" geht nur bis 1866, gibt aber
einen guten Einblick in die Entwickelungsſtadien, welche die Reformpläne
Lord Beaconsfield's durchlaufen haben. Man ſehe z. B. S. 82, 175,
276, 351 ff. Man vergleiche auch: W. N. Molesworth: The history of
England from the year 1830, III. 412 ff.

Stück fielen die conservativen Garantien unter seiner Axt, und es zeigte sich jetzt zum allgemeinen Erstaunen, daß der Erste, der sich bereit erklärte, sie mit vollständiger Gelassenheit fallen zu lassen, Disraeli selbst war. Der Schatzkanzler machte gar keinen Versuch, das Doppelstimmrecht zu vertheidigen; er hatte schon beim ersten Einbringen der Resolution diese Maßregel als eine ihm ziemlich unwichtige bezeichnet und gab gleich nach. Er verzichtete ferner auf die Selbstzahlung der Steuern und auf die Forderung zweijähriger Wohnung, die durch einjährige ersetzt ward; ja er gestand sogar den Zimmermiethern von jährlich 10 Pfund Miethszins das Wahlrecht zu mit der Behauptung, daß er in seinem Herzen immer für diese Maßregel gewesen sei. Er fügte sich überall, wo er sich fügen mußte, um überhaupt ein Gesetz, wenn auch nicht sein ursprüngliches, durchzuführen, und es gelang ihm durch geschicktes Manövriren, das einen Abfall von ungefähr 30 gemäßigten Mitgliedern der liberalen Partei veranlaßte, bei der ersten Abstimmung über das Gesetz den entscheidenden Aenderungsvorschlag Gladstone's mit einer Mehrzahl von 21 Stimmen todtzumachen. Die Wirksamkeit, welche Lo d Beaconsfield während dieser Session entfaltete, kann man ohne Uebertreibung riesenhaft nennen; er redete über das Reformgesetz allein nicht weniger als 310 Mal und legte unterdessen außerdem sein Budget in einer Rede vor, deren musterhafte Klarheit eine so allgemeine Anerkennung fand, daß selbst die Times, die hartnäckige Gegnerin Disraeli's, sich gezwungen fühlte, einen lobpreisenden Artikel zu schreiben. Dank dieser außerordentlichen Energie gelang es ihm, alle drohenden Klippen zu umsegeln und sein Reformschiff glücklich in den Hafen zu bringen. Von dem ursprünglichen Vorschlag waren freilich nur die großen Grundlinien übrig geblieben; ja ein von liberaler Seite eingebrachtes Amendement, wodurch die Zahl der Wähler fast vervierfacht wurde, war sogar angenommen worden, aber wie wenig das endgültige Gesetz auch mit dem ersten Regierungsentwurf übereinstimmte, es befand sich sicherlich in keiner Disharmonie mit den persönlichen Ansichten des Schatzkanzlers; denn Disraeli hatte persönlich durchaus nicht die Befürchtung, daß sich ein zukünftiges Massenregiment als Folge des Gesetzes herausstellen werde; er trat im Parlament mit großer Zuversicht den bösen Weissagungen des jetzigen Marquis of Salisbury entgegen, und daß er Recht hatte, hat heutzutage eine zwölfjährige Erfahrung bewiesen.

Im Juli 1867 hatte denn jenes wichtige Gesetz, das von Grund aus die englische Verfassung umformte, die Feuerprobe der drei Lesungen bestanden, und die Durchführung desselben war in Wahrheit die Verwirklichung des alten Disraeli'schen Programms: Behauptung der Rechte des Volks durch Toryführung. Ein interessantes Licht über Lord Beaconsfield's Verfahren in dieser Angelegenheit wirft der oft citirte und vielverspottete Passus einer Rede, die er kurz nachher bei einem ihm zu Ehren gegebenen Bankett in Edinburgh hielt. Er lautet: „Nun merkt Folgendes; denn das, was jetzt kommt, ist eine Sache, die ihr vielleicht noch nie in einer Rede, die in Edinburgh gehalten worden, gehört habt. (Lachen und Beifallruf.) Ich hatte — wenn es nicht anmaßend ist, einen solchen Ausdruck zu gebrauchen — die Aufgabe, unsere Partei zu erziehen. Es ist eine große Partei und sie erfordert, daß ihre Auf= merksamkeit mit einem gewissen Druck auf Fragen dieser Art gerichtet werde. Ich mußte das Parlament und das Land auf diese Reformfrage vorbereiten." Es scheint mir, daß Disraeli hier in einer halb humoristischen Form das ernsteste und zugleich das gefühlteste Wort gesagt hat, das je über seine Stellung zur Torypartei über seine Lip= pen gekommen ist. Er hat, wie schon früher Wellington und Peel, als conservativer Chef liberale Maßregeln durch= führen müssen, einfach aus dem Grunde, weil in diesem Jahrhundert in einem Land wie England nur solche durch= führbar sind, aber er hat im Gegensatz zu seinen Vor= gängern nie den starren und steifen Conservatismus seiner Partei getheilt und es von Anfang an als eine Noth= wendigkeit und als seine Aufgabe betrachtet, diese Art von Conservatismus zu brechen. Schlagend sagte er in jener ebengenannten Edinburgher Rede: „Es würde eine ebenso große Täuschung in der Politik wie in der Wissen= schaft sein, zu glauben, daß man eine Partei mit der Losung: „Widerstand gegen Veränderung" gründen könne; denn Veränderung ist in jedem fortschreitenden Lande un= vermeidlich. Die ganze Frage ist, ob die Veränderung mit Rücksicht auf die Sitten, Gesetze, Ueberlieferungen des Volkes oder in Hinblick auf abstracte Principien und will= kürliche Regeln durchgeführt werden soll." Es muß gewiß als ein wahres Verdienst Lord Beaconsfield's betrachtet werden, den alten Toryadel dazu gebracht zu haben, daß er einem Führer mit solchen Ansichten folgte und folgt.

Im Februar 1868 trat eine Begebenheit ein, die be=
stimmt war, die wildesten Jugendträume Benjamin Dis=
raeli's zu krönen. Der gichtkranke Lord Derby zog sich
aus dem öffentlichen Leben zurück, indem er der Königin
auf's Wärmste den Schatzkanzler als seinen einzigen möglichen
Nachfolger empfahl. Durch einen sonderbaren Zufall wurde
Disraeli von seinem ersten, und zwar siegreichen politischen
Gegner, jenem Sohn des Lord Grey, der ihn bei seinem
ersten Wahlkampf in High Wycombe überwand und jetzt
eine Stellung als Hofbeamter bekleidete, zur Königin
Victoria geholt, um sie als Premierminister zu verlassen.
Wie wenig beliebt er auch in vielen Kreisen war, so machte
sich doch das allgemeine Gefühl im Lande geltend, daß er
die Auszeichnung, die er jetzt erhielt, durch langjährige hart=
näckige Arbeit und durch seltene Fähigkeiten ehrlich und
voll verdient habe; und als er zum ersten Mal in seiner
neuen Würde sich von Downing Street zum Unterhause
zu Fuß begab, wurde er auf dem Wege und in dem Par=
lamentshofe von großen Volksmassen mit begeistertem Zu=
rufe begrüßt. Und doch war diese ersehnte hohe Stellung
buchstäblich kaum gewonnen, als sie schon als verloren zu
betrachten war. Der Premier war und blieb Minoritäts=
minister, wie der Schatzkanzler es gewesen; die erste
ernste Streitfrage mußte ihn zu Fall bringen, und die
gewaltigen fenischen Unruhen in Irland gaben bald den
Anstoß zu einer solchen. Gladstone schlug, von seiner ganzen
Partei gestützt, die Aufhebung der irischen Staatskirche vor.
Vergeblich bezeichnete Disraeli den Vorschlag als sinnlose
Halbheit, da dieselbe Anschauung, die ihn erzeugt habe,

auch zur Abschaffung der Staatskirche in England und
Schottland führen müsse; vergeblich schlug er mit den
wiederholten Erklärungen, daß die „heilige Verbindung von
Staat und Kirche das Hauptmittel unserer Civilisation und
die einzige Bürgschaft für religiöse Freiheit sei", seine
salbungsvollsten Töne an; vergeblich stellte er endlich die
ungleich besser begründete Behauptung auf, daß weder die
Philosophen, die sich schmeichelten, die Sache der Freiheit
zu fördern, noch die Sektirer, die den Fall kirchlicher
Systeme zu beschleunigen wähnten, sondern nur der Papst,
nur ein fremder Fürst, dessen Autorität an die Stelle der=
jenigen der Königin trete, aus der Aufhebung der irischen
Staatskirche Nutzen ziehen werde; das Unterhaus war dem
Vorschlag günstig, und als die neuen Wahlen ausgeschrieben
wurden, als der Premierminister für sein Reformgesetz,
wonach jetzt zum ersten Male gewählt wurde, den Dank
zu ernten hoffte, sandte das Volk ihm ein Unterhaus zurück,
worin er eine genau doppelt so große Mehrheit wie die
vorige gegen sich fand. Noch bevor das neue Parlament
zusammentrat, räumte Disraeli Gladstone den Platz als
Premier.

XXII.

Wenn man von der Wirksamkeit Lord Beaconsfield's während seiner drei ersten Ministerien auf seine zuerst verkündigten Doctrinen zurücksieht, wird man finden, daß es unter diesen nur eine gibt, die er ganz hat fallen lassen: die Lehre von dem persönlichen Regiment des Souveräns. Schon als Robert Peel 1839 durch seine Forderung auf Entlassung des ganzen weiblichen Hofstaates (das sogenannte bedchamber-plot) mit der Königin Victoria in Conflict gerieth, gab Disraeli, seinen Theorien zum Trotz, Sir Robert Recht; als 1853 der vermeintliche unconstitutionelle Einfluß des Prinzen Albert im Parlament gerügt wurde, sagte er ebensowenig eine Silbe zur Vertheidigung „eines freien Souveräns", und obwohl jetzt bisweilen gesagt wird, daß er durch geschmeidiges Entgegenkommen in so ungewöhnlichem Grade die Gunst der Königin gewonnen habe, scheint es, insofern ich es beurtheilen kann, immer sein Wille zu sein, den die Königin durchführt, wenn sie den ihrigen behauptet.

Obwohl der Sturz des Toryministeriums im Jahre 1868 durch Disraeli's Kampf gegen die Aufhebung der Staats-

kirche in Irland herbeigeführt wurde, war er augenschein=
lich in keiner Hinsicht von seiner Jugend=Ansicht über
die politische Gleichberechtigung der Katholiken abgewichen;
aber er ahnte, wie mehr als einer der europäischen Staats=
männer in den letzten, der Unfehlbarkeitserklärung des
Papstes vorausgehenden Jahren, die bevorstehende gewalt=
same katholische Reaction; er weissagte ihr Nahen zu einer
Zeit, wo Gladstone noch die Gefahr als ganz eingebildet
hinstellte — um sie zu spät mit der größten Leidenschaft zu
bekämpfen — und alle seine alten Schwärmereien für „die
einzig existirende, hebräisch=christliche Kirche" verschwanden
vor der politischen Rücksicht. Sein Widerstand war be=
kanntlich fruchtlos; das Gladstone'sche Ministerium führte
die Abschaffung der irischen Staatskirche durch.

Disraeli benutzte seine relative Muße dazu, nach mehr
als zwanzig Jahren auf's Neue einen Roman zu schreiben,
und zwar einen, dessen unmittelbare Tendenz war, seine
Warnungen gegen das in Großbritannien immer mehr
zur Geltung kommende päpstliche Wesen zu rechtfertigen.
„Lothair" erschien 1870.

Der Roman trägt deutliche Spuren davon, daß sein
Verfasser sich in einem vorgerückten Alter befindet; er ist
das Product einer reicheren und reiferen Erfahrung als die
früheren Werke; er enthält keine losen politischen Schil=
derungen, keine Ausfälle gegen noch lebende Persönlichkeiten;
er hat, kurz gesagt, die Tugenden des Alters; er ist aber
in seiner ganzen Anlage eine Wiederholung der früheren
Compositionen des Verfassers, besonders „Tancred's", und
in dem Stil verräth sich der Greis. Schon in den vorher=

gehenden Jahren hatte sich in Disraeli's oratorische Kunst und ganze Haltung als Parlamentsredner ein neues Element eingeschlichen, das im Roman mit noch größerer Schärfe als in seine Reden hervortritt: das officielle Gepräge. Das ist es, was seinem geistigen Charakterbilde die letzte Retouche gibt. Nicht daß der Witz und der Sarkasmus jemals seine Reden verlassen hätte; er war immer derselbe unvergleichliche Fechter in der parlamentarischen Debatte geblieben; als z. B. der plumpe Beresford Hope in der letzten Session des Reformministeriums ihn spöttisch „das asiatische Mysterium" schalt, hatte er noch kürzlich mit unvergleichlichem Humor versichert, daß, „wenn der sehr Ehrenwerthe über asiatische Mysterien spräche, seine Aeußerungen das Gepräge einer Batavischen Anmuth trugen, die den Worten ihren Stachel raubte", und seitdem war es keinem Engländer möglich gewesen, Herrn Beresford Hope nennen zu hören, ohne mit einem Lächeln an „die Batavische Anmuth" zu denken. Sein Witz war also noch immer frisch genug; sein pathetischer Stil aber, der niemals einfach gewesen war, hatte sich bedeutend verschlechtert. Dieser wurde immer abstracter, affectirter und prunkvoller, bis er in „Lothair", wo er sich recht breit machen konnte, zu jenen Abgeschmacktheiten verfiel, die Bret Harte so köstlich parodirt hat.*) Was „Lothair" psychologisch interessant macht, beruht aber eben auf dem-

---

*) This simple yet first-class conversation existed in the morning-room of Plusham, where the mistress of the palatial mansion sat involved in the sacred privacy of a circle of her married daughters .... Beautiful forms leaned over frames glowing with embroidery, and beautioul frames leaned over forms inlaid with mother-of-pearl.

Bret Harte: Lothair by Mr. Benjamins.

selben Verhältniß, das den Stil officiell gemacht hat, nämlich darauf, daß der Verfasser am Ziel seiner Wünsche und Pläne steht und also nicht mehr die vielen früheren Rücksichten zu nehmen braucht. „Lothair" ist ein ehrlicheres Buch als die sogenannte „Trilogie", die ihm am nächsten vorausging. Es ist nicht nur ohne falsche Mystik, sondern in religiöser Hinsicht das am offensten freisinnige Werk, das Disraeli geschrieben hat, so mirakelfeindlich, daß man es für das Produkt eines Rationalisten halten könnte, wenn der Verfasser es nicht mit seiner nie aufgegebenen phantastischen Lehre von dem einzig siegreichen semitischen Princip gezeichnet hätte.

Der in den unmittelbar vorhergehenden Jahren erfolgte Uebertritt einzelner fabelhaft reicher englischer Aristokraten zum Katholicismus, besonders der Religionswechsel des jungen Marquis of Bute, scheint die äußere Veranlassung zum Plan „Lothair's" gegeben zu haben. Der Held ist ein Jüngling derselben Art wie die Helden in allen späteren Romanen Disraeli's, hochvornehm, mehr als fürstlich reich und von ebenso religiösem Gemüth wie Tancred. Sein einziger Gedanke in dem Augenblick, wo er in das Leben hinaustritt, ist der, zur Klarheit über die Wahrheiten der Religion zu gelangen und zu erfahren, welche der mehreren Orthodoxien die rechte sei. Weiter als dazu, unter ihnen wählen zu können, reicht sein Ehrgeiz nicht; diese Wahl zu treffen, ist, was er unter dem Gewinnen einer Lebensanschauung versteht. Er beschließt, einen Theil seines kolossalen Vermögens dem Bau einer Kathedrale zu widmen, doch ohne noch bestimmt zu wissen, ob diese Kirche protestantisch oder katholisch sein soll. Der Einfluß seines Vormunds, eines vollendet **gebildeten und vollendet** weltklugen Cardinals, und einer liebenswürdigen katholischen Familie, in welcher er verkehrt, läßt das **Kathe**dralproject **sich** auf die papistische Seite neigen, als Lothair „seinen guten Genius", Theodora, trifft und alle seine Luftschlösser und Luftkathedralen vor dem revolutionären Freiheitshauch ihrer Lippen zerstieben. Theodora ist (wie das junge Mädchen mit **der Jacobinermütze auf** Delacroix's Gemälde im Luxembourg) zugleich **Weib und** Freiheitsgöttin. Eine italienische **Patriotin**, ursprünglich eine **arme Straßensängerin, ein** Kind des **Volkes** und eine glühende Freidenkerin, ist sie **der mächtige, weibliche Chef** der geheimen Gesellschaften Italiens; sie hat **um der Frei**heit willen **ihr** Vermögen und ihre Schmucksachen, ihr Privatleben und ihre Ruhe **der Freiheit der Völker geopfert**, und sie endigt damit, als Heldin ihr Leben auf's Spiel zu setzen und als Märtyrin bei Mentana zu fallen. Der Freisinn Theodora's wird der Bornirtheit Lothair's ebenso verhängnißvoll wie Venetia's Ueberlegenheit der politisch=religiösen Rechtgläubigkeit des jungen Cadurcis war. Theodora lehrt Lothair, daß „was man Orthodoxie nennt, **sehr** wenig mit **der** Religion **zu** thun **hat, und daß man sehr** religiös sein kann, ohne an dieselben Dogmen **wie er**, ja ohne überhaupt an irgend ein Dogma zu glauben." „Welche ist denn Ihre Religion?" fragt Lothair. „Die wahre, **denk'** ich," antwortet Theodora, „mein Gewissen"; und **auf** seine Frage, ob sie nie **einer** Führung von außen bedürfe, giebt sie die Antwort: „Ich hörte nie **von Priestern eine** Wahr=

heit, die mein Gewissen mich nicht schon im Voraus ge=
lehrt hatte. Sie gebrauchen eine andere Sprache als ich,
aber ich finde immer, daß wir dasselbe meinen. Was ich
Zeit nenne, das nennen sie Ewigkeit; wenn sie den Himmel
beschreiben, geben sie eine Schilderung der Erde; und die
Wesen, die sie göttlich nennen, rüsten sie mit lauter irdischen
Attributen aus." Es ist leicht begreiflich, daß eine solche
Gedanken hegende Frau den Papst und seine weltliche
Macht nicht mit freundlichen Augen ansieht. „Ich beneide
ihn nicht um seine geistigen Unterthanen," sagt sie, „ich
überlasse ruhig seinen Aberglauben der Zeit; ihre Sense
mäht in unsern Tagen schnell. Aber wenn sein herab=
würdigender Glaube dem Menschengeschlecht von unserm
stolzen Capitol eingeflößt wird und wenn die Knechtung
des Menschengeistes vom Forum Romanum aus in's Werk
gesetzt wird, dann ist es Zeit, sich zu erheben und zu
handeln, so wahr noch echt römisches Blut übrig ist."

Man hätte glauben können, daß Lothair durch die Be=
kanntschaft mit Theodora für alle Zeiten aus dem Netz des
Katholicismus befreit sei. Dies ist aber nicht der Fall;
durch eine Kette überraschender und doch völlig natür=
licher Begebenheiten befindet er sich bald wieder fester als
jemals in das Netz geschnürt. Keiner unter den Romanen
Disraeli's hat einen so vorzüglich geschlungenen Knoten wie
dieser. Als der Aufstand in Italien ausbricht, folgt Lothair
als Freiwilliger der Truppe, welche der Gemahl Theodora's
befehligt, und fällt schwer verwundet bei Mentana; als aber
der Verwundete bewußtlos nach Rom gebracht wird, wo
eben alle seine katholischen Bekannten aus England sich auf=

halten, findet der Cardinal und dessen geistliche **Freunde**
es ihren Plänen angemessen, ein **Gerücht über die wun-**
derbare Errettung Lothair's durch eine Madonna=Offen=
barung zu verbreiten und gleichzeitig durch die katholischen
Zeitungen seine Sache so darzustellen, als hätte **er bei**
Mentana auf der „richtigen" Seite gekämpft und seine Wunde
als der getreue Soldat des heiligen Vaters erhalten. Da
er als Reconvalescent eine solche Zeitung, deren **Stil und**
Ton übrigens von Disraeli meisterhaft nachgeahmt ist, **zu**
sehen bekommt und mit Leidenschaft den Inhalt derselben
als Lüge bezeichnet, antwortet **der Cardinal ihm ruhig:**
er wisse wohl, daß es zwei Versionen **von dem Verhältniß**
Lothair's während der Schlacht **bei Mentana gebe, und daß**
die eine, die nur auf Lothair selbst sich zurückverfolgen **lasse,**
„einen etwas verschiedenen Charakter habe"; **da aber diese**
Version theils an und für **sich** äußerst unwahrscheinlich sei,
theils **von** gar keinem fremden Zeugniß bestätigt **werde,**
berechtige Nichts dazu, den übelklingenden Ausdruck **zu ge=**
brauchen, den Lothair auf den genannten Artikel anwende;
Lothair müsse sich entsinnen, daß er **sehr krank gewesen sei**
und daß Krankheit oft das Gedächtniß verwirre; Georg IV.
glaubte, er habe an der Schlacht bei Waterloo Theil ge=
nommen, ja sogar jene Schlacht commandirt u. s. w. **Mit den**
feinsten und doch stärksten Banden wird der Wille **des von**
der Krankheit geschwächten Lothair's gebunden **und seine**
Freiheit vernichtet; er wird zur Theilnahme an einer katho=
lischen Procession verlockt; er wird sanft gezwungen, **als der**
durch ein Wunder Erkorene sich bewundern und anbeten
zu lassen; **er steht im Begriff, eine willenlose Beute zu**

werden, als die Erinnerung an Theodora seine letzte Energie erweckt und er sich durch plötzliche und heimliche Flucht rettet. Nach der bei Disraeli unvermeidlichen Reise in's Morgenland mit einem Aufenthalt in Jerusalem kehrt er nach England zurück und wird mit einer protestantischen Jugendfreundin vereint.

„Lothair" ist ein Versuch, Repräsentanten für alle in unserer Zeit existirenden Lebensansichten aufzustellen und sie eine entscheidende Debatte mit einander führen zu lassen. Ein Cardinal und ein Bischof vertreten je eine der europäischen Hauptkirchen; Theodora ist der spiritualistische Freisinn, der Maler Phöbus, ein Naturanbeter, Pantheist und eifriger Hellenist, repräsentirt die das Schöne vergötternde Freidenkerei, „die arischen Principien"; ein ehrwürdiger Syrier jüdischer Abstammung, dessen Familie einer aufbewahrten Tradition zufolge die erste war, die Jesus nachfolgte, ist endlich der personificirte Semitismus. Die Discussion der modernen Lebensanschauungen auf morgenländischem Grund und Boden ist eine immer wiederkehrende Reminiscenz aus der großen Reise Disraeli's; sie kommt schon in „Contarini Fleming" vor; sie wird in Tancred wieder aufgenommen, wo der Stamm Ansarey mit seiner schönen Königin denselben hellenischen Schönheitscultus wie Phöbus in „Lothair" vertritt, aber man kann kaum sagen, daß sie in der letzten Production des Verfassers an Tiefe und Werth zugenommen hat. Es klingt wohl ganz humoristisch, wenn der eifrige Anhänger der arischen Principien, Herr Phöbus, in seiner Künstlereitelkeit damit endigt, in St. Petersburg sich als Hofmaler anstellen zu lassen, um

für mongolische Kunstkenner semitische Gegenstände (Ereig=
nisse aus dem Leben Jesu) zu malen; man wird aber
des leeren und unwissenschaftlichen Racengeplauders, das
kein Ende nimmt, überdrüssig und müde. Phöbus ist kein
lebendiger Mensch, nur ein gemachtes Gegenstück zu dem,
was Disraeli selbst als semitischer Theoretiker ist. Während
der ewigen Debatten, ob der Hellenismus oder der Hebräis=
mus — Gegensätze, die doch nicht das All umspannen —
die tiefer greifende oder höher reichende Lebensanschauung
sei, verliert man immer mehr die eine, Alles vereinende und
mütterliche Natur aus den Augen. Alles löst sich für den
Verfasser in streitende Systeme, politische und religiöse
Doctrinen oder Phantasmen auf, und es ist höchst charak=
teristisch, daß, wenn endlich einmal Madre Natura sich in
seinen Büchern zeigt, sie als der Name einer revolutionären
und geheimen Gesellschaft auftritt. Man fühlt sich fast zu
der Behauptung veranlaßt, daß sie überhaupt nicht in anderer
Gestalt bei diesem principiellen Gegner des Naturalismus
sich findet. Er hatte ja immer Politik viel lieber als Natur,
und personificirte ja schon als Knabe die Natur in der
Form der politischen Muse.

Die hohe Stellung des Verfassers, die pikante That=
sache, daß der zurückgetretene Premierminister noch einmal
als Romanschriftsteller auftrat, bewirkten einen beispiellosen
Erfolg „Lothair's“. So groß war die Nachfrage nach dem
Roman, daß einzelne Londoner Buchhändler je 1200 Exem=
plare der ersten Ausgabe verlangten; eine einzelne Firma
in Amerika verkaufte 25,000 Exemplare in dem ersten
Monat, und in wenig Wochen waren sieben Auflagen er=

schöpft; das Buch wurde in zwei Formaten stereotypirt, in fast alle Sprachen übersetzt und nach Disraeli's eigenen Worten in der Vorrede „sowohl in dem vereinigten König= thum wie in den Vereinigten Staaten mehr gelesen als irgend ein Werk, das in dem letzten halben Jahrhundert erschien" — ein Umstand, der genügend beweist, wie wenig man von der Zahl der ersten Leser eines Buches auf den inneren Werth desselben schließen kann.

Während nun Disraeli's „Lothair" mit Gladstone's fast gleichzeitig erschienenem „Juventus mundi" sich auf den Salontischen und in den Salongesprächen Londons begeg= nete, verhielt der Führer der Opposition sich im Unter= hause ziemlich schweigsam. Die letzte parlamentarische Kraft= probe war so entschieden zu seinen Ungunsten ausgefallen, daß er vorläufig, ruhig wartend, seinen Gegner gewähren ließ. Die inneren, besonders finanziellen Reformen folgten während des fünfjährigen Regiments desselben mit Schnellig= keit aufeinander, und es unterliegt keinem Zweifel, daß Glad= stone für das in dieser Hinsicht Ausgerichtete die größte An= erkennung gebührt, aber parallel mit den Verbesserungen der inneren Zustände lief jene Reihe von Fehlern und Nieder= lagen in der auswärtigen Politik, die England zum Gegen= stand der Verspottung aller europäischen Staaten machte. Rußland benutzte die Haltlosigkeit der englischen Staats= männer, um den so sauer erkämpften Tractat von 1856 zu zerreißen. Das um allen Einfluß gebrachte Großbritannien vermochte bei dem Abschluß des deutsch=französischen Krieges nicht einmal ein Wort, das der Beachtung werth gehalten wurde, in die Wagschale zu legen. Die durch die Treu=

losigkeit des früheren **Whigministeriums** erbitterten nordamerikanischen Freistaaten zwangen **England**, sowol die
Alabamafrage, wie die Streitfrage über die Canadische
Grenze (die sogenannte San Juan-Angelegenheit) schieds-
richterlichen Aussprüchen zu unterwerfen, und der Ausfall
war in beiden Fällen gleich unglücklich für **England**. Daß
die San Juan-Frage dem deutschen Kaiser vorgelegt wurde,
hatte eine diplomatische Niederlage und einen territorialen
Verlust zur Folge, und das Genfer Tribunal legte **England** eine ungeheure Buße auf. Es zeigte sich, daß die
Minister durch ihr schlechtes Manövriren **England** einem
internationalen Gerichte unterworfen hatten, das allein für
die Gelegenheit gestiftet und das unmittelbar darauf von
jenem Lande selbst, dem es Recht gegeben hatte, zurückgewiesen ward. Es zeigte sich ferner, daß **Gladstone** eine
wirkliche Schuld an dem harten Resultat des Richter-
spruchs hatte, indem er nach seiner eigenen Erklärung im
Unterhause sich nicht verpflichtet gefühlt hatte, die ameri-
kanische Eingabe zu lesen und so mit den „indirecten
Ansprüchen" **Nordamerika's** unbekannt geblieben war. Es
braucht kaum gesagt zu werden, daß das ministerielle Verfahren in der auswärtigen Kritik **Disraeli's** parlamentarische Kritik mannigfach herausforderte.

Es war jedoch nicht die schwache auswärtige Politik
des Ministeriums, wodurch es zu Fall gebracht wurde;
es waren die kühnen und nicht immer klugen Reform-
unternehmungen desselben im Innern. Es hatte jene seit
40 Jahren auf der Tagesordnung stehende Frage über
heimliche Abstimmung durch die Ballotbill in freisinniger

Richtung gelöst und sich dadurch ein wahres Verdienst erworben; 1873 legte aber Gladstone ein neues Gesetz zur Regelung des Universitätsunterrichts in Irland vor, das die Religionsfreiheit nicht allein durch Entfernung der protestantisch-theologischen Facultät der Dubliner Universität, sondern zugleich durch Abschaffung der Vorlesungen über Philosophie und moderne Geschichte zu sichern beabsichtigte. Es war kein Wunder, daß die erstere Maßregel den Conservativen und die letztere den Liberalen Besorgnisse einflößte. Disraeli hielt eine Donnerrede gegen die Bill, und bei der Abstimmung zeigte es sich, daß die vor wenig Jahren so mächtige Majorität des Ministeriums zu Nichts zusammengeschwunden war. Das Cabinet befand sich in einer Minderheit von 3 Stimmen. Als Gladstone unmittelbar nach der Abstimmung zurücktreten wollte, weigerte sich sein Gegner auf's Bestimmteste, ihn abzulösen; er hatte genug davon gehabt, ohne eine wahre und zuverlässige Majorität das Amt zu übernehmen, und zog es vor, Gladstone noch ein ganzes Jahr hindurch Unzufriedenheit und Unwillen gegen sich aufhäufen zu lassen. Da brach endlich im Februar 1874 das Ministerium gegen eine Majorität von etwa 50 Stimmen endgültig zusammen, und stark durch die zum ersten Mal erworbene Mehrheit in beiden Häusern und durch das ausgeprägte persönliche Vertrauen der Königin, bildete jetzt Disraeli die neue und kräftige Regierung. Das Werk seines Lebens schien vollbracht, die wiedergeborene Torypartei war eine Macht geworden. Als er dann im Jahre 1876 sich zum Peer erheben ließ und mit dem Titel Earl und Viscount in's

Oberhaus überging, wurde dieser Schritt allgemein als eine
Form des Uebertretens in den Ruhestand aufgefaßt. Man
meinte, daß das hohe Alter und die geschwächte Gesundheit
des Premierministers ihm nicht mehr erlauben würden, die
Anstrengungen als Leiter des Unterhauses auszuhalten, und
daß er jetzt, wo er das Ziel seines Ehrgeizes erreicht haben
müßte, selbst seine politische Laufbahn als abgeschlossen betrachtete. Wie sehr man sich irrte, ist allbekannt. Die
Thaten Lord Beaconsfield's haben die Benjamin Disraeli's
verdunkelt. Der dreijährige Zeitraum von damals bis jetzt,
dieser so kurze Lebensabschnitt eines Greises, hat ihm erst
wirklichen Weltruf gegeben. Die Begebenheiten dieser letzten
Jahre sind in der Erinnerung Aller.

XXIII.

Prime Minister of England, Lord Privy Seal, Earl Beaconsfield of Beaconsfield, Viscount Hughenden of Hughenden, Knight of the Garter — so lauten heutzutage die Namen und Titel des Mannes, der als Schriftsteller und Politiker unter dem kurzen Namen Benjamin Disraeli debütirte. Schließen wir damit, eine Antwort zu versuchen auf die kurze und bündige Frage, die er selbst im Anfange seines Lebenslaufs stellte: Was ist er?

Er ist zuerst und vor Allem ein großes Beispiel zäher und genialer Ausdauer. Er hat die Kunst des Strebens und des Wartens verstanden. Wenige Männer haben eine so lange Reihe von Niederlagen, so viele Verhöhnungen und Verspottungen erlitten und im Mißgeschick und Unglück eine solche Unverzagtheit bewahrt. Die Verspottungen waren gefährlicher als die Niederlagen; aber brauchte man ein auffallendes Beispiel, um zu constatiren, daß keine wahre Begabung durch Preßangriffe gelähmt werden kann, so gibt Lord Beaconsfield ein solches ab. Wie viele Tausende von zerfleischenden Zeitungsartikeln sind gegen ihn losgelassen worden, ohne daß eine freundliche Presse ihn nur annähernd mit gleicher Leidenschaft oder

gleichem Talent vertheidigte! wie schwierig ist es ihm ge=
worden, überhaupt als ein Staatsmann angesehen zu wer=
den! wie persönlich und gehässig ist noch immer der Ton
der Zeitschriften und Zeitungen gegen ihn! Und mit seltener
Kaltblütigkeit ließ er nicht allein die alten und neuen An=
griffe, sondern selbst Entstellungen von Thatsachen uner=
widert. Wenigstens zehn Mal im Jahre wird noch die alte
Geschichte von dem Empfehlungsbrief O'Connell's ihm auf=
getischt. Unter den anscheinend geringfügigsten, aber in
Wirklichkeit gefährlichsten und hartnäckigsten seiner Gegner
hat vom Anfang seiner Laufbahn an das Witzblatt Punch
gehört; vom Beginn der Vierziger Jahre bis in die Sech=
ziger hinein lieferte der geschickteste und populärste Karika=
turist in England, Leech, fast ein Mal in jeder Woche dem
liberalen Blatt eine Zeichnung, die ihn in den lächerlichsten
Situationen und Verkleidungen dem Gelächter preisgab; es
verdient aufgezeichnet zu werden, daß als die Wittwe Leech's,
die von den Whigministern auf die Pensionsliste gesetzt
worden, vier Jahre nach ihrem Gemahl 1868 starb, Dis=
raeli Befehl gab, die Pension auf ihre verwaisten Kinder
übergehen zu lassen.

Die herrschende Presse hat mehr als 20 Jahre hindurch
die öffentliche Meinung über ihn bestimmt, und doch ist er
durchgedrungen. Seine Geschichte ist nicht die des häßlichen
Entleins, das die Verfolgung fürchtet und flieht, bis man
eines schönes Tages entdeckt, daß es so weiß wie die Unschuld
selbst ist und mit Brod und Kuchen von Kindern belohnt
wird. Er war nie ungefährlich, entfloh nie den Angriffen
und erkämpfte sich Anerkennung, wie der Raubvogel sich

seine Beute erkämpft. „It came at last, as everything does, if men are firm and calm", wie es irgendwo in „Sibyl" heißt. Was aber merkwürdig, fast alleinstehend ist, das ist die Sicherheit, womit er im Bewußtsein seiner Fähigkeiten und seiner Energie von den frühesten Jugend= jahren her seine späten und fernen Triumphe vorausgesehen hat. Der Leser erinnert sich vielleicht der Stelle aus „Contarini Fleming", wo sich der Held, „auf einem schim= mernden Throne sitzend, von einem begeisterten Volk einen Lorbeerkranz empfangend" sieht, und er wird gestehen, daß die Vision von der Wirklichkeit übertroffen wurde an dem Tage, da Lord Beaconsfield bei seiner Rückkehr vom Ber= liner Congreß auf dem Charing Croß=Bahnhof von den vor= nehmsten Männern und Frauen Großbritanniens empfangen, vom Volke als Ueberbringer des „ehrenvollen Friedens" be= wundert und gepriesen, bekränzt und besungen, und endlich unter einem unerschöpflichen Blumenregen im Triumph zu seiner Ministerwohnung geführt wurde. Die Gegenwart des 90 jährigen Sir Moses Montefiore bei dieser Gelegenheit gab jener Feier noch dazu einen gewissen symbolischen Charakter, der auf das Herz des Mannes, der sich so gern als Vertreter seiner Race betrachtet, einen starken Eindruck machen mußte.

Die Ausdauer ist keine einzelne, nicht zu analysirende Eigenschaft; sie kann viele Elemente und viele Quellen haben; die Ausdauer Lord Beaconsfield's läßt sich auf sein phan= tasiereiches Naturell zurückführen: er hat in fast erstaun= lichem Grade die Gabe gehabt, sein Schicksal vorauszusehen, und weil er voraussah, hielt er aus.

Er ist also reich an Einbildungskraft, aber ist er ein Dichter?

Es ist die Mode, dies zu leugnen, aber es scheint mir, daß man diese Frage bejahend beantworten muß. Gewiß, er rangirt nicht unter den großen und untadeligen Dichtern, nicht einmal unter denen, welche ihre Kunst um der Kunst willen liebten und trieben; er hat selten die Kunstform respektirt, und die Literatur seines Landes verdankt ihm keinen poetischen oder technischen Fortschritt. Es ist aber pedantisch, den Dichterbegriff so eng zu fassen, daß kleine zwitschernde Lyriker hineinpassen und schöpferische Geister draußen bleiben. Disraeli schien anfangs ausschließlich zum Satiriker geschaffen; er zeigte sich im Besitz eines wahrhaft Voltaireschen Witzes. Wer daran zweifelt, lese nur die kleine Erzählung „Ixion im Himmel" aus seiner ersten Periode (1832); sie ist musterhaft und klassisch, ein kleines Meisterwerk der Composition, um dessen Einfälle selbst ein Heine den Verfasser beneiden könnte. Von den Produktionen des reinen Witzes erhob sich Disraeli nach und nach zu solchen, in denen Gefühl und Leidenschaft den Grundton bestimmten. Trotz all seiner Schwächen rief „Contarini Fleming" einen anerkennenden Brief von Goethe an den anonymen Verfasser und eine lobende Kritik von Heine hervor. Sein eigenthümliches Feld fand Lord Beaconsfield doch erst, als er sich die Darstellungsform schuf, die ihm natürlich war, die Form des politischen Romans. Es war keine allgemeingültige Kunstform, es war aber die, welche seinem Talent die schmeichelndste Einrahmung gab. Innerhalb dieses Rahmens konnte er wechsel-

weise seiner Erfindungsgabe und seiner Rhetorik freien
Spielraum lassen, unterhalten und Propaganda machen,
schwärmen und politisiren; und so rhapsodisch diese Form
auch ist, sie ist originell und bequem und wird gewiß nach=
geahmt werden, sobald wieder einmal ein Dichter sich an=
gespornt fühlt, sein Talent in dem politischen Kampf seines
Zeitalters Dienste leisten zu lassen.

Ist er, wie er selber glaubt, ein repräsentativer Mann?
Kann es mit Recht gesagt werden, daß er die semitische
Race vertritt? Wenn die Frage so scharf gestellt wird,
muß sie unbedingt verneinend beantwortet werden. Denn
der jüdische Geist hat sich vielfach reicher und edler offen=
bart, als er sich in dem verhältnißmäßig engen Bewußtsein
Disraeli's spiegelt, während dieser auf der andern Seite
den Juden viele große Männer zuschreibt, deren jüdischer
Ursprung völlig unbewiesen ist. Er hat es in seiner schrift=
stellerischen Wirksamkeit nicht an überschwänglichen Lobes=
erhebungen der Fähigkeiten der modernen Juden fehlen
lassen. Er ermüdet in seinen Werken durch die unendlichen
Listen großer jüdischer Dichter und Componisten, Schau=
spieler und Schauspielerinnen, Politiker und Schriftsteller,
Sänger und Tänzer u. s. w.; wenn er sich aber auf die
eigentliche Psychologie seiner Race einläßt, wird man über
die Beschränktheit des Standpunkts in Erstaunen gesetzt.
Er hat in seinem Buche über Bentinck eine solche Psycho=
logie zu skizziren versucht. Seine Entwickelung ist folgende:
„Die jüdische Race verknüpft die modernen Völker mit den
frühesten Zeiten der Welt, als das Verhältniß zwischen dem
Schöpfer und dem Geschaffenen inniger war, als jetzt,

und Engel die Erde besuchten. Die Juden sind denn als Vertreter des semitischen Prinzips geborne Spiritualisten. Sie sind ein lebendiges und schlagendes Zeugniß für die Falschheit der modernen Lehre von der natürlichen Gleichheit der Menschen und von der kosmopolitischen Brüderschaft, **die,** wenn **sie** sich verwirklichen ließe, die großen Racen nur verringern würde. Die Juden haben endlich im hohen Grade **den** Erwerbsinn. Obwohl die europäischen **Gesetze** darauf angelegt gewesen, **sie an dem Erwerb von Eigenthum zu hindern,** sind sie doch eben durch aufgehäuftes Kapital hervorragend. So sieht man, daß die Tendenzen dieser Race entschieden conservativ sind. Sie hat angeborenen Hang zur Religion, **zum** Eigenthum und zu der natürlichen Aristokratie. Während es nun aber **eine Aufgabe für** Staatsmänner gewesen wäre, diese Instincte bei einer hochbegabten Race großzuziehen und **sie zum Vortheil der** existirenden Gesellschaft zu verwenden, hat **die Gesellschaft** lange Zeiten hindurch es vorgezogen, ihre natürlichen Alliirten zu verfolgen oder auszuschließen, und die Folgen sind **nicht** ausgeblieben. Sie ließen sich **am besten im Jahre 1848** spüren, sind aber auch sonst deutlich **genug. Wo auch** immer eine **Empörung** gegen Tradition und Aristokratie, gegen Religion und Eigenthum ausbricht, **wo auch** immer die Vernichtung des semitischen Princips, **die Vertilgung** der jüdischen Religion, gleichgültig **ob in der mosaischen** oder in der christlichen Form derselben, angestrebt wird, wo man auch immer für die natürliche Gleichheit der Menschen und Abschaffung **des Eigenthums** kämpft, stehen Männer jüdischer Race **an der Spitze** jeder heimlichen Ge-

sellschaft und jeder provisorischen Regierung. Das Volk des
Herrn arbeitet mit Atheisten zusammen, die geschicktesten Er-
werber des Eigenthums verbünden sich mit Communisten,
die erkorene Race reicht dem Auswurf und den niedrigsten
Kasten Europa's die Hand. Und alles dies, weil die
Juden die Vertilgung der undankbaren Christenheit wollen,
die ihnen sogar ihren Namen verdankt, und deren Tyrannei
sie nicht länger aushalten können."

Hätte Spinoza, der doch, wenn von dem jüdischen Genius
die Rede ist, auch eine Stimme haben sollte, diesen Herzens-
erguß lesen können, er würde gewiß seinen edlen Kopf ge-
schüttelt haben. Ich weiß nicht, ob Disraeli ihn zu den
Communisten rechnen würde (als Republikaner ist er kaum
viel besser); zu den Atheisten gehört er jedenfalls. Aber
daß er zu dieser verwerflichen Gruppe aus gehässigen und
rachsüchtigen Gefühlen gehören sollte, weil er sich nämlich
aus dem christlichen Staate ausgesperrt sah, davon wird
Lord Beaconsfield kaum Jemand, der zehn Seiten von
Spinoza gelesen, jemals überzeugen können. Wenn er nicht
theistisch dachte und wenn Juden nach ihm überall die
Ersten sind, „das semitische Princip" zu bekämpfen, dann
ist dies doch vielleicht wahrscheinlicher in den eminenten
kritischen Anlagen der Race und ihrer den Orientalen sonst
nicht eigenthümlichen Wahrhaftigkeit begründet, als in der
Erbitterung über den Unverstand der Staatsmänner. Wenn
Juden die Eifrigsten sind, der Welt zu verkündigen, daß
die Israeliten durchaus kein auserwähltes Volk Gottes
sind, durchaus keine besondere Offenbarung empfingen,
sich durchaus nicht am meisten um die Menschheit verdient

gemacht haben, muß die Ursache dann nicht uneigennützig sein? wäre es ihnen nicht leichter, ihre Ueberzeugung dem sterilen Moloch des Racenhochmuthes zu opfern? Wenn Juden 1848 überall an der Spitze der Empörung gegen veraltete Ueberlieferung und verjährtes Unrecht standen — wie Daniel Manin, den Disraeli selbst einmal nennt, an der Spitze Venedigs sich befand — kann es dann nicht auf der Liebe zur Freiheit beruht haben, welche die Zwillings= schwester der Wahrheitsliebe ist? Und wenn endlich später in einigen Hauptländern Juden, wohlhabende, vermögende Männer, welche die Reichen um Nichts zu beneiden hatten, socialistische Bewegungen hervorriefen, läßt dann nicht auch dies sich auf tiefe, theils kritisch zersetzende, theils phi= lanthropische Anlagen zurückführen, die mit dem Haß gegen die Gesellschaft nicht das Geringste gemein haben? Der dogmatische und conservative Geist, der Lord Beaconsfield vorschwebt, war eben nur die Puppe, woraus sich ein tief kritischer und fortschrittlicher Genius entwickelte, der in den Propheten keimte, der zum ersten Male in Jesus welt= historisch durchbrach, der eine andere Seite seines Wesens in Spinoza offenbarte, der aber nie sein Gesicht über Lord Beaconsfield leuchten ließ. Er kann durchaus nicht als Personification der jüdischen Race in ihrer Allseitigkeit auf= gefaßt werden, der ideale Zug derselben fehlt ihm. Er steht aber als ein typischer Vertreter der hartnäckigen Energie, des Fleißes, der Ausdauer, der praktischen In= stincte, der Schlauheit und des Witzes, der Prunksucht und des Ehrgeizes seines Stammes da, und man findet bei ihm jenes merkwürdige Vertrauen auf die Ueberlegenheit der Race, welche sie durch Jahrtausende rein bewahrt hat. Ein Wesen wie er wird nicht mehr geboren werden; die Cultur des Jahrhunderts duldet es nicht. Er war, so wie er ist, nur möglich, weil seine tollkühne Behauptung „des semitischen Princips" mit der großen romantisch-religiösen Bewegung zusammenfiel. Wenn ich aber bedenke, daß nach ihm nur zwei Möglichkeiten den Juden offen stehen, entweder das fortgeführte Leben und Weben im Semitismus oder das offene Bekennen der allumfassenden, modernen Humanitätsreligion, kommt Disraeli mir nicht allein als ein ausgezeichneter Vertreter des Judenthums vor, sondern ich möchte ihn den letzten Juden nennen.

Ist er ein großer Mann? Er ist es nicht, wenn das Wort in seinem eigentlichen und richtigen Sinne genommen wird. Die wahren großen Männer sehen ganz anders aus. Die hervorragenden Philosophen des 18. Jahrhunderts waren große Männer, weil sie an Ideen glaubten, die Religion der Ideen hatten und weil sie unter vielen Aufopferungen rein unselbstisch ihr Leben der Aufgabe weihten, die Wahrheit, die sie erkannt hatten, in's Leben hinaus zu führen. Die Staatsmänner, welche die ganze reiche Bildung des 18. Jahrhunderts inne hatten, wie Stein und Wilhelm von Humboldt, waren große Männer, weil sie mit dem allesumfassenden Blick des Genies ihre Mitwelt verstanden und überschauten, hoch über ihr standen und mit edler Unverdrossenheit sie zu sich hinaufzuziehen strebten. Sie waren deswegen auch ganz und völlig ehrliche Männer, und man ist nie in Unklarheit darüber, wo sie in geistiger Hinsicht standen. Lord Beaconsfield gehört einem andern Typus an. In dem Zeitalter der Reaction geboren, verstand er schnell seine Zeit, fügte sich ihr, verkündigte ihre Lieblingslehren in neuen Formen und trotzte einem gewissen Zeitgeist nur, indem er noch mächtigeren und universelleren Vorurtheilen huldigte. Ihm fehlte von Anfang an wissenschaftlicher Geist; der große Gedanke der Entwickelung, der gemeinsame Centralgedanke der Philosophie und der Naturwissenschaft im 19. Jahrhundert war ihm immer fremd. Er spottet über ihn schon in „Popanilla", wo es in einer der satirischen Wendungen, in denen er seine Stärke hat, heißt: „Durch Entwickelung des Wassers erhalten wir Fisch; durch Entwickelung der Erde Korn, Geld und Baumwolle; durch Entwickelung der Luft Athem; und wenn wir das Feuer entwickeln, erhalten wir Hitze." Er nahm zwanzig Jahre später diese Satire in „Tancred" wieder auf, wo das Buch „Die Offenbarungen des Chaos" beschrieben wird: „Sie wissen, Alles ist Entwickelung. Zuerst gab es Nichts; dann gab es Etwas; dann — ich habe das Nächste vergessen — dann glaub' ich, daß wir Schaalthiere waren, danach wurden wir Fische; dann kamen wir — lassen Sie mich nachdenken — kamen wir dann? Gleichviel, wir kamen zuletzt. Die nächste Veränderung wird zu Etwas führen, das noch über uns steht — Etwas mit Flügeln. Ja, so ist es, wir sind Fische gewesen und werden Krähen werden. Sie müssen es lesen." Wie sehr es ihm mit diesen Parodien der Entwickelungslehre Ernst war, das zeigte er in seiner bekannten Orfordrede 1864, wo er mit so starkem Nachdruck wie möglich gegen „die am meisten moderne" Schule der Naturwissenschaft sich erklärte und sogar nicht scheute, sich lächerlich zu machen, indem er die damaligen wissenschaftlichen Discussionen so zusammenfaßte: „Die Frage ist — ist der Mensch ein Affe oder ein Engel? Mylord, ich bin auf der Seite der Engel." Man kann sich wohl fragen, ob dies ernst gemeint oder nur als nothwendige Consequenz der Lehre von der Ueberlegenheit und der Offenbarung der semitischen Race mitgenommen ist; aber um so schlimmer, wenn es nicht ernst gemeint ist. Man könnte über dergleichen als über Einzelnheiten hinwegsehen, obwol es immer traurig ist, daß ein Mann, der seine Zeitgenossen beherrschen will, über die größten wissenschaftlichen Ideen und Probleme seines Zeitalters wie ein Küster spricht; aber diese Aussprüche stehen nicht allein, sie hängen mit anderen Erzeugnissen der famosen Racentheorie zusammen. Zahlreiche Indicien beweisen, daß eine einzelne ganz bestimmte Begebenheit Disraeli bewogen hat seine Denkfähigkeit ihr zu lieb zu opfern, nämlich die großartige religiöse Reaction, welche auf die von den französischen Revolutionären decretirte Abschaffung des Christenthums folgte; diese machte auf ihn wie auf die meisten Zeitgenossen den Eindruck, daß die geoffenbarte Religion stärker als alle Zweifel sei, oder richtiger, daß sie einen Halt in den Gemüthern habe, der es ebenso unmöglich mache, sie in der Zukunft wie damals zu verdrängen. Die Reaction war ihm semitische Reaction gegen arische Emancipationsversuche, und in ihrer Stärke fand er einen der kräftigsten Beweise des Zeitalters für die nicht abzuschüttelnde Ueberlegenheit der hebräischen Race über die Völker Europa's. In seinem Buche über Bentinck hebt er darum hervor, daß sich Frankreich seit seiner Em=

pörung wider **das** alte und neue Testament in einem mit
Krämpfen wechselnden Zustande der **Schlaffheit** befinde,
daß England sein Wohlergehen dem Umstande verdanke,
daß es „**trotz** seiner mageren und mangelhaften Theologie
nie Zion vergessen habe", daß **Nordamerika** und **Rußland**
stark semitische (d. h. religiöse) Staaten seien, und daß,
wenn **es Norddeutschland** nie gelungen sei, die herrschende
Stellung im deutschen **Reich**, zu der es durch die Natur bestimmt scheine, zu erreichen, dies seinen Grund darin habe,
daß es nie völlig zu semitischen **Principien** bekehrt worden.
Es thut Einem leid für **Disraeli**, daß durchaus keine
Tendenz in semitischer Richtung der jetzigen Machtstellung
Preußens vorausgegangen ist, aber selbst **gute Propheten**
weissagen bisweilen falsch).

Als die **Wissenschaft** in der zweiten Hälfte des 19. Jahrhunderts sich vollständig aus den Windeln der reactionären
Romantik entwickelte, trug der **Geist Lord Beaconsfield's**
schon ihr eigenthümliches Gepräge so tief eingegraben, **daß**
er nicht mehr für neue Eindrücke **empfänglich** war. Das
großartige wissenschaftliche Forschen, das der **Stolz** und
die Ehre **unseres Jahrhunderts** ist, hat ihn vollständig un-
berührt gelassen; als die **deutsche Kritik das** Alterthum,
das biblische **mit einbegriffen**, aufzuräumen **anfing**, konnte
oder wollte er darin nur eine Wiederholung der gescheh-
terten Versuche **des** vorigen Jahrhunderts sehen, und er
schrieb in der „**Allgemeinen Vorrede**" zu seinen Werken
diesen traurig dummen **oder traurig klugen** Satz nieder:
„Ab und zu muß **sich** nothwendigerweise **in den** andern
Racen **ein** eifersüchtiges Mißvergnügen darüber erheben,

daß die Offenbarung einem besonderen Geschlecht anver=
traut worden ist; es findet sich aber kein Grund zu der
Annahme, daß die Teutonische Empörung in diesem Jahr=
hundert gegen die den Semiten geoffenbarten göttlichen
Wahrheiten größeren Erfolg haben wird, als der Celtische
Aufstand in dem vorigen." Der, welcher 1870 so sprach,
gehörte entweder der Vorzeit an, oder er meinte nicht, was
er sagte; aber in keinem der beiden Fälle kann er ein wirk=
lich großer Mann genannt werden.

Doch der Begriff der Größe ist ja kein absoluter, und
Lord Beaconsfield ist jedenfalls ein Mann von großer Be=
gabung und großen Talenten. Er war ein Ehrgeiziger,
und der, welcher in erster Linie Ehre und Macht für sich
selbst gewinnen will und nur in zweiter Linie daran denkt,
seine Fähigkeiten und die durch sie gewonnene Macht in
dem Dienste der Menschheit zu verwenden, muß nothwen=
digerweise immer an innerer, tieferer Größe verlieren, was
er an äußerer Größe und an Glanz gewinnt. Wie alle An=
deren kam er einmal in seiner Jugend zu dem Punkt, wo
man die Wege sich trennen sieht, den einen, der durch
einen Bruch mit der Idee zur Macht und zum Einfluß,
zu hohen Stellungen und hohen Orden führt, den andern,
den die bessern Männer gehen, die erst in zweiter Linie
den Erfolg suchen, aber vor Allem einer Ueberzeugung treu
bleiben wollen und sich die Arbeit für diese als einziges
directes Ziel setzen. Als Lord Beaconsfield an diesen Kreuz=
weg kam, wählte seine Ehrsucht und seine Machtbegierde
für ihn. Kaum war indessen die Wahl getroffen, als
Alles, was sich in ihm von Wahrheits= und Freiheitsliebe

fand, eine langſame und nie unterbrochene Empörung da=
gegen begann. Man hört durch ſeine Aeußerungen ſeine
beſſere Natur reagiren: **er war Tory geworden, aber, hieß
es gleich), keiner der** Zeitgenoſſen hatte **verſtanden, was das
Torythum ſei;** es ſei der Kampf gegen jegliche Adelsoligarchie,
es ſei das Bündniß zwiſchen der Krone und dem Volk; und
dieſer letzte Punkt wurde dann wieder **ſo erklärt, daß die
Rechte** des Souveräns nicht vermehrt wurden, während die
ſocialen und politiſchen Wünſche **des Volks geſetzliche Kraft**
erhielten. Er war ein Conſervativer **geworden; aber, hieß
es gleich), es gelte vor Allem, ſich** nicht von denen, **die ſich)
ſo** nannten, imponiren zu laſſen; **es gelte, ſie einem ſcharfen**
Verhör darüber zu unterwerfen, was **ſie denn eigentlich be=**
wahren wollten, und wenn **es ſich) zeige, daß dieſes ſchlechter
Kram ſei, dann** müſſe es eben im **Namen des wahren**
Conſervatismus aufgegeben werden. Er wurde der **Führer
der** Schutzzöllner; **aber** er erklärte, ſobald die Getreidezölle
abgeſchafft waren, daß **er die Prinzipien des Freihandels**
acceptire. Er wurde der **Freund und** wichtigſte **Bundes=
genoſſe der** Ariſtokraten; aber er **redete für die Chartiſten**
und erweckte durch) einen Roman Sympathien für ſie.
Er wurde Chef einer reformfeindlichen Partei; **aber kein**
Anderer als er führte **das große Reformgeſetz durch), und
zwar mit der** Erklärung, daß er im Herzen **immer für Haus=**
halterwahlrecht geweſen ſei, **und mit der ferneren** Erklä=
rung, daß er gezwungen geweſen, zuerſt **ſeine Partei zu**
erziehen. Er wurde ein orthodorer Anglicaner, **er verfocht**
auf **allen** Feldern das orthodore Chriſtenthum **als die höchſte**
Wahrheit; aber die Erklärung, **die er von dem Chriſten=**

thum gab, veränderte es zum Judenthum, und die Erklä=
rung, die er wieder vom Judenthum gab, lief daraufhin aus,
daß die unterdrückte und geringgeschätzte hebräische Race
die erste auf der Erde sei, und machte die religiöse Wahr=
heit zu einer naturwissenschaftlichen Frage. Er huldigte
der englischen Kirche als ihr treuester Sohn; aber er schrieb
mit größerer Begeisterung als irgend ein Radicaler unter
seinen Zeitgenossen Bücher zur Ehre Byron's und Shelley's,
in welchen er die Haltung der Kirche und der kirchlich ge=
sinnten Gesellschaft ihnen gegenüber als Dummheit und
Heuchelei darstellte. Und so auf allen Punkten.

Ganz gewiß gerieth er als conservativer Führer in
manch' häßliche und manch' lächerliche Situation. Punch
von 1875 hat eine beißend witzige Zeichnung, die seine
Lage illustrirt. Sie spielt auf die Bestrebungen des Dis=
raeli'schen Cabinets an, dem Sultan von Zanzibar, wäh=
rend des Besuches, den er in London abstattete, ein
Versprechen über die Abschaffung des Sklavenhandels in
seinem Lande abzuzwingen. Man sieht Disraeli und den
Sultan im Gespräch, und unter dem Bilde sind folgende
Frage und Antwort zu lesen:

Der sehr ehrenwerthe B. D.: Jetzt, da Ihre
Hoheit bei uns den Segen der Freiheit gesehen haben,
darf ich wol auf Ihre eifrige Hilfe zur Unterdrückung der
Sklaverei vertrauen?

Sultan Seyyid Barghash: Gewiß, Gewiß! Aber
bedenke, o Scheik Ben Dizzy, conservative Partei sehr stark
in Zanzibar.

Der Scherz ist in seiner Unpersönlichkeit blutig, blutiger

noch als der fürchterliche Hohn, womit O'Connell seiner
Zeit den Uebergang Disraeli's zur conservativen Partei
zeichnete. Man darf aber nicht vergessen, daß eine eng=
lische conservative Partei im Vergleich mit den continen=
talen reactionären Parteien immer noch als fortschrittlich zu
betrachten ist, und daß Disraeli selbst immer die Unmöglich=
keit lehrte, eine Partei auf Widerstand gegen jede Verände=
rung zu gründen. Und brauchte das über seine freisinnige
Auffassung des Torythums Gesagte noch eines Zeugnisses, so
könnte man ein solches wol darin finden, daß er — nach
den alles Maß überschreitenden Beleidigungen, die ihm von
O'Connell zugefügt waren, und nachdem er sie mit Drohun=
gen beantwortet hatte — Versöhnung mit O'Connell suchte
und fand. In einer seiner Reden von 1846 heißt es: „Ich
weiß, daß Viele die Sympathie nicht verstehen, die, wie man
sagt, zwischen mir und dem geehrten Mitgliede für Cork
existirt .... Unsere Bekanntschaft war ein Werk des Zu=
falls .... Aber welche Irrung lag wol darin, daß ich, der
damals ein sehr junger Mann war und zufällig mit einem
großen Manne in Anschauungen, die mit den meinen über=
einstimmten, zusammentraf, ihm dies mit der Rückhalts=
losigkeit und Aufrichtigkeit sagte, die ich nie zu verlieren
hoffe?" Je mehr Freiheit zum Handeln Disraeli gewonnen
hat, um so mehr ist er zu den Sympathien seiner Jugend
zurückgekehrt. Mit schlagender Wahrheit ist dies ausgedrückt
in einem Passus der anonymen und gehässigen Artikel
(von Hill, dem Chefredakteur der Daily News), welche
Fortnightly Review 1878 über ihn brachte: „Wenn die
Prinzipientreue eines Mannes allein durch eine Vergleichung

des Anfangs und Schlusses seiner Laufbahn beurtheilt wer=
den soll, so kann Lord Beaconsfield als einer der principien=
treuesten Politiker betrachtet werden. Aber es findet sich ein
dazwischenliegender Zeitraum, der den größten und ent=
scheidenden Theil seiner Laufbahn einnimmt, und den man
nicht außer Acht lassen kann".) Ein humanerer Beob=
achter würde die Sätze umdrehen und sagen, daß ein
Politiker in der besonderen Lage Lord Beaconsfield's, in
Betreff der Uebereinstimmungen zwischen Ausgangspunkt
und Resultat, auf einige Nachsicht mit den Sünden der
Zwischenperiode Anspruch hat. In jener Zwischenperiode
tritt er als echtes Kind der großen romantischen Reaction
auf. Seine theokratischen Träumereien, seine Vergötterung
der Person des Souveräns, seine aristokratischen Tendenzen,
sein Identificiren des Schönen mit dem Alten oder doch
mit der Schönheit des Alten, seine hohe Würdigung der
Ceremonien und Formen sind lauter Romantik. Er hatte
aber schon als Jüngling in seinem Gemüthe eine Mine
unter dies Alles gelegt und zündete als bejahrter Mann
diese Mine an.

Ist er ein großer Staatsmann? Der Rang eines
Staatsmannes wird in der Regel zum Theil nach dem
Erfolg bestimmt, und Lord Beaconsfield ist noch am Leben,
ja befindet sich noch jetzt in einer großen und gefahrvollen
politischen Action. Es scheint mir aber, daß, wenn der
Maßstab des 19. Jahrhunderts für Staatsmänner angelegt
wird, Lord Beaconsfield als ein großer Staatsmann be=

*) Fortnightly Review: The political adventures of Lord Beacons-
field IV. August 1878.

zeichnet werden muß. Sein Geist und seine Fähigkeiten befanden sich unter einem Druck, so lange er auf eine secundäre Stellung als Fachminister unter der Führerschaft eines Andern und auf eine nicht einmal große Minderheit im Parlamente hingewiesen war. Erst seit 1874 ist ihm die Möglichkeit gegeben worden, seine lange aufgesparte Kraft zu entfalten. Es ist seinen Gegnern nicht schwer gewesen, das Unenglische einer Geistesrichtung nachzuweisen, die wie die seinige durch Ueberraschungen wirken will und immer an die Phantasie der Massen appellirt; aber selbst hinter so formellen Maßregeln wie die Proclamirung der Königin zur Kaiserin von Indien spürt man den politischen Grundgedanken. Da England nun doch einmal eine halbmorgenländische Macht geworden ist, kann es doch kaum als Charlatanismus betrachtet werden, daß ein englischer Politiker auf die Einbildungskraft der Morgenländer zu wirken sucht. Und fast als vorherbestimmt sieht es aus, daß eben Lord Beaconsfield das Loos fiel, England während des letzten russisch-türkischen Streits zu vertreten. Denn die orientalische Angelegenheit kann im eminenten Sinn als seine Angelegenheit, seine Sache bezeichnet werden. Das wurde selbst von denen gefühlt, die es nicht klar begriffen. Was er im Einzelnen gefehlt haben mag, ist kaum noch zu beurtheilen, aber so viel scheint unzweifelhaft, daß er nicht nur eine bedeutende Leistung ausgeführt, sondern gleichsam die politischen Grundlinien vorgezeichnet hat, denen England, wenn es im Ernst entschlossen ist, seine weitgestreckte asiatische Colonie zu behalten, in der nächsten Zukunft folgen muß. Ist Lord

Beaconsfield kein großer Staatsmann, so hat er sich doch
als der Mann gezeigt, der eine große politische Situation
zu beherrschen vermochte. Der 73jährige Greis war im
Frühling 1878 faktisch der einzige Mann in Europa, der
Muth und Festigkeit genug besaß, um das siegestrunkene
Rußland zum Stehen zu bringen. Er allein griff den
Bär an's Ohrläppchen und zog ihn bis zum Congreß in
Berlin. Die Rücksichten, welche die übrigen Staatsmänner
Europa's banden, fesselten den Vertreter Englands nicht,
und die Rücksichten, die jeden andern jetzt lebenden englischen Staatsmann gefesselt haben würden, bedeuteten Nichts
für ihn. Man müßte seinen Glauben an das Recht der großen
Persönlichkeit sehr schlecht kennen, um nur einen Augenblick zu
meinen, daß ein Vertrag ihn hindern würde, die Flotte Englands vor Constantinopel zu schicken, oder daß ein Gesetzes-
paragraph ihn abhalten würde, zehntausend Mann indische
Truppen nach Malta zu senden, um seinen Worten mehr Nachdruck zu verleihen. Sagte doch schon Vivian Grey: Nur Eins
ist von Nöthen, Muth, ungebrochener, vollendeter Muth.

England war unter den Völkern in Verruf gekommen;
man höhnte seine Theilnahmlosigkeit an der Politik Europa's,
man weissagte ihm überall das Schicksal Hollands, und
ich selbst habe von den Lippen mehr als eines freisinnigen
Engländers Geständnisse der Scham über diese Schmach
und den Wunsch gehört, daß England, selbst auf die Gefahr hin, etwas von der Schnelligkeit des inneren Fort-
schritts einzubüßen, seine Machtstellung unter den europäischen Nationen wiedererobern werde. Und gleichzeitig
verwandelte Rußland einen immer größeren Theil von Asien

in russische Provinzen, und drohte zuletzt die Lage der Eng-
länder in Indien unhaltbar zu machen. Da war Lord
Beaconsfield dem Augenblick gewachsen. Während man in
Europa England außer Stande hielt, mit Rußland anzu-
binden und über die Erbitterung des Wallfisches gegen den
Bär lächelte, gab er dem öffentlichen Aufschwung ein Organ.
Wie heißt es doch im Buch Hiob, wo die Raubthiere be-
schrieben werden:

„Kannst du den Leviathan ziehen mit dem Hamen
und seine Zunge mit einem Strick fassen?"

„Kannst du ihm eine Angel in die Nase legen und
mit einem Stachel ihm die Backen durchbohren?"

„Meinest du, er werde dir viel Flehens machen oder
dir heucheln?"

„Meinest du, daß er einen Bund mit dir machen
werde, daß du ihn immer zum Knechte habest?"

„Kannst du mit ihm spielen wie mit einem Vogel?
oder ihn deinen Dirnen binden?"

„Lege deine Hand an ihn, und du wirst dich des
Kampfes erinnern und es nicht zum zweiten Male thun."

Es würde mich nicht wundern, wenn Lord Beaconsfield's Seele von solchem alttestamentarischen Pathos erfüllt
gewesen wäre.

Ohne einen Schuß zu lösen, ohne einen Tropfen englischen Blutes zu vergießen, gewann er durch seine plötzlich entfaltete Energie und seine schlaue Benützung der
Lage größere Vortheile für England als seine whigistischen Vorgänger durch den langen und blutigen Krim-
krieg erreicht hatten. Und wenn auch heutzutage der Glanz,

der den Berliner Vertrag umstrahlte, vielfach erbleicht ist,
weil die Schwächen und Lücken der Verabredungen all=
mählich der Menge in die Augen fallen, so braucht man,
um Lord Beaconsfield's Verdienst recht zu wägen, sich nur
des Erstaunens zu erinnern, das Europa ergriff, als man
von englischen Rüstungen gegen Rußland, englischen Unter=
nehmungen wie der Ueberführung der Truppen nach Malta
hörte, einen neuen Geist spürte, und noch fast ungläubig
die Gewißheit erhielt, daß England aus seinem langen
Todesschlaf erwacht sei.

Das Leben Lord Beaconsfield's hat wie das Leben
aller großen Individualitäten einen Anfang in mythisch=
heroischen Träumen, eine poetisch bewegte Jugend, und ein
historisches und thatenreiches Mannesalter. Versucht ein
Kritiker seinen Charakter aufzufassen und darzustellen, muß
er auf seiner Hut sein; denn der Gegenstand wechselt immer
und erfordert eine immer wechselnde Methode; die blos
literarische Kritik muß Psychologie werden, und die Psy=
chologie muß die Bewegungen der einzelnen Seele und die
der Zeit zugleich umfassen. Denn seine Biographie wird
nach und nach Geschichte und seine Geschichte erweitert sich
zuletzt zu einem Stück der Weltgeschichte.

Ich sann über diesen merkwürdigen Lebenslauf nach,
als ich im Jahre 1870 zum ersten Male im englischen Parla=
ment Disraeli sah und hörte. Es war ein paar Wochen nach
der französischen Kriegserklärung. Disraeli verlangte, daß
die den Krieg betreffenden Papiere dem Hause vorgelegt
würden; Gladstone behauptete, daß er sie noch nicht vor=

legen könne; die Debatte war an sich nicht bedeutend. Man begriff die Racentheorien Disraeli's, wenn man die zwei Gegner einander gegenüber sah; denn er sah im Unterhause buchstäblich wie der Vertreter eines fremden Stammes aus. Während Gladstone den Eindruck des echten, vornehmen Engländers machte: sein Profil klar und edel, sein Auge frei und hell, sein Auftreten unbefangen, nahm im Gegen= satz zu ihm Disraeli mit seinen schwarzen gelockten Haaren, seiner dunklen Haut, seiner hervorspringenden Unterlippe, seinem geschlossenen und doch flammenden Blick sich wie ein Feuergeist einem Geist des Meeres gegenüber aus. Als er zu reden anfing, hörte man, welcher von ihnen der interessantere Geist war. Ich habe einen unauslöschlichen Eindruck von der besonderen Art dieser Beredsamkeit be= wahrt, ich vergesse nie ihre scharfe Energie, die schönen, fein geschlungenen Perioden und den trockenen Witz, der jeden Augenblick bei der Partei des Redners stürmische Lachsalven hervorrief.

Zum letzten Mal sah ich Lord Beaconsfield im Juli 1878 während des Congresses in Berlin. Er wohnte im Kaiserhof, dem Palais Bismarck's schräg gegenüber; er war der erklärte Löwe des Congresses und konnte, wenn er von seinem Balcon zu seinem großen Nachbar hinüber= sah, sich freuen, ihn an Ruhm fast erreicht zu haben. Auf diesen Balcon waren durch eine Aufmerksamkeit des Hotelwirths sechs schöne Lorbeerbäume und eine kleine ver= krüppelte Palme gestellt, so daß Lord Beaconsfield, dessen Einbildungskraft immer von Lorbeeren träumte, und dessen Romanhelden immer unter Palmen wanderten, verschiedene

Symbole seiner Ehre und noch überdies ein zartes Symbol der Heimath seines Geschlechts vor Augen hatte, sobald er des Morgens seine Balconthüre öffnete. Als ich eines Tages zufällig über den Wilhelmsplatz ging, begegnete ich ihm auf dem engen Fußpfad zwischen den Blumenrabatten, wie er, auf seinen Secretär, Montagu Corry, gestützt, quer über den Platz ging, um sich zum Congreß zu begeben. Ich war ihm so nahe, daß ich ihm gerade in's Gesicht sehen konnte. Er ging mit sehr langsamen Schritten und sah müde, angegriffen, fast aufgerieben aus. Man las die Ueberanstrengung in jeder Miene seines Gesichts, und er beantwortete die tiefen und ehrerbietigen Begrüßungen der guten Berliner Bürger mit einer müden und mechanischen Bewegung der Hand zum Hut. Indem ich aber in das bleiche, verzehrte Gesicht blickte, erinnerte ich mich un= willkürlich all' der Kämpfe, die er sein Leben hindurch ausgefochten, all' der Enttäuschungen, die er erlitten, der Aengste und Qualen, die er ausgestanden hatte, des stolzen Muthes, womit er sich den Sieg erkämpft, und seines ungeheuchelten Mitgefühls mit dem gemeinen Volke, dessen Sache er vertheidigt hatte, und mit seinem eigenen unterjochten Stamm, dem anzugehören er sich niemals schämte und dessen Rechte er noch hier auf dem Congreß Rumänien anzuerkennen zwang; ich sah ihn plötzlich in einem schöneren und idealeren Lichte, und merkte, daß halb wider meinen Willen ein Gefühl der Sympathie sich meiner Seele bemächtigte.

———

Druck von G. Bernstein in Berlin.